Janet Hunt

# Die ganzheitliche Küche

# Die ganzheitliche Küche

Janet Hunt

Otto Maier Ravensburg

CIP-Kurztitelaufnahme der Deutschen Bibliothek

**Hunt, Janet:**
Die ganzheitliche Küche / Janet Hunt. [Übers.: Elke Eyrich u. Jeanette Stark]. – 1. Aufl. – Ravensburg : Maier, 1988. – 224 S. : Ill.
Einheitssacht.: The holistic cook ⟨dt.⟩
ISBN 3-473-44140-6




Ernährungswissenschaftliche Beratung: Joyce Treuhertz


Erste Auflage 1988
Übersetzung: Elke Eyrich und Jeanette Stark
Umschlag: Ekkehard Drechsel (unter Verwendung einer Zeichnung von David Baillie)
Gesamtherstellung: Appl, Wemding
Printed in Germany

90 89 88 3 2 1

ISBN 3-473-44140-6

# Inhaltsverzeichnis

## Zum Gebrauch dieses Buches

Wir finden es selbstverständlich, mehrmals am Tag zu essen, und nur selten vergehen mehr als drei oder vier Stunden, ohne daß wir essen oder trinken. Gerade weil dies so zur Gewohnheit geworden ist, geraten wir in Gefahr, dem Essen zu wenig Aufmerksamkeit zu schenken. Essen kann zu einer automatisch ausgeführten Gewohnheit werden wie schlafen, morgens aufstehen oder sich waschen. Daher vergessen wir ganz, woher unsere Nahrungsmittel kommen und woraus sie sich zusammensetzen. Ja, wir vergessen manchmal sogar, warum wir überhaupt essen. Häufig tun wir es aus Langeweile.

Manchmal können Mahlzeiten zur Last werden. Wir haben einfach keine Lust, kostbare Zeit für das Einkaufen von Zutaten für die Zubereitung der Mahlzeiten zu verschwenden. Statt dessen greifen wir immer mehr zu Fertiggerichten, zu Packungen, Büchsen und Konserven, zu kompletten tiefgefrorenen Gerichten, die nur noch aufgewärmt und hinuntergeschlungen werden müssen. Sogar das Essen selber kann zur Last werden.

Umgekehrt kann das Essen aber auch zu einer fixen Idee werden. Es kann kultische Bedeutung annehmen und uns Tag und Nacht beschäftigen. Wir haben Schwierigkeiten, einen Film oder ein Fußballspiel anzuschauen, ohne eine Tafel Schokolade auf dem Schoß zu haben. Die Gesellschaft von Freunden können wir nur noch an reich gedeckten Tischen genießen. Wir können kein fremdes Land bereisen, ohne einen kulinarischen Reiseführer um Rat zu fragen. Dabei werden wir nicht nur dick und träge, wir können erstaunlicherweise am Ende sogar an Unterernährung leiden!

Bei einer derart unnatürlichen und ungesunden Lebensweise ist eine völlig neue Einstellung zu den Nahrungsmitteln und zum Essen überhaupt dringend notwendig. Ärzte und Ernährungswissenschaftler schätzen, daß fast 90% aller Krankheiten ihren Ursprung in unserer Ernährungsweise haben. In einer Zeit, in der die Todesrate bei Herz- und anderen streßbedingten Leiden ständig steigt, in der die Medizin gegen eine Flut von Erkrankungen ankämpfen muß und die Pharmaindustrie Riesengewinne erzielt, da immer mehr Menschen zu Medikamenten greifen, ist ein sofortiges Umdenken unbedingt erforderlich.

Aus diesem Grunde wurde das Buch „Die ganzheitliche Küche“ geschrieben.

Es will Ihnen helfen, über die Nahrungsmittel neu nachzudenken, sie besser bewerten zu lernen und sie zu einer sinnvollen Ernährung zusammenzustellen. Es will Ihnen helfen, sich bewußt zu werden, was Sie essen, und Sie ermutigen, Fragen zu stellen. Fragen an Ihren eigenen Körper, damit er Ihnen sagen kann, was er braucht, um so gut zu funktionieren, wie man es von solch einem komplizierten Gebilde erwarten kann, sich wohl zu fühlen. Fragen aber auch an die Nahrungsmittelindustrie, damit diese veranlaßt wird, die Nahrungsmittel zu liefern, die Sie wünschen, und nicht die, die dem Hersteller die höchsten Gewinne abwerfen. Fragen aber auch an die Regierenden, damit diese sich verantwortlich fühlen, nicht nur für die Menschheit, sondern auch für die Erde selbst. Für eine zwar großartige, aber doch höchst anfällige Umwelt, die von Zerstörung bedroht ist, weil wir alle nicht mehr fähig oder willens sind, die Verwüstungen zu sehen, die wir mit unserem unersättlichen Raubbau anrichten. Große Ziele für ein kleines Buch, fürwahr! Aber mit Ihrer Hilfe können wir sie auch verwirklichen.

„Die ganzheitliche Küche" besteht aus drei Teilen. Jeder betrachtet die Problematik von einer anderen Seite. Im ersten Teil wird erklärt, warum wir in der westlichen Welt gewisse Eßgewohnheiten haben, wie uns dies bekommt und warum ein Umdenken notwendig ist. Es wird nicht nur erklärt, wie Nahrungsmittel auf Körper, Geist und seelische Verfassung wirken können, sondern auch wie schädlich die heutigen Methoden der Lebensmittelherstellung für Menschheit, Tierwelt und das Leben auf der Erde sind.

Der zweite Teil besteht aus praktischen Ratschlägen und Anleitungen. Er berät Sie über eine geeignete Kücheneinrichtung und bietet ein Glossar mit über hundert Vollwert-Nahrungsmitteln. Diese sollen Ihnen helfen, wieder Freude am Kochen und Essen zu finden, sei es durch Entdecken neuer Geschmacksrichtungen und Zusammenhänge, die Ihnen ungewohnt sind, sei es durch Wiederentdecken von Nahrungsmitteln, die in Vergessenheit geraten sind. Sie werden erkennen, daß viele Zutaten zu Hause zubereitet oder im eigenen Garten gezogen werden können. Hierzu finden Sie umfassende Anleitungen. Ein Rezeptteil zeigt Ihnen, wie Sie diese Zutaten für Mahlzeiten verwenden können, und gibt Ihnen Anregungen für zahllose eigene Rezepte. Kochen ist schließlich eine kreative Kunst. Erwerben Sie Grundkenntnisse, bauen Sie dann auf diesem Wissen auf, erfinden Sie eigene Rezepte, überraschen Sie Ihre Familie. Lassen Sie sich nicht von der Vorstellung entmutigen, daß das Zubereiten von Vollwertmahlzeiten mehr Zeit in Anspruch nimmt als das Öffnen einer Packung. Es erfordert vielleicht mehr Anstrengung, aber es macht viel mehr Freude. Sobald Sie eine gewisse Übung haben, werden Sie auch allerhand zeitsparende Tricks entdecken, wenn Sie Lust dazu haben.

Der letzte Teil beschäftigt sich intensiver mit einigen Themen, die für das Verständnis der Biologie der Nahrungsmittel und der Ernährung unerläßlich sind. Er wendet sich an diejenigen, die wissen wollen, wie der menschliche Körper funktioniert, welche Nährstoffe er braucht, um in bester Verfassung zu bleiben, und wo man diese lebensnotwendigen Nährstoffe findet. Er behandelt auch die zunehmende Verwendung von Zusätzen und Giftstoffen. Was sie sind, warum man glaubt, sie zu benötigen, wenn wir nicht verhungern wollen, und ob sie tatsächlich so gefährlich sind.

Diese drei Teile zusammen zeigen Ihnen den Weg zu einer ganzheitlichen Lebensweise, die Ihr Bewußtsein und Ihr Verständnis für die Ernährung verändern sollte.

## Umrechnungstabelle

*Backofentemperaturen*

| | Elektroherd Grad | Gasherd Stufe |
|---|---|---|
| lauwarm | 110 | ¼ |
| | 130 | ½ |
| wärmer | 140 | 1 |
| | 150 | 2 |
| warm | 170 | 3 |
| mittel | 180 | 4 |
| mittel bis heiß | 190 | 5 |
| heiß | 200 | 6 |
| | 220 | 7 |
| sehr heiß | 230 | 8 |
| | 240 | 9 |
| | 250 | 10 |

**Portionen**

Alle Rezepte sind – sofern nicht anders angegeben – für vier normale Portionen angegeben.

# Essen in unserer Gesellschaft

*Unter den psychologischen und gesellschaftlichen Kräften, die die Auswahl der Nahrungsmittel bestimmen, muß die Vorstellung ausschlaggebend sein, daß eine Mutter die Liebe zu ihren Kindern dadurch ausdrückt, daß sie sie gut ernährt. Zeigt man nun mehr Liebe, wenn man Schokoladenkekse anbietet oder Orangen?*

Christine Lewis
*Wer die Wahl hat, hat die Qual*

# Essen in unserer Gesellschaft

Nahrungsmittel sind die Stoffe, die man dem Körpersystem zuführt, um Leben und Wachstum aufrechtzuerhalten, sagt ein Lexikon. In Wirklichkeit ist es aber so, daß die meisten Leute beim Planen und Zubereiten einer Mahlzeit kaum an ihren Körper denken. In den letzten Jahren haben Nahrungsmittel für verschiedene Menschen die unterschiedlichsten Bedeutungen bekommen. Für einige ist das Essen etwas Lästiges, Ärgerliches, eine tägliche Bürde, ohne die sie gut auskommen könnten. Die meisten allerdings betrachten das Essen als etwas Schönes, sehen es aber als eine Unart an, vor der man sich in acht nehmen sollte, aus Furcht, für immer den Kuchen, Süßigkeiten, Sahnesaucen und anderen Leckereien zu verfallen. Diese bedrohen die Figur, machen für das andere Geschlecht unattraktiv, gar zum Außenseiter der Gesellschaft. Für diese Menschen wird das Leben zum ständigen Kampf. Immer wieder stellen sie ihre Willenskraft, „nein" zu sagen, auf die Probe, egal, welchen Versuchungen sie ausgesetzt sind. Ihre Mägen bleiben vielleicht leer, aber ihre Gedanken kreisen ständig um das Essen.

Für viele Menschen können Nahrungsmittel, besonders süße, zum Trost werden. Kinder bekommen Süßigkeiten zur Belohnung, und ältere Menschen trösten sich durch Süßigkeiten. In solchen Fällen würde sicher ein schöner knackiger Salat helfen. Schon allein das Gefühl, auf etwas Knackiges zu beißen, kann dazu beitragen, Spannungen abzubauen. Jedoch werden statt dessen Chips und Cracker gegessen, weil sie leicht zur Hand sind. Diejenigen, die aus Langeweile naschen, essen meist alles, was griffbereit ist, doch sollten sie sich lieber vorher fragen, was sie gern essen würden, und dies sich dann zubereiten. Damit täten sie etwas gegen ihre Langeweile und sie würden sich nicht so ungesund ernähren. Diejenigen, die nie naschen, aber täglich mehrere große Mahlzeiten zu sich nehmen, oft mit viel rotem Fleisch – und je blutiger, desto besser – pflegen zwar ihr Macho-Image, tun aber ihrem Cholesterinspiegel nichts Gutes.

Häufig ist Essen auch Ausdruck des eigenen Status. Die „kluge Gastgeberin" weiß, daß es nicht ihre Unterhaltung, die Musik oder die Gesellschaft ist, die ihre Party zu einem Erfolg werden lassen, es sind vielmehr die Speisen. Der Spargel im Winter, die Ente oder Wachtel oder das Wildbret, zubereitet gemäß Drei-Sterne-Küche, die Mousse au chocolat, die auf der Zunge zergeht, von diesen Dingen hängt ihre Beliebtheit ab, die ihr den Platz in der Gesellschaft und ihrem Mann die Beförderung sichert. Einfacher, aber ebenso eindrucksvoll ist es, jemanden zum Essen in ein exklusives Restaurant einzuladen.

Gemeinhin glaubt man auch, daß das Essen etwas mit Liebe und Sympathie zu tun hat. Wie viele Romanzen beginnen bei einem romantischen Essen bei Kerzenlicht. In erster Linie ist das Essen wohl eine Möglichkeit, Liebe und Zuneigung zu zeigen; ein eindeutiger Beweis, daß Sie sich um jemanden bemühen, sich um dessen Wohlergehen sorgen. Sie ernähren Ihre Kinder, also müssen Sie sie lieben. Die unlogische Konsequenz hieraus ist, daß Sie sie um so mehr lieben, je mehr Sie sie füttern. Dicke Kinder, die zu dicken Erwachsenen werden, sind oft das traurige Resultat einer Mutter, die die Liebe zu ihrem Sprößling nicht besser als durch Nahrungsmittel ausdrücken kann.

Andererseits gibt es keine irgend so wirksame Beleidigung wie das Ablehnen von Mahlzeiten und ganz bestimmten Spezialitäten. Den Käsekuchen, für den die Freundin berühmt ist, das Eintopfgericht Ihrer Mutter abzulehnen oder Pralinen nicht anzurühren, weil man eine andere Sorte lieber mag, ist gleichbedeutend mit der Zurückweisung von Sympathie. Das Kind, das nicht essen will, der Gefangene, der in den Hungerstreik tritt, die ältere Witwe, die einsam und ängstlich ist und vorgibt, keinen Appetit zu haben: sie alle verweigern die Nahrungsaufnahme, um Aufmerksamkeit zu erregen, um auf ihren Kummer aufmerksam zu machen.

Essen. Ein Liebesbeweis. Ein Allheilmittel. Eine wirksame Waffe. Was bedeutet das für Sie? Finden Sie sich in einem der folgenden Beispiele wieder?

## Maria, Hausfrau und Mutter von zwei kleinen Kindern

Maria ist in einer Zeit aufgewachsen, in der Fertigprodukte gerade auf den Markt kamen und sich bei berufstätigen Frauen, die ihr eigenes Geld verdienten und die ihre Freizeit auch genießen wollten, einer ständig wachsenden Beliebtheit erfreuten. Maria denkt gar nicht daran, ihre eigene Familie auf andere Art zu ernähren. Außerdem hat sie mehr als genug damit zu tun, das Haus sauber und ordentlich zu halten, dafür zu sorgen, daß Mann und Kinder jeden Morgen frische Wäsche anziehen können, den Hund spazieren zu führen, zum Fitneßkurs zu gehen und dreimal in der Woche in einem Textilgeschäft zu arbeiten. Warum also sollte sie sich zusätzlich noch damit belasten, aus Zutaten Mahlzeiten zu bereiten, wenn sie doch Lebensmittel kaufen kann, die nur gewärmt und serviert zu werden brauchen?

Marias Kinder sind im Essen wählerisch. In einem Alter, in dem sie sich anpassen sollten, in dem sie normal essen sollten, weigern sie sich, irgend etwas Unbekanntes zu versuchen. Ihre Freunde leben von Süßigkeiten, Chips, Kuchen, Cola, Hamburgern und Dosenprodukten – und so wollen sie es auch. Wenn Maria jemals Bedenken wegen ihrer Ernährungsweise hat, tröstet sie sich damit, daß nicht nur sie diese Eßgewohnheiten haben. Und wenn sie übermäßig lebhaft sind – na ja, das gehört eben zur normalen Entwicklung. Das wird sich bestimmt auswachsen.

Normalerweise macht Maria ihren wöchentlichen Großeinkauf am Donnerstagabend, wenn der örtliche Supermarkt länger geöffnet ist. Meist nimmt sie die Kinder mit. Es kann zu einem Alptraum werden, zwischen den Tausenden auf engstem Raum aufgebauten Erzeugnissen auszuwählen. Instinktiv greift sie zu den Namen, die ihr durch die Werbung in zwei Frauenzeitschriften und aus dem Fernsehen, das beinahe ununterbrochen läuft, wenn die Kinder zu Hause sind, vertraut sind. Wenn sie in die Regale greift, summt sie manchmal einen Werbespot. Die Kinder helfen ihr, laden Sachen in den Einkaufswagen und wählen dabei nicht so sehr nach dem Namen als vielmehr nach der Verpackung aus. Je lustiger und bunter ein Erzeugnis ist, um so begehrter ist es: blaue und grüne Eistüten, Kekse in Form von Tierfiguren, ringförmige Knuspereien, glänzende Orangengetränke, eine nicht enden wollende Auswahl, eigens dafür hergestellt, auch schon die Jüngsten anzusprechen.

Natürlich kann auch Maria sich der Wirkung nicht entziehen, aber sie kann aufmerksam werden auf Diskussionen um Nahrungsmittel und Eßgewohnheiten. Als der Mann einer Freundin einen Herzanfall erleidet, veranlaßt Maria ihren Mann, morgens Margarine auf den Toast zu streichen, ohne daß sie allerdings weiß, daß nur Margarine mit vielen ungesättigten Fettsäuren wirklich wertvoll ist. Bei Gelegenheit kauft sie einmal dunkles Brot, unglücklicherweise ist es eine Sorte, die aus gefärbtem Mehl hergestellt wurde. Der Fruchtsaft, den sie zum Frühstück auf den Tisch stellt, bekommt seine Süße und seinen Geschmack nicht durch die auf der Packung so verlockend abgebildeten Früchte, sondern durch chemische Zusätze. Die Vollkornflocken sind überzuckert, die „Diät"-Marmelade enthält viele Zusätze. Aber diese kleinen Mühen verschaffen Maria ein Gefühl der Beruhigung. Als Belohnung für die Einschränkungen bekommt die Familie dann einen tiefgefrorenen Kuchen vorgesetzt. Denn schließlich – so meint Maria – ist das Leben zu kurz, um auf alles verzichten zu müssen.

Sie denkt nicht daran, selber einen Kuchen zu backen, für den sie die Zutaten selber bestimmen könnte.

Zwischen all ihren Aktivitäten findet sie keine Zeit. Außerdem will sie sich auch selbst belohnen. Und das bedeutet für sie, einmal nicht in der Küche stehen zu müssen. Deshalb gibt es meistens am Sonntag, wenn die ganze Familie beisammen ist, einen tiefgefrorenen Kuchen, der schnell aufgetaut ist und der perfekt aussieht.

Für Maria und ihre Familie ist es ein ganz besonderer Genuß, den sie sich gelegentlich gönnen, in Sahne und künstlichen Cremes zu schwelgen. Sicherlich ahnt Maria, wie ungesund solche Kuchen sind, und aus diesem Grund stellt sie diese nicht täglich auf den Tisch. Was sie sich aber seltener bewußt macht, ist die Tatsache, daß die beinahe täglich verwendeten praktischen Dosengerichte ähnlich ungesunde Zusätze enthalten wie die aufgetaute Sahnetorte.

## David, Student

Es ist für David nicht ganz einfach, vom Stipendium zu leben, zumal seine Eltern ihn nicht unterstützen können. Wenn er auch ein wenig über Ernährung Bescheid weiß, so fällt es ihm dennoch schwer genug, mit seinem Geld auszukommen. Ab und zu bereitet er sich selber eine Mahlzeit zu. Allerdings ist es nicht einfach, mit nur einer Kochplatte und einem zerbeulten Topf etwas Vernünftiges zu kochen.

Und doch zaubert David sich Mahlzeiten herbei. In seinem Zimmer zieht er Bohnenkeime und belegt sich Brote damit, er macht sich Müsli und trinkt koffeinfreien Kaffee. Da er zumeist erst spät zum Einkaufen kommt, erhält er nicht immer alle nötigen Zutaten. Manchmal geht er deshalb in einen Schnellimbiß oder er kauft sich eine Portion Pommes frites.

Meistens ißt er in der Mensa der Universität. Das Massenessen dort, zubereitet aus Fertiggerichten und oft verkocht, enthält nur wenig Nährwerte. Aber es ist billig und sättigt, was im Moment genügt. Andere Studenten stellen höhere Ansprüche, und man sagt, daß demnächst ein Salatbuffet eingerichtet werden soll und auch vegetarische Gerichte angeboten werden sollen. Aber David glaubt erst daran, wenn er es sieht.

Inzwischen hält er nach einem gebrauchten Kühlschrank Ausschau. Dann, so meint er, kann er wenigstens einige Zutaten für Salate vorrätig halten: Joghurt, Käse, Weizenkeime und Tofu – Naturkost, die er gern hat, aber die, weil sie naturbelassen und daher nicht mit Konservierungsmitteln angereichert ist, ohne Kühlung leicht verdirbt. Und da er weiß, daß Studieren und Feiern Körper und Nerven beanspruchen, versucht er, daran zu denken, täglich eine Multivitamin-Tablette zu nehmen. Dies ist vielleicht nicht das Richtige, aber es hilft.

## Sarah, Assistentin in einem Gartencenter

Wie viele neunzehnjährige Mädchen hält Sarah fast ständig Diät. „Dünn ist in", sagen die Medien. Dieser Slogan wird unterstützt von Boutiquen, die Kleider für Skelette verkaufen, durch Jungen, die über Dicke Witze reißen, und durch Freundinnen, die von ebenso fixen Ideen besessen sind wie Sarah. Noch überzeugender ist die weitverbreitete Theorie, daß Dünnsein gleichbedeutend ist mit Glücklichsein. Illustrierte haben Erfolg mit Überschriften wie: „Ich war ein Versager, traurig und allein, bis ich 20 kg abnahm!"

Sarah ist beeinflußbar. Sie will weder ein Versager noch einsam und traurig sein, also muß sie dünn bleiben!

Ihr Frühstück besteht in der Regel aus einer halben Grapefruit und einer Tasse schwarzen Kaffees. Ihr Mittagessen aus einem Becher Joghurt und das Abendessen aus einem Salat mit Hüttenkäse. Eventuell kauft sie eine der vielen Ersatzmahlzeiten für Diäthalter: Kekse, Schokoladenriegel, Müsliriegel, Suppen, Milchgetränke, die alle genausoviel, wenn nicht sogar mehr Kalorien enthalten als übliche Mahlzeiten, denen aber einige künstliche Vitamine zugesetzt sind, so daß sie den Begriff „Vollwertiger Ersatz für eine Mahlzeit" rechtfertigen. Sarah ist überzeugt, daß sie den hohen Preis wert sind. Wenn sie sich besonders gut fühlt, kann sie sogar Mahlzeiten ganz auslassen.

Wie die meisten, die zwanghaft Diät halten, kommt es jedoch auch bei ihr immer wieder vor, daß sie maßlos ißt. Ihre strenge Diät hält sie durch, solange es keine Probleme gibt. Doch sobald Probleme auftauchen oder sie eine Enttäuschung erlebt, wenn das Wetter umschlägt oder ihre Periode überfällig ist, weicht sie davon ab. Dann stopft sie all die Lebensmittel in sich hinein, auf die sie, solange sie Diät gehalten hat, Appetit hatte: Chips, Schokolade, gesalzene Erdnüsse und Unmengen von Pommes frites. Dann ißt sie weitaus mehr als sonst, denn sie ahnt bereits, daß sie morgen oder spätestens übermorgen wieder hungern muß.

Das Ergebnis dieses Hunger-Freß-Zyklus ist, daß ihr Gewicht ständig schwankt. Wenn sie schlank ist, genießt sie es, verrückte Kleider zu tragen, Freunde zu treffen und geht mit Energie und Begeisterung an ihre Arbeit. Wenn sie eine Freßwelle hat, zieht sie sich in sich zurück, kümmert sich nicht mehr um ihr Äußeres und meidet Menschen. Manchmal kann sie nicht einmal zur Arbeit gehen und entschuldigt sich mit Migräne oder anderen Ausreden und verbringt den Tag mit Essen – alles, was sie in den Schränken findet. Dann gewinnt sie wieder die Kontrolle über sich, fastet ein paar Tage, paßt wieder in ihre bevorzugte Hose und wagt sich wieder in die Welt.

Ihre Besessenheit, dünn zu bleiben, beeinträchtigt sehr stark ihre Freude am Essen und am Leben. Wenn sie in der Zeit, in der sie Diät hält, zum Essen eingeladen wird, kann es sehr gut sein, daß sie eine andere Verabredung vorgibt, einfach um nicht zuviel essen zu müssen. Oder sie geht durch die Straßen und ißt von den Speisen, von denen sie am liebsten viel mehr essen würde, und wundert sich, daß andere dies auch tun. Als Trost vergleicht sie ihre eigene Figur mit der Figur anderer. Wenn jemand im Gartencenter Geburtstag feiert und Kuchen mitbringt, gibt sie vor, keinen Kuchen zu mögen, und ist dann unglücklich, wenn sie ausgeschlossen wird. Sie kann sich sogar so unglücklich fühlen, daß sie später – allein – ein ganzes Paket Kekse verschlingt, um sich zu trösten.

Als eine Freundin ihr erzählt, daß sie nach dem Genuß von Süßigkeiten alles wieder erbrach, war Sarah zunächst schockiert. Doch später versuchte sie es auch. Es war nicht schlimm. Und es bedeutete, daß sie das Essen genießen konnte, ohne zu fürchten, dick zu werden. Obwohl sie es immer noch für unnatürlich und nicht gut hält, so glaubt sie doch nicht, daß es ihr schadet, vor allem, wenn sie es nur gelegentlich tut.

Aber dabei wird es nicht bleiben. Irgendwann wird sich nach jeder Mahlzeit bei Sarah ein Ekelgefühl einstellen, ein unbedingtes Bedürfnis, sofort loszuwerden, was sie gerade gegessen hat. Bald wird es dann zu einer Körperreaktion, jedes Essen sofort zu erbrechen. Dann spätestens kann sie nicht mehr selbst bestimmen, wann sie Gegessenes wieder erbrechen will.

Aber das Wichtigste für sie ist nach wie vor ihre Figur. Nur wenn sie dünn ist, fühlt sie sich wohl. Dafür tut sie alles, ohne die Folgen zu bedenken.

Sie läßt sich ausschließlich von außen beeinflussen und vergißt dabei, auf ihren eigenen Körper zu achten.

## Robert, Versicherungsvertreter

Robert ist zweifellos ein intelligenter und weltgewandter Mann, gewissenhaft und in seinem Beruf sehr geschätzt, ein guter Ehemann und ein liebevoller Vater. Aber er betrachtet es doch nicht als seine Aufgabe, sich mit dem Essen zu beschäftigen. Zu Hause überläßt er es seiner Frau, Vorratsschränke, Kühlschrank und Tiefkühltruhe wieder aufzufüllen, und er wird immer die Mahlzeiten, die sie auf den Tisch bringt, mit Appetit essen. Während der Woche jedoch verzichtet er auf das Frühstück, ißt abends nur eine Kleinigkeit, so daß das Mittagessen seine einzige größere Mahlzeit am Tag ist.

Arbeitsessen sind ein wesentlicher Bestandteil seiner Arbeit; bei Wein und gutem Essen führt er sich bei seinen Kunden ein und gewinnt so ihr Vertrauen in einer Weise, wie es am Schreibtisch nie gelingen würde. Arbeitsessen sind ein Teil seiner Arbeit, den er wirklich genießt. Sein Adreßbuch enthält eine Liste der besten Restaurants in der Umgebung, die eine reichhaltige Speisekarte präsentieren. Nach einem trockenen Martini genießt er mit seinen Gästen Spezialitäten wie Blätterteigpastete, Paté, Cremesuppen, Ente à l'Orange oder ein 300-g-Steak, das er ohne Mühe verspeist, am liebsten mit überbackenen Kartoffeln und saurer Sahne. Obwohl er eine Schwäche für Süßigkeiten hat, hält er sich doch oft zurück und wählt zum Abschluß Brie mit Crackern. Wein gibt es natürlich reichlich, und zum Kaffee wird Cognac gereicht.

Wieder im Büro, fühlt sich Robert schwer und müde. Seine Sekretärin hält einen Vorrat an verdauungsfördernden Tabletten in ihrer Schublade bereit. Manchmal nickt er sogar ein. Sein Bedürfnis nach einem Nachmittagsschläfchen schiebt er auf sein Alter; schließlich ist er auch schon fünfzig. Seine Sekretärin spielt darauf an, daß er einen Bauch bekommt. Sie führt einen Zeitungsbericht an, der von einer Untersuchung berichtet, nach der Männer, die nur 10% Übergewicht haben, ein um 20% größeres Risiko eingehen, jünger zu sterben als normalgewichtige Männer. Robert macht sich über Frauen und ihre ewigen Gewichtsprobleme lustig.

Er kann aber nicht leugnen, daß er in den letzten Jahren etwas zugenommen hat, aber er führt dies auf Bewegungsmangel zurück. Das Geschäft ging vor und ließ ihm nur wenig Zeit für Tennis und Schwimmen. Als es Mode wurde, versuchte er es auch mit Jogging, aber hier taten ihm die Beine weh und das Herz schmerzte. Dann zahlte er ein Jahr lang für einen Gymnastikkurs, fand aber einfach keine Zeit, hinzugehen. Eines Tages wird er sich bestimmt dazu aufraffen und wenn er erst einmal regelmäßig trainiert, wird er schnell die überflüssigen Pfunde wieder loswerden.

## Arthur, ein älterer Pensionär

Seit seine Frau vor drei Jahren starb, ist Arthur sehr schnell gealtert. Das liegt nicht allein daran, daß er sie vermißt, auch wenn das viel zu seinem plötzlichen Altern beiträgt. Seine Frau war nicht gerade eine starke, bestimmende Person, die ihn wie ein Kind behandelte, sich von morgens bis abends um ihn kümmerte; sie war eher ein guter Freund. Mit ihr hätte er all die Dinge besprechen können, die ihn jetzt so unsicher machen: den Lärm der Leute, die über ihm wohnen, den Sozialarbeiter, der immer an ihm herumnörgelt und nie richtig zuhört, die Tatsache, daß er immer vergißt, wohin er einzelne Sachen hinräumt, und vieles mehr.

Sie würde auch dafür sorgen, daß er ißt. Nachdem er vierzig Jahre lang seine Frau kochen ließ, hat er keine Ahnung, wie er es anfangen soll. Im ersten Jahr seines Witwerdaseins hat er es gelegentlich versucht. Manchmal hat er eine Konserve oder eine Suppe aufgewärmt, aber nun verläßt er sich auf das gelegentliche „Essen auf Rädern", auf Kekse und Tee. Ganz selten einmal bringt ihm seine Enkelin einen Vollkornauflauf. Aber er hat Mühe, die knusprige Rinde zu kauen und den Salat zu verdauen, den er dazu essen soll. Er freut sich zwar, aber sobald sie gegangen ist, stellt er das Essen auf das Fensterbrett für die Vögel und macht sich wieder seinen Tee.

Um ehrlich zu sein, Arthur hat auch sehr wenig Appetit. Er verläßt nur selten das Haus und hat so weder Bewegung noch frische Luft. Da seine Geschmacksorgane verkümmert sind, freut er sich sowieso kaum über das Essen. Außerdem, so meint er, wozu sollen sich ältere Menschen ernähren? Sie wachsen nicht mehr, sie bewegen sich wenig, sie verbrauchen kaum Kalorien. Die Tatsache, daß er sich meist müde und lustlos fühlt, daß er stark unter Kälte leidet, daß er unter Schwerhörigkeit leidet, daß er immer Verstopfung hat, daß er schlecht schläft, außer tagsüber, wenn er immer wieder einnickt – all das, so glaubt er, gehört zum Altwerden. Man könne es nicht anders erwarten.

Wenn ihm jemand sagen würde, daß er mehr nahrhafte Speisen essen sollte, weil sein Körper weniger gut arbeitet als früher und weniger Vitamine und Mineralstoffe bekommt, und daß dann viele der Symptome, die er aufs Altwerden schiebt, verschwinden, dann würde er den Kopf schütteln. Er würde es nicht glauben. Außerdem, so würde er sagen, ist es zu spät, Eßgewohnheiten zu ändern. Wie sollte er die Nahrungsmittel auch bezahlen, denn er kommt schon so kaum mit seiner Rente aus. Und dann würde er sich doch wieder eine Fischkonserve aufmachen und natürlich dazu Weißbrot essen.

## Der Überfluß in der westlichen Welt

Solche Eßgewohnheiten gibt es nur in der im Überfluß lebenden Welt. In Ländern der Dritten Welt, wo zumeist oft jegliche Nahrungsmittel überaus knapp sind, scheint es ein solches Verhalten kaum zu geben. Die Menschen essen einfach, um am Leben zu bleiben. Sogar in Gegenden, wo es schwierig ist, ausreichend Lebensmittel zu bekommen, wo die Ernährung nur auf wenige Nahrungsmittel aufbaut, wie Körner und Gemüse, wo ab und zu Fleisch oder Fisch sowie etwas Milch bereits als Luxus gelten, sind die Menschen oft kräftiger und gesünder als der durchschnittliche Bewohner der westlichen Welt.

Wir in der westlichen Welt sind eine kränkliche Gesellschaft, wobei die untersten sozialen Schichten oft am meisten betroffen sind. Heute leiden mehr Menschen im mittleren Alter an Herzgefäßerkrankungen, an Krebs und Schlaganfällen als jemals zuvor. Wir sind anfälliger für Fettsucht, Kopfschmerzen, Durchfall, Verstopfung, Zahnverfall, Depressionen, Arthritis, Erkältungs- und Kreislauferkrankungen, Hämorrhoiden, Geschwüre, Krampfadern und immer häufiger auch für Allergien. Diese und viele andere Krankheiten werden heute mit der Ernährung in Zusammenhang gebracht.

Zweifellos ist die Ernährung nicht der einzige Risikofaktor. Unser rasendes „Gegen-die-Uhr-Leben“, der Bewegungsmangel, unser Trinkwasser, unsere Luft, die Abhängigkeit von Kaffee, Tee, Alkohol und Zigaretten, all dies ist für unsere Gesundheit von Bedeutung. Aber, abgesehen von Zufällen, spielen doch die Nahrungsmittel, die wir unserem Körper zuführen, eine größere Rolle als jeder einzelne Faktor allein. Wir brauchen sie, um uns mit Energien und Wärme zu versorgen, um die Zellen zu regenerieren, um zu wachsen, um gesundes Blut und gut arbeitende innere Organe zu haben und um Abwehrkräfte gegen Krankheiten aufzubauen. Unsere Eßgewohnheiten, die frühzeitig im Leben ausgebildet werden, können gefährlich für unsere Gesundheit und unser Wohlbefinden sein. Wir brauchen eine ausgewogene Ernährung, wenn wir lebhaft, zufrieden und glücklich sein wollen. Nahrung ist unsere Lebensader. Nichts ist wahrer als der Spruch: „Der Mensch ist, was er ißt." Aber was genau essen wir?

Eigentlich dürfte man diese Frage gar nicht stellen müssen. Sie stellt sich aber einfach deshalb, weil das wichtigste Ziel aller Nahrungsmittelproduktion in der westlichen Welt heute nicht das Ernähren, sondern die Gewinnsteigerung ist. Ein Fünftel unseres Einkommens geben wir für Nahrungsmittel aus, die wir zu Hause verbrauchen. Dazu kommt eine enorme Summe für Essen in Restaurants, Lokalen, für Fertiggerichte zum Mitnehmen oder für Naschereien vom Kiosk.

Die Lebensmittelindustrie beschränkt sich nicht auf Lebensmittel. Läden für Küchenbedarf schießen im ganzen Land in Städten und Dörfern aus der Erde, oft innerhalb größerer Ladenketten. Die Regale biegen sich unter den Töpfen, Pfannen, Dampfkochtöpfen, Küchengeräten, Mikrowellenherden, Töpfen für langsames und für schnelles Garen, Fonduesets, Bestecken, Geschirr, Schüsseln, Gläsern, Spezialgeschirren usw. Es gibt Kühlschränke und Tiefkühltruhen, so daß Sie sich Vorräte anlegen können, und Geschirrspülmaschinen, damit alles gleich wieder sauber wird. Essen ist zweifellos das große Geschäft.

Unglücklicherweise entfernt uns all dies immer weiter von dem ursprünglichen Grund des Essens. Wir essen, um uns zu ernähren. Doch wie viele Nährstoffe enthalten raffinierte und stark behandelte Lebensmittel, die 70% dessen ausmachen, was wir zu uns nehmen? Vielleicht noch wichtiger: Wie viele möglicherweise gefährliche Substanzen essen wir? Substanzen, die sehr wohl für viele der häufigen Krankheiten in unserer Gesellschaft verantwortlich sein können.

## Unbekannte Gefahren in vielen Produkten

Niemand weiß Genaues. Die Nahrungsmittelindustrie leugnet zwar jegliche Gefahr und weist darauf hin, daß ohne die Verwendung von Konservierungsmitteln die Auswahl an Lebensmitteln wesentlich geringer und der Geschmack unserer Nahrung fader werden müßte.

Neue Waren werden ununterbrochen auf den Markt gebracht, um die Käufer in Versuchung zu führen; viele dieser Produkte sind schon lange im Angebot, oft sogar von demselben Hersteller. Über das Wort „neu" hofft der Hersteller, seine Ware zu verkaufen. Um sie interessanter, farbiger, leichter zuzubereiten und haltbarer zu machen, werden immer mehr Zusätze, Konservierungsmittel, Geschmacks- und Farbstoffe, Chemikalien, Hormone und Antibiotika zugesetzt.

Nicht nur chemische Zusätze werden auf diese Weise übermäßig verwendet. Zucker z.B. ist ein Nahrungsmittel, das uns sehr schaden kann. Und doch wird er unnötigerweise sehr vielen Lebensmitteln zugefügt, u.a. Tomatenketchup, Corned beef, Rindfleischextrakt, Dosensuppen, Cornflakes. Im Durchschnitt wird heute pro Kopf fast ein Kilo Zucker in der Woche verbraucht, eine enorme und gefährliche Menge eines Nahrungsmittels, das eindeutig ein Risikofaktor für viele

Krankheiten der Wohlstandsgesellschaft ist. Um zu gewährleisten, daß wir uns auch bestimmt und frühzeitig an Zucker gewöhnen, wurde er bis vor kurzem noch einem Großteil der Babynahrung zugefügt und wird für Süßigkeiten verwendet, mit denen wir unsere Kinder beruhigen, belohnen und verführen sollen.

Viele der in Konserven angebotenen Lebensmittel enthalten zuviel Kochsalz. Zuviel Salz führt zu Bluthochdruck bei Menschen, die ohnehin schon zu hohen Blutdruck haben. Dies kann schon bewirkt werden durch die Menge Salz, die wir bei einer normalen modernen Ernährung zu uns nehmen und die den Mahlzeiten wahllos zugefügt wird, um ihnen wenigstens etwas Geschmack zu verleihen. Außer seiner schädigenden Wirkung verdirbt Salz auch unseren Geschmack, so daß wir unser Essen immer mehr salzen müssen, damit es uns genießbarer scheint. Gesundheitsvorsorge ist unsere eigene Sache. Doch wie können wir möglicherweise gefährliche Nahrungsmittel vermeiden, wenn die erhältlichen Lebensmittel auf die eine oder andere Art „vergiftet" sind? Wie können wir die richtige Wahl treffen, wenn wir keine ausreichenden Informationen haben?

Sicherlich können wir nicht den Inserenten vertrauen, die uns von allen Seiten mit Reklamen bombardieren und jede List anwenden, um uns zu emotionellen Spontankäufen zu veranlassen: Durch den Kauf dieses Produktes beweisen wir die Liebe zu unseren Kindern, durch den Kauf jenes Artikels beeindrucken wir garantiert unsere Freunde und gewinnen wir Einfluß auf andere Leute. Das Leben wird lustiger, aufregender oder gar sinnlicher, wenn wir ein anderes Produkt essen. Schauen Sie jemandem in den Küchenschrank, und Sie erfahren alles über seine innersten Empfindungen und Unsicherheiten! Um uns zu suggerieren, daß die Nahrungsmittel überhaupt nichts Künstliches enthalten, zeigen sie ländliche Szenerien auf ihrer Verpackung oder Vignetten aus der Vergangenheit, als die Nahrungsmittel wirklich noch frisch gepflückt und frisch aus dem Ofen auf den Tisch kamen. Oder es sind Blumen, Sonnenschein oder lächelnde Gesichter abgebildet, was alles keinerlei Bezug zum Inhalt hat, aber Ihnen ein behagliches Gefühl vorgaukelt. Schlüsselworte sind „wirklich", „frisch" oder „natürlich".

Fairerweise muß man sagen, daß die Medien seit einigen Jahren am Thema Ernährung – unter den verschiedensten Aspekten – interessiert sind. Die Nahrungsmittelindustrie, niemals langsam, hat dabei vieles zu ihrem Vorteil gewendet. Das Interesse an Eiweiß führte dazu, daß dieses Zauberwort mit allen Arten von Nahrungsmitteln in Verbindung gebracht wurde.

Der nächste Verkaufsschlager waren die „Vitaminzusätze". Zweifellos gab es sie, doch welche Vitamine, in welchen Mengen und ob sie in Verbindung mit dem jeweiligen Nahrungsmittel überhaupt vom Körper aufgenommen werden, dies alles wurde überhaupt nie erwähnt.

Eine weitere verkaufsfördernde Idee der Hersteller war der Aufdruck „Ohne Konservierungsstoffe" auf der Verpackung. Sicher ist es ein Fortschritt, Produkte ohne Konservierungsstoffe anzubieten, aber dabei darf nicht vergessen werden, daß die Nahrungsmittel auch andere Zusatzstoffe wie z.B. Aromastoffe, Süßstoffe, Farbstoffe oder ähnliches enthalten können. Dies wird leicht übersehen, wenn einem der Aufdruck „Ohne Konservierungsstoffe" ins Auge sticht. Dem Verbraucher wird suggeriert, er würde ein Naturprodukt einkaufen.

Ballaststoffe, das Kultwort der achtziger Jahre,

war das Beste, was der Nahrungsmittelindustrie seit dem geschnittenen Brot passierte. Ballaststoffe sind billig, können in kleinen Mengen den meisten Lebensmitteln zugegeben werden, ohne deren Geschmack oder deren Beschaffenheit zu verändern, und sind eine Garantie dafür, daß die Verkaufszahlen in die Höhe schnellen. Es wird manchmal schon schwierig, ein Produkt ohne Ballaststoffzusatz zu finden. Die Vorteile für den Käufer sind fraglich, nicht zuletzt deshalb, weil der Hersteller nur die kleinstmögliche Menge zugeben muß, um sein Produkt als ballaststoffhaltig zu verkaufen. Die Vorteile für den Hersteller liegen dagegen auf der Hand.

Tierische Fette sind in die Schlagzeilen geraten, da sie zu Herzkrankheiten und anderen ernsthaften Erkrankungen beitragen können. Viele Hersteller betonen nun, daß ihre Produkte pflanzliche oder nichttierische Fette enthalten. In manchen Fällen, besonders bei Dessertsaucen und Schlagschaum, wird Kokosnußöl verwendet, ein billiges und leicht verwendbares Fett, das auch ein gesättigtes Fett ist und daher die gleichen Probleme wie die tierischen gesättigten Fette, die es ersetzen soll, verursachen kann. Die Beschriftung ist zwar nicht falsch, aber so formuliert, daß sie irreführt.

Aus der Lieblingsbeschäftigung der ganzen Nation, eine Diät zu halten, ist sogleich ein eigener Industriezweig entstanden. Statt uns zu helfen, die Willenskraft aufzubringen, weniger zu essen, führt uns wieder ein großes Angebot von „Diät"-Produkten in Versuchung. Dazu gehören Konfitüren, Schlagschaum, Eiscreme, Dosenfrüchte, Brot, Mayonnaise, Margarine, Milch, Limonade, Thunfisch, Joghurt, Zuckerersatz – selbst die Lieblingsspeise des Figurbewußten, Hüttenkäse, gibt es mit noch weniger Kalorien.

Die beste Idee der Hersteller ist, die Kalorienzahl kalorienarmer abgepackter Produkte auf der Verpackung anzugeben. Das Produkt war möglicherweise in genau derselben Form bereits früher auf dem Markt, aber nun gewinnt es für Millionen möglicher Kunden an Attraktivität, und der Hersteller muß lediglich den Aufdruck ändern. Wenn jemand glaubt, daß der Wunsch abzunehmen auf Kosten der Nahrungsmittelindustrie ginge, so macht er sich nicht klar, auf welche Weise diese Industrie funktioniert. „Weight Watchers International", die Gesellschaft, die in vielen Ländern Kurse durchführt, gehört z.B. zu der großen amerikanischen Firma Heinz.

Diese Gesellschaft bietet Kurse an für Leute, die abnehmen wollen. Für jeden einzelnen Teilnehmer wird ein Idealgewicht errechnet, das er erreichen sollte – und zwar mit der speziellen Weight-Watchers-Methode. Im Vordergrund steht dabei eine fettarme Ernährung. In der Bundesrepublik werden in fast jeder Stadt diese Kurse angeboten. Unterstützt durch das Motto „Dünn ist in" haben sie einen regen Zulauf.

Selbstverständlich werden auch gesunde Nahrungsmittel – wirkliche Naturkost – zum Gegenstand der Vermarktung und des schnellstmöglichen Absatzes. Es ist festzustellen, daß große Geschäfte und Supermärkte einige Naturkostprodukte verkaufen, auch wenn die Bezeichnung „gesunde Nahrungsmittel" oft zweifelhafte Delikatessen wie Tee, Kaffee, Marmelade und Nougatcreme einschließt.

Auf jeden Fall aber ist seit einiger Zeit eine Entwicklung zu mehr Naturkostprodukten erkennbar. In unserer Gesellschaft wächst das Interesse an gesunder Ernährung, so daß die Hersteller kaum noch daran vorbeiproduzieren können.

So gesehen, ist ein Bewußtseinswandel im Gange, der die Nahrungsmittelproduktion positiv beeinflussen könnte.

Aber wie an den Beispielen in diesem Kapitel erkennbar ist, wird das Interesse des Verbrauchers an gesunder Ernährung nur teilweise berücksichtigt und vorwiegend für ein besseres Marketing benutzt. Reine Vollwertprodukte werden nur selten in einem Supermarkt angeboten.

## Stab oder Krücken?

Über die Vor- und Nachteile von Brot aus raffiniertem Mehl wird schon seit Jahrzehnten diskutiert. Erst seit kurzem herrscht weitgehend Einigkeit darüber – nicht nur unter Naturkostanhängern, sondern auch bei Ärzten und Ernährungswissenschaftlern –, daß Vollkornmehl besser ist. Trotzdem wird immer noch zum größten Teil Brot mit hohem Anteil an Weißmehl verkauft. Der neueste Trend sind offene Bäckereien, wo im Geschäft gebacken wird und der Duft des Frischgebackenen die beste Werbung darstellt. Irgendwie ist dieses Im-Laden-Backen gleichbedeutend geworden mit „vollwertig“, obwohl die meisten dieser Brote aus demselben raffinierten Mehl gebakken werden, das in jeder Brotfabrik verwendet wird.

Der Aufdruck auf den Packungen ist natürlich bei allen Lebensmitteln von höchster Bedeutung. Dies führt schließlich zu der Frage, wer verantwortlich ist für die Nahrungsmittel, die auf den Markt kommen, und dafür, daß diese von Millionen von Menschen gegessen werden können. Sollte diese Verantwortlichkeit bei den Regierungen liegen? Oder bei den Herstellern selber? Oder müssen wir Verbraucher diese Angelegenheit selbst in die Hand nehmen, indem wir den Kauf jedes Produktes, gegen das wir den leisesten Verdacht hegen, verweigern? Bliebe in diesem Fall überhaupt etwas übrig, das man kaufen könnte?

Unter namhaften Medizinern herrscht inzwischen weitgehend Übereinstimmung darüber, daß wir genau darauf achten sollten, was wir essen. Im September 1983 veröffentlichte z.B. der britische „Health Education Service“ eine Studie, nach der zuviel gesättigte Fette, zuviel raffinierter Zucker und zuviel Salz verzehrt wird. Außerdem wurde auch die Notwendigkeit belegt, mehr Ballaststoffe in die Ernährung aufzunehmen. In Holland und Norwegen wurden auf Grund solcher Untersuchungen von der Regierung entsprechende Maßnahmen ergriffen. In den meisten Ländern wurde jedoch von offizieller Seite sehr wenig getan.

Die europäischen Regierungen stehen auch vor dem Problem, sich bis zu einem gewissen Grad an die Richtlinien der EG halten zu müssen. Eine Folge hiervon sind die hohen Subventionen für Überschüsse an Rindfleisch, Milch, Butter und Zucker, Nahrungsmittel, die schließlich gelagert werden müssen. Das Geld sowohl für die Subventionen wie für die Lagerung ist von unseren Steuern. Der einzige, recht zweifelhafte Vorteil, den wir davon haben, besteht darin, daß einige dieser Überschüsse zu ermäßigtem Preis verkauft werden.

Die inzwischen gesetzlich vorgeschriebene Liste der Inhaltsstoffe von industriell hergestellten Nahrungsmitteln gibt zumindest eine Vorstellung, wie viele Zusatzstoffe verwendet werden, auch wenn einzelne Bestandteile nicht immer aufgeführt werden und daher nicht auf ihre Unbedenklichkeit hin überprüft werden können. In jedem Fall werden Sie ohne eine wissenschaftliche Vorbildung ohnehin nicht verstehen, um was es sich jeweils handelt.

Inzwischen sind verschiedene Bücher erschienen, die dem Laien helfen sollen, einen Weg durch diesen Dschungel zu finden. Man kann nur hoffen, daß die Medien denjenigen Hilfestellung geben werden, die etwas über die Nahrungsmittel wissen wollen. Es wäre auch außerordentlich hilfreich, einen eigenen Nährstofführer für jedes Lebensmittel zu haben – klare Angaben, ob ein Nahrungsmittel reich oder arm an gesättigten Fetten, Salz, Zucker, Ballaststoffen usw. ist.

Gegen eine derartige Beschriftung wird eingewendet, daß die Leute ohnehin die gegebenen Informationen nicht beachten würden, doch das ist sehr vordergründig. Diejenigen, die nichts wissen wollen, brauchen den Aufdruck nur zu ignorieren und so weiter zu essen wie früher. Zigarettenpakkungen tragen auch eine warnende Aufschrift des Gesundheitsministeriums, so daß die Käufer wenigstens gewarnt sind, auch wenn es keinen Beweis gibt, daß dies etwas nützt und dazu beiträgt, die Zahl der Raucher zu verringern. Wenn sie sich trotzdem entschließen zu rauchen, so ist dies wenigstens eine Entscheidung, die bewußt ist. Und so sollte jeder, der Nahrungsmittel kauft, zubereitet und ißt, sich ebenso informiert entscheiden können.

# Die ganzheitliche Einstellung

*Atme leicht: Das Leben ist zart und subtil; das Leben ist wie die Werkstatt eines Glasbläsers.*

Mohammid Taqi Mir, 1723–1810

# Die ganzheitliche Einstellung

Wasser, Luft, Erde, Pflanzen, Tiere und Menschheit – alle sind Teil eines großen Ganzen. Obwohl jeder Teil scheinbar isoliert existiert und auf verschiedene und für seine Art spezifische Weise überlebt, braucht doch jeder Teil die anderen. Sie sind die Elemente, die gemeinsam den einen Organismus, den Planeten Erde, bilden.

Doch dieser Planet ist bedroht. Da die menschliche Bevölkerung ständig wächst und die Ansprüche steigen, müssen ökologische Systeme wegen des steigenden Bedarfs an Raum, Brennstoffen, Nahrungsmitteln und Bodenschätzen sich schneller ändern, als sie es eigentlich verkraften können. Bis zu einem gewissen Maß kann sich der Planet selbst regulieren, sich anpassen und überleben. Der Körper kann Immunität gegen die Erreger gewisser Krankheiten entwickeln, Fische können wieder in Gewässern leben, die einst verschmutzt waren, tote Wälder können sich wieder zu lebensfähigen regenerieren. Aber das Gleichgewicht ist labil; es braucht nur leicht verschoben zu werden, dann werden die Auswirkungen schnell und weitreichend eintreten. Verletzt man es zu sehr, kann das Ergebnis verheerend sein.

Ganzheitlich zu leben bedeutet, bewußt zu leben. Es heißt, von dem Gleichgewicht in der Natur zu wissen und das Beste dafür zu tun, es aufrechtzuerhalten. Es gilt, sich immer wieder in Erinnerung zu rufen, daß jede unserer Handlungen, gleich wie gering und unbedeutend sie erscheinen mag, Konsequenzen hat. Alles, was wir tun, betrifft unsere Umwelt, und wir wiederum spüren die Auswirkungen dessen, was in der Welt um uns geschieht. Wir müssen uns der Zusammenhänge bewußt sein, die zwischen allen Teilen des ökologischen Systems bestehen, jeden Teil respektieren, ihn mit Sorgfalt behandeln und besonnen leben. Wir müssen uns der Bedürfnisse anderer bewußt werden und unser maßloses Konsumverhalten reduzieren, weniger nehmen und verbrauchen, Freude eher in Beschränkung finden als in der Übersteigerung, eher im Einfachen als im Überfeinerten.

In der griechischen Mythologie hat die Mutter Erde den Namen Gaia. Dieser Begriff wird heute wieder gebräuchlich und erinnert uns daran, daß die Erde eine lebende Einheit ist. Wie alle guten Eltern sorgt Gaia für ihre Kinder, gibt uns Material und Werkzeuge, die wir benötigen, um uns ein Heim zu schaffen, um Wärme und Licht zu erzeugen sowie Essen und Trinken. Wir sollten das, was uns unser Planet schenkt, niemals als selbstverständlich hinnehmen. Wenn wir es auch genießen, so sollten wir doch stets dankbar sein, bereit zu teilen und freimütig und mit Liebe zu geben.

## Nahrung – eine Grundvoraussetzung des Lebens

Für alle Lebewesen sind Luft und Wasser die wichtigsten Grundvoraussetzungen zum Leben. Ohne Luft können wir nur wenige Minuten leben. Ohne Wasser können wir wohl einige Tage leben, eventuell auch länger, was aber von der Umgebung und der Lufttemperatur abhängig ist. Nach Luft und Wasser ist die Nahrung die wichtigste Voraussetzung zum Leben. Sicherlich können wir längere

Zeit leben, ohne zu essen. Fasten kann manchmal gut sein für unsere Gesundheit, aber irgendwann müssen wir doch wieder essen. Die Nahrung versorgt uns mit Energie, baut Körperzellen wieder auf, nährt unseren Körper, so daß wir leistungsfähig sind und wir die Körperwärme halten können.

Obwohl nur weniger als ein Zehntel der gesamten Landfläche der Erde das richtige Klima und die richtige Bodenbeschaffenheit für die Landwirtschaft hat, werden doch noch 3,6 Milliarden Hektar bebaut. Diese Fläche liefert heute mehr Nahrungsmittel als jemals zuvor, genug, um jeden Menschen in der Welt ausreichend zu ernähren. Und doch hungern 500 Millionen Menschen – soviel wie die gesamte Bevölkerung Europas. Eins von fünf Kindern weltweit ist unterernährt; alle zwei Sekunden stirbt ein Kind an Hunger oder an einer durch Hunger bedingten Krankheit.

Die Gründe für dieses Paradoxon sind äußerst vielschichtig. Die Bewohner der im Überfluß lebenden Länder vereinfachen leicht und machen für den Hunger in der Dritten Welt die Überbevölkerung verantwortlich. Auch wenn dies sicherlich eine wichtige Ursache ist, so ist es doch eine bequeme Entschuldigung dafür, daß wir nicht wahrhaben wollen, daß wir im Westen einen überproportional großen Teil der Nahrungsmittel konsumieren. In den USA leben z.B. nur 6% der Weltbevölkerung, sie verbrauchen aber 25% der gesamten Nahrungsmittel. Die Menschen in der Dritten Welt hungern zum Teil wegen der Größe ihrer Familien, wegen Dürreperioden und anderer Naturkatastrophen. Aber sie hungern auch, weil wir sie ausbeuten.

Dies geschieht z.B. durch gezielt zum Verkauf bestimmte Ernten. Speziell für den europäischen und nordamerikanischen Markt werden ausgefallene Nahrungsmittel angebaut, die Geld einbringen – allerdings nur für wenige – und Land beanspruchen – gewöhnlich das beste –, auf dem Nahrungsmittel für diejenigen wachsen könnten, die sie so nötig brauchen. Äthiopien exportiert Kaffee, Melonen, Zuckerrohr. Sri Lanka liefert den größten Teil des riesigen Teebedarfs Englands und importiert gleichzeitig Nahrungsmittel, die nur halb so viel wert sind. Nahrungsmittel, die hier nicht angebaut werden können, da der größte Teil des Landes aus Teeplantagen besteht. Im Senegal werden mit europäischer Hilfe Wüstengebiete urbar gemacht, jedoch nicht, um Hirse anzupflanzen, das dortige Grundnahrungsmittel, sondern um Auberginen und Mangos für den Export anzubauen. In ganz Afrika – einem Kontinent, auf dem Hunger herrscht – wurde die Zuckerrohrproduktion in den letzten zwanzig Jahren verdoppelt, die Produktion von Tee vervierfacht. Im gleichen Zeitraum wurden in Brasilien auf immer mehr Land Orangen angebaut, die exportiert werden, während die Anbaufläche für das Grundnahrungsmittel Mais in gleichem Maße abnahm.

Manchen Ländern ergeht es besser, obwohl der Preis dafür hoch sein kann. Trotz vieler Schwierigkeiten in der Vergangenheit ist Kenia im Moment relativ gut versorgt. Einer der Gründe hierfür ist die Zusage militärischer Zusammenarbeit mit den USA; dafür, daß Kenia der US-Luftwaffe einen Stationierungsort in der Nähe der wertvollen Ölvorräte des Mittleren Ostens zur Verfügung stellt, nehmen die USA Kenia zu einem angemessenen Preis einheimische Luxusprodukte wie Ananas ab.

Bertolt Brecht sagte einmal, daß „Hungersnöte nicht einfach auftreten, sondern durch den Getreidehandel produziert würden".

Auch wenn dies eine grobe Vereinfachung ist, so

ist doch unsere Verwendung des Getreides ein anderer Faktor, mit dem wir zu dem Hunger in der Dritten Welt beitragen. Im Fernen Osten werden 90% der Getreideernte direkt vom Menschen verbraucht, weltweit jedoch wird 40% des gesamten Getreides nicht vom Menschen gegessen, sondern als Viehfutter zur Produktion von Fleisch, Milch und Eiern verwendet. Es ist außerordentlich verschwenderisch, Getreide zur Produktion von Fleisch zu verwenden – für ca. 500 g Hühnerfleisch verfüttert man ca. 1,5 kg Körner und für ca. 500 g Rindfleisch ca. 4,5 kg Getreide. In Mexiko, wo in den ländlichen Gebieten 80% der Kinder unterernährt sind, wird mehr Getreide verfüttert, als für die Ernährung der gesamten Bevölkerung verwendet wird. Verfüttert für Vieh, das dafür bestimmt ist, zu „Hamburgern" für den amerikanischen und kanadischen Markt verarbeitet zu werden. In Großbritannien werden z.B. zwei Drittel des einheimischen Getreides an Tiere verfüttert und darüber hinaus noch weiteres Getreide aus Ländern der Dritten Welt importiert. Viele der mit diesem Getreide gefütterten Tiere sind dazu bestimmt, den „Rindfleischberg" zu erhöhen, einem Resultat der Agrarpolitik der EG, die darauf basiert, die Landwirtschaft darin zu unterstützen, Überproduktionen zu liefern. Magermilch und Butter sind andere wertvolle Nahrungsmittel, die gelagert, anstatt zu billigen Preisen verkauft oder zur Unterstützung hungernder Menschen in der Dritten Welt verwendet werden.

Nicht nur Getreide wird an das Vieh verfüttert. In Peru, wo Fischmehl als Tierfutter zu einem der wichtigsten Exportgüter geworden ist, ist Fleisch für die einfache Bevölkerung zu teuer. In Teilen von Westafrika ist in manchen Gegenden der Verkauf von Erdnüssen verboten, so daß die größtmögliche Menge exportiert werden kann, wobei der größte Teil der Ernte dann in Europa an Schweine und Kühe verfüttert wird.

## Die Beseitigung von Überschüssen

Selbst wenn Überschüsse produziert werden, wird die Dritte Welt kaum davon profitieren. Milchseen und Fleischberge in Europa sind die Folgen wohlüberlegter Überproduktion. Der einzige Weg, mit diesen Überschüssen fertig zu werden, ist nach Meinung der europäischen Entscheidungsinstanzen, diese zu lagern. Das ist mit riesigem Kostenaufwand verbunden, da ein Überangebot, das die Preise verfallen lassen würde, um jeden Preis verhindert werden muß. Manchmal kommt es aufgrund von besonders günstigen Wetterbedingungen zu Rekordernten. Wenn diese Ernten dann nicht gelagert werden können, werden sie oft eher vernichtet als so verarbeitet, daß sie den weltweiten Hunger lindern könnten. In Südafrika wurden große Mengen Ananas ins Meer geworfen; französische Erzeuger haben Tomaten und Pfirsiche vernichtet. 1977 kaufte das amerikanische Handelsministerium 200 000 Tonnen Kartoffeln zum Preis von 44 Dollar pro Tonne und verkaufte sie dann wieder für 12 Dollar als Viehfutter.

Mancher Überschuß erreicht die Dritte Welt, schadet aber mehr, als er nutzt. Eine große Werbekampagne veranlaßte viele afrikanische Mütter, ihre Babys nicht mehr zu stillen, sondern ihnen statt dessen Milchpulver zu geben. Der Mangel an sauberem Wasser, mit dem das Milchpulver angerührt werden sollte, und die Unfähigkeit der meisten Mütter, die Anleitungen zu lesen und zu befolgen, führen noch zu gefährlichen Krankheiten.

Es ist sowohl unfair als auch falsch, zu behaupten, wie es viele Kritiker tun, daß die Länder der Dritten Welt selbst nichts dazu beitragen, um sich zu helfen. Die Lösungen, die vom Westen angeboten werden, sind häufig völlig ungeeignet. Es wird ihnen zugeredet, die landwirtschaftlichen Techniken auf den neuesten Stand zu bringen und zu verbessern, speziell gezüchtetes ertragreiches Saatgut zu verwenden, zusammen mit Düngemitteln, Pestiziden, Herbiziden und Fungiziden. Die meisten dieser Länder haben dies auch bereitwillig versucht. Außer der Gefahr, die immer darin liegt, Technik zu importieren, ohne die langerprobten und bewährten örtlichen Methoden zu berücksichtigen, verschlingt der Kauf der notwendigen Maschinen, Werkzeuge und Chemikalien riesige Summen. Steigende Zinsen machen Darlehen zum Alptraum. Unter der Last der Verschuldung werden die Regierungen dann gezwungen, die Preise für die verfügbaren Nahrungsmittel heraufzusetzen, so daß die Grundnahrungsmittel zu Luxusartikeln werden. Dann werden immer mehr Produkte zum Export angepflanzt, um Geld für das Abzahlen der Schulden zu bekommen, und da diese Produkte auf dem Weltmarkt stark schwankenden Preisen ausgesetzt sind, kann niemand einen profitablen Verkauf garantieren. So wird die Fläche, die zum Anbau der Nahrungsmittel für die einheimische Bevölkerung vorgesehen war, immer weiter reduziert. Es ist ein fataler Kreislauf, bei dem die Armen immer am schlechtesten wegkommen.

Hier kann Unterstützung aus den begüterten Ländern helfen, auch wenn sie meist an Handelsinteressen und an Politik gebunden ist und weniger von den Bedürfnissen der betroffenen Bevölkerung bestimmt wird. Das heißt, daß sie nicht immer dort gegeben wird, wo sie am meisten benötigt würde. Die britische Regierung unterstützte z.B. die Bewohner der Falkland-Inseln nach dem Konflikt mit Argentinien mit durchschnittlich 1800 DM pro Kopf. Indien bekam dagegen in der gleichen Zeit nur 0,88 DM Entwicklungshilfe pro Person. Hilfsgüter können so lange durch die verschiedensten Kanäle fließen, daß sie oft zu spät ankommen und das meiste unterwegs verlorengeht. Man schätzt, daß nur 10% aller Lebensmittelhilfe zur Linderung von Not eingesetzt wird. Zudem läßt die Lebensmittelhilfe den Preis für einheimische Produkte zusammenbrechen, so daß viele örtliche Bauern aufgeben müssen und die Gemeinden noch abhängiger als vorher von fremder Hilfe werden. Kurzfristig, besonders nach Naturkatastrophen, ist Lebensmittelhilfe unbedingt nötig und rettet zweifellos viele Menschenleben. Doch langfristig gesehen, trägt sie wenig dazu bei, das weltweite Problem des Hungers zu lösen.

Finanzielle Unterstützung, verbunden mit Unterricht und Beratung, kann sehr viel nutzbringender sein, obgleich auch dies mißlingen kann. In Kenia wurde eine Fischverarbeitungsfabrik errichtet, um das ganze Land mit tiefgefrorenem Fisch versorgen zu können. Auf diese Weise wollte man auch der dortigen Bevölkerung eine Verdienstmöglichkeit schaffen. Nachdem nun die riesige Fabrik errichtet worden war, stellte man fest, daß es in ganz Kenia zu wenig Tiefkühltruhen gibt und das ganze Projekt somit überhaupt nicht gerechtfertigt war. Die Fabrik steht heute noch, der Maschinenpark wird nicht genützt! Die Hallen werden statt dessen zum Lagern für in traditioneller Weise getrocknete Fische zum örtlichen Verzehr für die einheimische Bevölkerung umfunktioniert.

Während der größte Teil der Weltbevölkerung hungert, streben einige von uns danach, immer mehr und noch mehr zu haben. Regenwälder werden zerstört, damit das Vieh für die Fleischproduktion gehalten werden kann. Man schätzt, daß es, wenn im gegenwärtigen Tempo weiter gerodet wird, bis zum Ende dieses Jahrhunderts keinen Regenwald mehr geben wird. Riesige Ebenen werden so intensiv bewirtschaftet, daß alles Leben aus ihnen herausgezogen ist und sie verdorren. Insekten, Pflanzen und Tiere sterben aus, wenn sie ihren Lebensraum verlieren. Vögel, von Pestiziden vergiftet, verstummen. Und in die Ruhe dringt dann nur noch der Lärm der Maschinen.

Was tun wir nun mit all den Nahrungsmitteln? Wir nehmen zu und bekommen Herzanfälle. Wir halten Diät, dies bedeutet aber natürlich nicht, daß wir weniger essen, sondern vielmehr besondere, eigens dafür hergestellte kalorienarme Nahrungsmittel zu uns nehmen. Essen durchdringt unser Leben in allen Bereichen. Wir lesen darüber, machen Kochkurse, verbringen viel Zeit, um dafür einzukaufen, und dann werfen wir einen Großteil davon wieder weg. Oft sind die Lebensmittel, die wir wegwerfen, völlig in Ordnung. Wir haben einfach zuviel davon!

## Die Welt vor unserer Haustür

Fernsehen und Zeitungen bringen die Welt in unser Heim, lassen sie Teil unseres Lebens und unserer Verantwortung werden. Ereignisse, die früher unbemerkt und unbeachtet blieben, gehören heute zu den täglichen Nachrichten. Mit diesen Informationen geht ein Gefühl der Ohnmacht einher, eine Betroffenheit über den Zustand unserer Welt, ohne daß wir in der Lage sind, etwas zu tun. Aber große Veränderungen sind das Ergebnis vieler kleiner Strömungen, und es gibt viel, das jeder einzelne zur Gesundung unseres Planeten beitragen kann.

Leben Sie ganzheitlich, ändern Sie Ihre Einstellung aufgrund eines Verständnisses der ökologischen Zusammenhänge, ändern Sie Ihren Lebensstil und leben Sie besonnener auf unserer Erde. Sie finden viele gleichgesinnte Menschen, die daran interessiert sind, einfacher zu leben, die das Leben zurückgeben wollen an den Boden, die Luft, die Meere und die Flüsse und an alle lebenden Bewohner unseres Planeten, Menschen und Tiere. Sie werden Teil einer Bewegung, die Veränderungen durch Freundlichkeit und nicht durch Gewalt, durch Liebe und nicht durch Gesetze erlangen will.

Es wurde bereits erwähnt, daß alles Leben auf der Erde in einem Zusammenhang steht und sich gegenseitig bedingt. Als Teil dieses Ganzen trägt der Mensch eine besondere Verantwortung für seine Umwelt. Durch seine Fähigkeit, neue Technologien zu entwickeln und einzusetzen, kann er störend in die natürlichen Prozesse, die alles zusammenhalten, eingreifen und die ursprünglichen Verhältnisse verändern. Dieser Verantwortung sollten wir uns bewußt sein, wenn wir eine intakte Umwelt erhalten wollen.

Was das Essen anbelangt, so erfordert es keinerlei Zauberei, einfach zu leben. Es ist überhaupt nicht kompliziert, ganzheitlich zu essen, man muß keinem Club beitreten und keine Eide schwören. Es bedeutet einfach, Vollwertkost zu essen, die so wenig Zusatzstoffe wie möglich enthält. Es bedeutet, einheimische Produkte zu verwenden statt Nahrungsmittel, die über weite Strecken transportiert worden sind und andere Menschen vielleicht um ihre Nahrung gebracht haben. Es bedeutet, möglichst viele eigene Nahrungsmittel anzubauen, ihren natürlichen, unverfälschten Geschmack wiederzuentdecken und die Befriedigung zu erfahren, die man verspürt, wenn man sich selbst versorgen kann und nicht die Nahrungsmittel aus einem Supermarkt bezieht. Es bedeutet, sich über globale Zusammenhänge im klaren zu sein, sich zu informieren, wie und wo Nahrungsmittel produziert werden und welche Auswirkungen dies auf andere Menschen hat. Es bedeutet, den Mut zu haben, sich bewußt dazu zu entschließen, keine Nahrungsmittel zu kaufen, denen man skeptisch gegenübersteht.

„Ganzheitlich“ im Sinne dieses Buches bedeutet, sich in einer ganz bestimmten Art zu ernähren, die unsere uns umgebende Welt umfaßt. Die Welt, das sind Sie selber! Dazu gehört die Vergangenheit und auch alles, was die Entwicklung bis zum heutigen Zeitpunkt geführt hat, sowohl im positiven als auch im negativen Sinne. Natürlich gehört im großen Umfang auch die Zukunft dazu, denn jede Entscheidung, die Sie heute treffen, bedeutet die Möglichkeit, die Zukunft so zu gestalten, wie Sie diese wünschen. Ihre Entscheidungen und Unternehmungen von heute werden bestimmen, wie Sie sich morgen fühlen, welche Aussichten Sie haben, wie Sie Probleme bewältigen werden, Sie entscheiden über Ihr zukünftiges Geschick und Ihren Erfolg.

Wenn Sie Kinder haben, dann sind Sie auch für deren Zukunft verantwortlich. Gewöhnen Sie Ihre Kinder frühzeitig an eine ganzheitliche Ernährungsweise. Lehren Sie Ihre Kinder, natürliche Nahrungsmittel zu essen, anstatt die Geschmackssinne durch chemische Stoffe abzustumpfen. Vermitteln Sie ihnen ein Bewußtsein, warum sie essen und woher die Nahrungsmittel kommen. Lassen Sie Ihre Kinder bei der Zubereitung des Essens helfen, nicht als lästige Hausarbeit, sondern als ein fröhliches Erfahrungensammeln. Führen Sie Ihre Kinder behutsam auf den ganzheitlichen Pfad, aber zwingen Sie sie nicht, sondern lassen Sie sie selbst entdecken, was für sie richtig ist. Übereifer Ihrerseits kann mehr schaden als nützen! Behalten Sie Ihre Richtung bei. Auch wenn Schulfreunde, Werbung und Automaten andere Alternativen anbieten sollten, so ist noch längst nicht alles verloren. Selbst wenn Ihre Kinder zeitweilig für Naschereien schwärmen sollten, verzweifeln Sie nicht. Ernähren Sie sie weiter so gut Sie können, kräftigen Sie ihre Gesundheit und bilden Sie ihren Geschmack an Vollwertkost aus.

Das kann sicher einige Zeit dauern. Vielleicht dauert es, bis sie das Elternhaus verlassen und als junge Erwachsene für sich selber sorgen und dann wiederentdecken, was Essen eigentlich bedeutet.

Gerade die jungen Leute sind heute über die Zukunft unseres Planeten sehr besorgt, über unsere Mitmenschen und über die Art und Weise, in der wir beide behandeln. Sie diskutieren sehr freimütig über diese Dinge. Bei ihnen vollziehen sich große Veränderungen. Es gibt also keinen Grund, warum die jungen Leute von morgen – also die Kinder von heute – nicht genauso stark von diesen Dingen betroffen sein sollten, warum sie nicht genauso laut und genauso engagiert protestieren sollten. Wenn genügend Menschen schon jetzt umkehren und umzudenken beginnen würden . . . dann wäre es vielleicht gar nicht mehr nötig.

# Leben ohne zu töten

*Und Gott sprach: Siehe, ich gebe Euch alle Pflanzen und Bäume auf der Erde, deren Früchte Samen tragen, das soll Eure Nahrung sein.*

Genesis 1, 29.

# Leben ohne zu töten

Bei uns werden Vegetarier oft als eine verschrobene Minderheit belächelt, aber weltweit sind sie bei weitem in der Überzahl. Zwei Drittel aller Menschen auf unserer Erde essen nie oder nur ganz selten Fleisch, sei es nun aus religiösen Gründen, aus Überzeugung oder weil sie durch äußere Umstände dazu gezwungen werden.

Der wichtigste Grund, daß in Europa und Amerika in großen Mengen Fleischmahlzeiten konsumiert werden, läßt sich mit einem Wort sagen: Gewohnheit. Die Gewohnheit bestimmt auch, welche Art Fleisch verwendet wird. In der Bundesrepublik bevorzugt man Schwein, Kalb, Rind, Geflügel, Lamm und Fisch. Als delikater gelten jedoch Rebhuhn, Fasan, Wildbret, Froschschenkel, Austern und Schnecken, deren Genuß als Zeichen von Wohlstand und Prestige angesehen wird. Doch viele von uns schaudern bei dem Gedanken an Fleischarten, die in anderen Teilen der Welt gegessen werden. Im Mittelmeerraum werden Singvögel als Delikatessen betrachtet. In Australien ist es das Känguruhsteak und in Teilen Italiens der Fuchs. Vor allem in Frankreich und Belgien gibt es Metzgereien, die nur Pferdefleisch verkaufen. Bei der afrikanischen Gewohnheit, Termiten zu verspeisen, schaudern wir ebenso wie angesichts der philippinischen Vorliebe für Hundefleisch.

Dabei schmeckt ein Fleisch oft wie das andere, vor allem, wenn es mit Kräutern oder Gewürzen oder in einer Sauce serviert wird. Wir protestieren selbstgerecht als eine Nation von Tierschützern gegen das Abschlachten von Vögeln, Hunden und Pferden, dulden jedoch ohne weiteres die ebenso grausame Behandlung von in „Zuchtfabriken" gehaltenen Kälbern, Hühnern und Mutterschweinen, indem wir dieses Fleisch für unseren Tisch kaufen. Das ist unlogisch. Doch auch dieses ist durch die Gewohnheit begründet, durch die Eßgewohnheiten, mit denen wir aufwachsen, zu denen wir durch die Werbung und die Speisekarten der Restaurants angehalten werden. Nur nicht über die Tiere nachdenken, besser gar nichts wissen!

Doch haben seit den frühen siebziger Jahren immer mehr Menschen innegehalten und denken jetzt über diesen Widerspruch nach, über das Recht und das Unrecht zu töten, um zu leben, und darüber, wie man auch ohne zu töten zurechtkommen kann.

Inzwischen ist die Zahl der Vegetarier enorm gewachsen. Für viele war das Gesundheitsrisiko ausschlaggebend, das das Fleisch aufgrund seiner gesättigten Fette, zuviel Proteinen, Hormonen und Antibiotika, die bei der heutigen Tierzucht unverzichtbar sind, darstellt. Oder sie verzichten auf Fleisch, weil sie ihren Teil zur Versorgungslage in der Welt beitragen wollen und auch weil sie wissen, daß die Produktion von tierischem Eiweiß eine der unwirtschaftlichsten Techniken ist.

Manche entschlossen sich aufgrund „moralischer" Bedenken. „Liebe" sollte der alternative Begriff sein! Liebe zu Tieren, Liebe zur Natur, Liebe zum Leben und die Erkenntnis, daß alle Lebewesen das gleiche Recht zum Leben haben. Wir alle sind Teile eines ökologischen Systems, atmen dieselbe Luft, schätzen die Wärme der Sonne und die Freude an der Bewegung. Unsere Leben sind unlösbar miteinander verbunden.

## Die Geschichte des Vegetarismus

Im Laufe der Jahrhunderte haben denkende Menschen immer wieder ihre Verbundenheit mit der Natur und mit den Tieren festgestellt. Bei den alten Griechen wurde Pythagoras zum „Vater des Vegetarismus" und seine Worte über die Tiere sind genauso berühmt wie seine mathematischen Theorien: „Oh, meine Mitmenschen, verunreinigt eure Körper nicht durch sündige Nahrung. Wir haben Getreide, wir haben Äpfel, unter deren Gewicht sich die Äste biegen, und Weintrauben, die an den Reben wachsen. Es gibt wohlschmeckende Kräuter und Gemüse, das auf dem Herd weichgekocht werden kann, und es wird uns auch nicht untersagt, Milch zu trinken oder Thymianhonig zu essen. Die Erde bietet eine verschwenderische Fülle an hervorragenden, unschuldigen Nahrungsmitteln für Festessen ohne Blutvergießen und Schlachterei."

Er lebte nach seiner Überzeugung und er bezahlte Fischer dafür, daß sie ihren Fang in das Meer zurückwarfen. Obwohl seine Worte zumeist auf taube Ohren stießen, beeindruckte er doch viele Menschen mit seinen Grundsätzen, um eine Gemeinschaft zu gründen, deren Auswirkungen noch Jahrhunderte später zu spüren waren.

Plutarch, einer der letzten klassischen griechischen Historiker, griff seine Gedanken auf und beschäftigte sich mit der Frage, ob Tiere eine Seele haben. In einem Essay mit dem Titel „Über den Genuß von Fleisch" sagt er: „Wir essen natürlich keine Löwen und Wölfe, die wir erlegen, um uns zu verteidigen, im Gegenteil, diese Raubtiere ignorieren wir und wir schlachten dafür harmlose, zahme Kreaturen, die weder Stachel noch scharfe Zähne haben, mit denen sie uns verletzen können. Kreaturen, die, das schwöre ich, die Natur um ihrer Schönheit und Anmut willen geschaffen hat. Aber dies bringt uns keinesfalls in Verlegenheit. Nein, um ihres Fleisches willen berauben wir sie der Sonne, des Lichts, des Lebens, zu dem sie durch ihre Geburt und ihre Existenz gehören."

Während der Renaissance erwachte in Italien ein neues Interesse an den philosophischen Lehren der alten Griechen. Zu dieser Zeit wuchs Leonardo da Vinci auf einem toskanischen Gutshof auf, umgeben von Pflanzen und Tieren, mit denen er sich sein ganzes Leben hindurch leidenschaftlich beschäftigte, indem er sie immer wieder zeichnete. Für Leonardo war alles Leben heilig. Er liebte es, Käfigvögel zu kaufen und sie dann freizulassen und er weigerte sich sogar, Honig zu essen, da er meinte, daß dieser den Bienen und nicht ihm gehöre. Wie viele Intellektuelle war auch er ein komplexer Denker und wurde von denen kritisiert und mißverstanden, die seinen Vegetarismus als Teil seiner Exzentrik betrachteten.

Leo Tolstoi, der viele Jahre hindurch ein sinnenfrohes Leben führte, wurde im Alter Vegetarier; seine starke Verbundenheit mit den Tieren besiegte schließlich seine Gewohnheit, sie zu essen. Er verzichtete auch auf die Jagd, auf Alkohol sowie auf einen Großteil seines Vermögens und er wurde zu einem unermüdlichen Prediger, dem die anderen Menschen nacheifern sollten. George Bernard Shaw, ein sonst streitlustiger Mann, der seine Ideale freimütig und witzig vertrat, war mehr als 80 Jahre lang Vegetarier, nachdem er bereits als Halbwüchsiger zu dieser Einstellung gekommen war. Er hielt auch mit seiner Meinung über die Jagd, das Schießen sowie über die Dummheit des Krieges nicht zurück.

Wenn es auch vielen Menschen überhaupt nicht schwerfällt, ohne Fleisch zu leben, so kämpfen andere ihr Leben lang, dieses Ideal zu erlangen. Zu diesen Unentschlossenen gehörte auch Richard Wagner, der die Tiere liebte, für alles Leben eintrat und der vor allem Tierversuche ablehnte. H.G. Wells plädierte für mehr Verständnis für die Tiere, und Upton Sinclairs Buch „Der Dschungel", das in den Schlachthöfen von Chicago spielt, öffnete vielen Menschen die Augen über die Brutalität der Fleischproduktion. Obwohl diese beiden Männer engagiert für den vegetarischen Gedanken eintraten, schafften sie es selber nicht, längere Zeit vegetarisch zu leben.

Albert Schweitzers einfaches Plädoyer für „die Ehrfurcht vor dem Leben" ist zu einem Schlüsselwort geworden, das das Interesse vieler nachdenklicher Menschen weckt und sie dazu bewegt, diesem Ideal in ihrem Leben nachzueifern.

## Religiöser Vegetarismus

Für viele Vegetarier ist die Ernährung Teil einer Philosophie, die mehr umfaßt als nur eine reine Eßgewohnheit. Die orthodoxen Hindus in Indien unterteilen ihre Nahrungsmittel in drei Kategorien. Die dritte umfaßt Fleisch und darf nur von den niedrigsten Kasten gegessen werden. Noch strenger sind die Jaina, von denen es heute in Indien ungefähr zwei Millionen gibt. Ihre Philosophie basiert auf Gewaltlosigkeit, und sie sind derart darum bemüht, anderen Lebewesen keinen Schaden zuzufügen, daß viele von ihnen Masken tragen, um keine Insekten einzuatmen, auch kehren sie die Straße vor sich, um nicht auf Käfer zu treten. Da ihnen viele Berufe verboten sind, werden sie zum großen Teil Kaufleute. Viele der erfolgreichsten Geschäftsleute in Indien sind Jaina.

Der Buddhismus, der in Indien entstand und sich von dort nach Sri Lanka, Tibet, China und Japan ausbreitete, lehrt, daß alles Leben zusammenhängt. Viele Buddhisten sind strikte Vegetarier. Weniger gewissenhafte Buddhisten essen nur dann Fleisch, wenn es von Tieren stammt, die sie nicht selbst geschlachtet haben.

Ein anderes Extrem verkörperte Mahatma Gandhi, 1869 als Sohn hinduistischer Eltern geboren. Er widmete sein Leben seinem Glauben an „ahisma" (Gewaltlosigkeit) – und wurde von einem fanatischen Hindu ermordet. Gandhi hungerte, um auf seine Anliegen aufmerksam zu machen, und hatte damit oft Erfolg, auch wenn er körperlich sehr zu leiden hatte. Eines seiner Anliegen war der Vegetarismus und ihm ist es teilweise zu verdanken, daß die Idee der fleischlosen Ernährung der Welt vertraut wurde, auch wenn seine ausgezehrte Erscheinung nicht gerade eine Empfehlung dafür war. Doch seine ernste, feste Überzeugung, seine Freundlichkeit und seine Tierliebe waren beeindruckend.

Der Vegetarismus der Siebenten-Tags-Adventisten ist völlig anders begründet. Sie betrachten den Körper als Tempel Gottes, der auf keine Weise mißbraucht oder verletzt werden darf. Diese Bewegung wurde im frühen 19. Jahrhundert von Ellen White gegründet und hat heute noch viele Anhänger in den USA und in anderen Teilen der Welt. Das bekannteste Mitglied dieser Sekte ist nicht so sehr wegen seines Glaubensbekenntnisses als wegen seiner Frühstücksflocken berühmt. John Harvey Kellogg unternahm viel, um ein gesünderes Essen und die vegetarische Ernährung zu propagieren und er begann, seine Getreideflocken als Teil seiner Philosophie zu verkaufen.

Die beiden wichtigsten westlichen Religionen scheinen wenig Gemeinsamkeiten und Beziehungen zwischen Tieren und menschlichen Lebewesen zu sehen. Die Juden glauben, daß „Shehitah", das koschere Töten, die am wenigsten schmerzhafte Methode des Tötens von Tieren sei und daß der Mann, der das Abschlachten durchführt, am höchsten geschätzt werden müsse. Tiere werden getötet, indem man ihnen den Hals durchschneidet, ohne sie vorher zu betäuben, und die Frage, ob eine solche Methode besser oder schlechter sei, war schon Gegenstand vieler Diskussionen. Die Kurzgeschichte „Der Schlächter" des jüdischen Schriftstellers Isaak Bashevis Singer – selbst Vegetarier – liefert eine lebendige Schilderung nicht nur der religiösen Implikationen dieser Tätigkeit, sondern auch der Auswirkungen, die sie auf den jeweiligen Menschen hat.

Die christlichen Kirchen betrifft all dies sogar noch weniger; die Bibel ist voll von Berichten über das Schlachten von Tieren. Viele Menschen glauben, daß Jesus Vegetarier gewesen sein könnte, aber es gibt viele Hinweise darauf, daß er sowohl Fleisch als auch Fische gegessen habe. Es ist fast sicher, daß Franz von Assisi Vegetarier war; seine Anhänger jedoch, die Franziskaner, halten es wie die Buddhisten und essen Fleisch nur dann, wenn es ihnen angeboten wird. Sicherlich gibt es sowohl unter den Juden wie unter den Christen Gruppen, welche die Tiere so achten, daß sie auf Fleisch als Nahrung verzichten. Doch im allgemeinen gilt das Gebot „Du sollst nicht töten" nur für Menschen.

## Auf dem Bauernhof

Viele sorgsame, bewußt lebende, tierliebende Menschen essen auch weiterhin Fleisch, ohne ein Schuldgefühl zu haben. Sie trösten sich damit, daß sie in einem zivilisierten Land leben, in dem die Tiere gut behandelt werden, in dem es Gesetze gibt, die sicherstellen, daß die Tiere möglichst wenig leiden. Wie der Filialleiter einer Grillhähnchenkette meinte: „Diese Tiere sind glücklicher als die, welche im Freien leben. Sie müssen weder unter Hitze noch unter Kälte leiden, noch müssen sie ihr Futter selber suchen. Wir machen ihnen sogar das Licht aus, wenn es Zeit ist, zu Bett zu gehen!"

Das perfekte Leben, denken Sie vielleicht. Und damit ihre Kunden auch wirklich beruhigt sein können, geben die Fleischproduzenten nicht nur sehr wenige der wirklichen Tatsachen bekannt, sondern halten ihre „Tierfabriken" außerdem tunlichst vor der Öffentlichkeit verborgen. Die Viehtransporter haben inzwischen bereits geschlossene Seiten, so daß Sie kaum noch den bestürzenden Anblick einer Reihe von ängstlichen Augen haben, die Sie anstarren, wenn Sie dicht dahinter fahren.

Hausfrauen, insbesondere jüngere Hausfrauen, wollen nicht daran erinnert werden, woher das Fleisch stammt, an die Bedingungen, unter denen z.B. Schweine mindestens zweimal im Jahr werfen und dabei vielleicht jeweils zehn Ferkel bekommen. Es ist allgemein üblich, trächtige Sauen in Boxen zu halten, in denen sie sich fast die ganze Tragzeit über nicht einmal umdrehen können. Und das sind ungefähr vier Monate. Vor und nach der Geburt wird die Sau oft in einen Verschlag gesteckt, der ihre Bewegungsfreiheit noch mehr einschränkt oder sie daran hindert, sich auf ihre Jungen zu legen. Die Ferkel, die normalerweise etwa in der achten Woche entwöhnt werden, werden heute oft schon nach drei Wochen weggenommen und in Batteriekäfige, ähnlich denen für Hühner, gesteckt. Später können sie noch in einen „Schwitzkasten" kommen, dessen Temperatur zwischen 24° und 29° Celsius liegt. Diese Hitze entsteht durch die

Dichte der Tierhaltung und durch das Verdampfen der Ausscheidungen. Schweine sind von Natur aus saubere Tiere, und eine solche Situation ist für sie außerordentlich qualvoll. Sie sind sehr sensibel und geraten in Panik, wenn sie vor allem im Schlachthaus grob angefaßt werden. Vielfach gibt man ihnen daher vor dem Transport dorthin Beruhigungsmittel.

Grillhähnchen gehören zu den beliebtesten Fleischsorten; rotes Fleisch ist nicht mehr so gefragt, dafür bevorzugt man heute fettarmes weißes Fleisch. Unglücklicherweise ist die Hühnerhaltung die Intensiv-Tierhaltung par excellence. Hühner bekommen mehr Nahrungszusätze als alle anderen Tiere und sie werden unter extrem schlechten hygienischen Bedingungen gehalten, so daß sie zu einem großen Teil Salmonellen haben. Sie werden in großen, fensterlosen Ställen gehalten, oft zu Tausenden in einem Stall, und haben meistens kaum Platz zum Stehen. Sie werden in nur sechs bis sieben Wochen gemästet, sie sind also kaum mehr als Küken, wenn sie ins Schlachthaus gebracht werden.

Zu den Praktiken in der Tierhaltung gehören auch das Kupieren des Schwanzes bei Schafen und Kastration männlicher Tiere. Maßnahmen, die nur unter bestimmten Bedingungen und ausschließlich als tierärztliche Eingriffe vorgenommen werden sollten, sind Vasektomie, Elektro-Ejakulation (zum Sammeln von Samen), die chirurgische Entfernung der Hörner u. ä. Man kann kaum glauben, daß derartige Praktiken nicht schon vor Jahren verboten worden sind. Es scheint, als ob bei der industriellen Tierhaltung die Methoden im Laufe der Zeit immer archaischer werden.

Ein ganz geringer Teil des Fleisches, das auf dem Markt ist, stammt von Tieren, die unter natürlichen Bedingungen aufgezogen wurden, ohne Verwendung von Hormonen, Wachstumsbeschleunigern, Antibiotika und anderen Drogen. Es gibt auf der Jagd erlegtes Wild zu kaufen: Hasen, Kaninchen, Schwarzwild, Rehe und Hirsche. Jäger haben die Gewißheit, daß diese Tiere sicherlich ein artgerechtes Leben führten und daß sie wahrscheinlich nicht mit Chemikalien vollgestopft sind, leider aber auch von Düngemitteln und Pestiziden nicht verschont geblieben sind. Auch der Fisch vom Fischhändler kann wie anderes Fleisch auch Giftstoffe enthalten, allerdings aus anderen Gründen und auf eine andere Art.

Durch das Erhitzen beim Kochen können diese Gifte manchmal zerstört werden, was jedoch nicht immer der Fall ist. Fisch, der im offenen Meer gefangen wurde, kann gefährlich sein, aufgrund der Abwässer, die absichtlich oder unabsichtlich ins Meer geleitet wurden. Große Fische, die kleinere Fische fressen, können beträchtliche Mengen an Giften in ihrem Körper speichern, vor allem Schwermetalle. Süßwasserfische sind den gleichen Gefahren ausgesetzt.

In der letzten Zeit wurde auch vor dem Verzehr von Schalentieren gewarnt.

Die industrielle Tierhaltung hat natürlich auch die Fischzüchter erreicht. Vor allem Forellen und Lachse werden in „Farmen“ gezogen, Hormone und Spezialfutter sollen ihre Größe steigern. Die gefangenen Fische werden oft mit Antibiotika besprüht, damit sie sich länger lagern lassen. Vielfach hat bei dem angebotenen Fisch bereits der Fäulnisprozeß eingesetzt – der Ammoniakgeruch in den Fischgeschäften verrät es.

Seit vielen Jahren dauert die Debatte darüber, ob Fische Schmerzen empfinden. Es ist schwer, sowohl das eine wie das andere zu beweisen, aber wenn Sie einen Fisch beobachten, wenn er auf einer Sandbank zappelt und schnappt, dann wissen Sie, daß er mit den menschlichen Wesen etwas gemein hat: den Willen zu leben. Obwohl einige Vegetarier ganz unbesorgt Fisch essen, so fühlen viele doch, daß das Recht auch des Fisches zu leben, Grund genug ist, ihn nicht zu essen.

## Können Tiere empfinden?

Wir werden dazu erzogen, für Tiere zu sorgen: das Familienhaustier, das kleine kuschelige Spielzeug, das wir nachts neben uns im Bett haben, das Lamm, das im Frühling über die Wiese springt. Es gibt Bücher mit Tieren, die Baumwollhemden und karierte Hosen tragen, verrückte Geschöpfe, die auf diese Art wirklich wie Menschen werden können und sogar noch bessere Freunde. Man sagt uns, daß es grausam sei, einer Katze etwas an den Schwanz zu binden oder den Schmetterlingen die Flügel auszureißen. Doch gleichzeitig sollen wir jedes Fleischgericht, das auf den Tisch kommt, ohne Widerspruch aufessen. Viele Kinder können ja mehr als zwei und zwei zusammenzählen und weigern sich, das Kaninchen zu essen, das ihr Haustier war. Gelegentlich werden sie auch dazu gezwungen, so daß sie ihre natürliche Sensibilität überwinden, dieses instinktive Verstehen, das ein Lebewesen für das andere hat.

Aber ist ihre Loyalität am falschen Platz? Sind Tiere nur dazu bestimmt, uns zu dienen und uns zu ernähren? Oder haben sie auch Gefühle? Man muß schon außergewöhnlich abgebrüht sein, um nicht von dem Schreien einer Kuh nach ihrem Kalb traurig gestimmt zu werden oder von der Panik eines ausgerissenen und nun in die Enge getriebenen Ochsen ergriffen zu sein, gleichgültig zu bleiben beim Anblick spielender Lämmer, die vertrauensvoll ihrem Herrn ins Schlachthaus folgen. Aus diesen Dingen erkennen wir, daß Tiere Muttergefühle haben, Furcht empfinden und auch einen Spieltrieb haben. Es ist schwer zu sagen, was sie darüber hinaus noch empfinden. Es bleibt reine Vermutung, zu bestimmen, wieviel sie verstehen. Aber die Geschichten über das Haustier, das auf unausgesprochene Worte reagiert, kann man tagtäglich hören. Sollte dies nicht auch für Stalltiere zutreffen? Spüren diese Tiere, die über Nacht vor dem Schlachthaus warten, das Brüllen der anderen Tiere hören, deren Blut riechen und deren Angst ahnen, nicht, was mit ihnen geschehen wird? Man braucht keine wissenschaftlichen Tests, um die Antwort zu finden, um zu beweisen, daß Tiere ähnliche Empfindungen haben wie wir. Manche sind sogar vielleicht sensibler, ihre Sinne können schärfer sein, wo unsere aus mangelndem Gebrauch stumpf geworden sind.

Die Entscheidung liegt letztlich bei uns. Wir können Tiere lediglich als fleischproduzierende Maschinen betrachten, sie ohne Gefühl behandeln in der Annahme, daß diese genau zu diesem Zweck auf unserer Erde sind. Daß sie auf keinen Fall Empfindungen haben und daher auch keine Freundlichkeit oder Liebe brauchen. Wir haben die Gabe und die Mittel, dies zu tun. Nichts hält uns zurück. Doch wenn irgendeine Verbundenheit zwischen uns und der uns umgebenden natürlichen Umwelt besteht, müssen wir uns dazu durchringen, die anderen Geschöpfe nicht zu essen. Das Gefühl, das einen beim Beobachten junger, herumspringender Tiere überkommt, ist einzigartig, ebenso der Blick in die unschuldigen Augen eines anderen Lebewesens, ohne dabei Schuld zu empfinden. Ein Gefühl der Vollkommenheit, das dem Wissen entspringt, daß wir alle eins sind.

# Die Tradition der ganzheitlichen Ernährung

*Jede geschichtliche Darstellung, die eine Beschreibung der menschlichen Nahrungsmittel einschließt, gleichgültig, ob sie die Inkas in Peru, die Chinesen der Han-Dynastie oder die alten Germanen behandelt, wird zu der Feststellung kommen, daß die Ernährung stets rein makrobiotisch war, d.h., daß sie auf Getreide basierte, zusammen mit anderen Saisonfrüchten.*

Craig Sams
*Über Makrobiotik*

# Die Tradition der ganzheitlichen Ernährung

Einer Unmenge von Expertenmeinungen zum Trotz basiert unser Wissen über die Ursprünge der Menschheit doch eher auf Spekulationen als auf Tatsachen. Einige behaupten, daß die ersten Menschen Vegetarier waren, daß ihr Körper so aufgebaut war, daß er Nahrungsmittel pflanzlicher Herkunft am besten verwenden konnte und daß die Menschen erst während der Eiszeit zu der unnatürlichen Gewohnheit gezwungen wurden, Fleisch zu essen. Andere wiederum bestehen darauf, daß die ersten Menschen Jäger und Sammler waren. Sie meinen, daß ihre Nahrung zwar auf grünen Blättern, Nüssen und Früchten basierte und, wann es möglich war, Fleisch dazu genommen wurde.

Zweifellos mußten die in vorhistorischer Zeit lebenden Menschen alles verwenden, was zur Verfügung stand, was sehr stark davon abhing, wo sie lebten. In Gebieten, in denen das Klima ein üppiges Pflanzenleben ermöglichte, von denen sie und die jagdbaren Tiere leben konnten, hatten sie möglicherweise sogar Freizeit. In kälteren Regionen mußte wahrscheinlich jede Stunde für die Nahrungssuche verwendet werden.

Es gilt als ziemlich sicher, daß das Pflanzen und Kultivieren von Saatgetreide vor mindestens zehntausend Jahren üblich wurde, denn seit der Zeit spielt das Getreide eine wichtige Rolle in den Eßgewohnheiten der Menschen auf der ganzen Welt. Sie wurden seßhafter, auch wenn sie auf ihrem Land, das manchmal alles andere als fruchtbar war, noch sehr hart arbeiten mußten. Es waren zumeist die Frauen, die Kinder und die älteren Menschen, die diese Arbeit verrichteten, während die jüngeren Männer auf die Jagd gingen, um die Ernten durch Fleisch zu ergänzen. Obwohl es den Anschein haben könnte, daß zumindest die zum Überleben notwendigen Lebensmittel gesichert waren, so war dies doch keineswegs der Fall. Die Ernten waren anfällig gegen allerlei Krankheiten und am meisten gegen die Trockenheit. Als beispielsweise der Nil das umgebende Land sieben Jahre nicht überflutete, konnte dort in dieser Zeit nichts wachsen. In England gab es z.B. zwischen 10 n.Chr. und 1850 200 Hungersnöte und in China waren es zwischen 100 n.Chr. und 1910 rund 1800 Hungersnöte.

Aber der entscheidende Schritt war getan, die Menschen waren Bauern geworden. Bald würden sie es auch lernen, Werkzeuge wie Pflug, Sichel und Hacke aus Bronze, Kupfer und Zinn herzustellen. Sie lernten die Jahreszeiten zu beobachten, daraus auf das Wetter zu schließen und sich darauf einzustellen, um bestmögliche Ernten zu erzielen. Sie lernten Ungeziefer und Krankheiten kennen, auch wenn es noch lange dauern sollte, diese zu besiegen. Als sie es dann schließlich verstanden, mit Hilfe von Unmengen von Chemikalien anstelle vernünftiger Maßnahmen, ging das lange Einvernehmen zwischen Mensch und Natur verloren. Am Ende waren wir die Herren und mißbrauchten die Erde, statt mit ihr zu arbeiten. Erst heute beginnen wir in vollem Umfang die Auswirkungen dieses Mißverhältnisses zu verstehen.

## Ein lebendes Ganzes

Diesen Zwiespalt hat es nicht immer gegeben. Über viele Jahrhunderte hinweg bewiesen sogenannte „primitive“ Menschen große Sensibilität und viel Verständnis für den Umgang mit den Pflanzen des sie umgebenden Landes.

Die Eingeborenen Nordamerikas sind ein vielzitiertes und gutes Beispiel. Die Bewohner der Ostküste benutzten zur Zeit der ersten weißen Siedler bereits recht bewährte landwirtschaftliche Techniken, um Bohnen, Kürbisse und zahlreiche Getreidesorten, die ihre tägliche Grundnahrung waren, anzubauen. Sie wußten auch sehr wohl um die Vorteile, diese Früchte zusammen zu kultivieren. Außer dem Getreide aßen sie Nüsse und Beeren und, wenn sich solche Luxusgüter boten, auch Fleisch und Wild. Aber das Grundnahrungsmittel war Getreide, aus dem sie Brot backten oder einen Körnerbrei zubereiteten, dem sie je nach Vorrat die verschiedensten Zutaten beifügten, besonders Gemüse und Nüsse, manchmal Fisch oder Fleisch. Ein anderes, heute noch beliebtes Gericht ist „Succotash“. Der Name bedeutet „geschältes Korn“. Der Brei besteht aus einer Mischung von Getreide und Bohnen und schmeckt nicht nur gut, sondern enthält auch viel Eiweiß.

Die Hopi in Arizona mußten ihre Nahrungsmittel auf einem schwer zu bebauenden Boden kultivieren; im Mittleren Westen war das Klima außerdem sehr trocken. Auch sie bauten die gleichen Nahrungsmittel an, hauptsächlich Getreide, und ergänzten ihre Ernährung durch Nahrungsmittel, die wild wuchsen, wie Samen, Beeren, Kaktusfeigen. Die Irokesen ergänzten ihr Grundnahrungsmittel Getreide durch getrocknete Früchte und Beeren, Nüsse und Ahornsirup. Vor dem Anpflanzen tauchten sie das Saatgut in eine Kräuterlösung und erzielten dadurch sogar bessere Ernten als die Bewohner anderer Landstriche.

Der Erfolg der amerikanischen Ureinwohner ist erstaunlich, vor allem wenn man ihre dürftigen Werkzeuge, Techniken und das ihnen zur Verfügung stehende Wissen betrachtet. Dieser Erfolg kann vielleicht durch ihre demütige Einstellung erklärt werden. Sie hatten alle einen tiefen Glauben an eine geheimnisvolle Kraft oder an eine Ur-Energie, einen Lebensgeist, der alle für sich bestehenden Einheiten in der Natur verbindet. Sie sahen sich selbst als Teil eines lebenden Ganzen und hatten daher Respekt vor der Erde, von der sie nur das nahmen, was sie brauchten.

Doch als die Europäer Amerika entdeckten, betrachteten diese es einzig als Schatzkammer, die nur dazu da war, ausgebeutet zu werden. Als Resultat dieser Einstellung wurden im ganzen Land Wälder abgeholzt, Flüsse gestaut und trockengelegt, Berge auf der Suche nach Gold und Silber abgetragen, Vögel und Tiere ausgerottet. Die Ureinwohner, in den Augen der Weißen „wilde Rothäute“, wurden praktisch ausgelöscht.

Sogar heute noch werden viele der alten Zeremonien von den Ureinwohnern Nordamerikas praktiziert, die in wenigen Reservaten leben. Und dies tun nicht nur die Alten, sondern auch die Jungen, die ihre Wurzeln und ihre Identität wiederfinden wollen.

Die als Nomaden lebenden Eskimos in Kanada und Alaska sind ein weiteres gutes Beispiel für Menschen, die in Übereinstimmung mit ihrer Umwelt leben, auch wenn heute nur noch wenige so leben, wie sie es noch vor dreißig Jahren taten. Traditionsgemäß lebten die Eskimos beinahe ausschließlich vom Fleisch der Fische und der Meeressäugetiere. Die wertvollsten Teile waren Herz, Leber und Nieren, die Zunge, Rippen, die Wirbel und der Speck, der als beliebtes Nahrungsmittel oft wie Kaugummi gekaut wurde. Auch wenn es schwierig war, Feuer zu machen, so wurden die Nahrungsmittel meist gekocht, oder das Blut wurde für eine Suppe gewärmt. Überschüssige Nahrungsmittel wurden getrocknet und für den harten Winter aufbewahrt.

Nur sehr selten wurde etwas anderes gegessen: vielleicht ein paar Beeren oder Blätter, Seetang oder andere Seegräser. Manche Stämme aßen den halbverdauten Inhalt der Karibumägen und bekamen dadurch ein wenig pflanzliche Kost.

Diese Ernährungsweise, fettreich und ohne die Nährstoffe, die wir für lebensnotwendig halten, erscheint äußerst ungesund. Und doch leben die Eskimos mit dieser Ernährung bestens. Untersuchungen, die bei verschiedenen Bevölkerungsgruppen gemacht wurden, die alle unter extremer körperlicher Beanspruchung leben, haben ergeben, daß die Eskimos, im ganzen betrachtet, ein gesundes Volk sind, mit niedrigem Cholesterinspiegel, wenig Krebs, Arthritis und Kreislaufproblemen, mit gesunder Haut und kräftigen Zähnen. Der wichtigste Grund für die Gesundheit der Eskimos ist, daß sie einen Weg gefunden haben, ihre natürlichen Nahrungsmittelvorkommen in eine möglichst gesunde Ernährungsweise umzusetzen; die meisten der Fette, die sie essen, sind – obgleich tierischen Ursprungs – mehrfach ungesättigt. Daß bei den Eskimos praktisch keine Herzkrankheiten vorkommen, wird oft als Beispiel für die schützende Wirkung mehrfach ungesättigter Fette angeführt.

Die Ernährungsprobleme bei den Eskimos begannen, als sie ihre Eßgewohnheiten völlig änderten, seit den fünfziger Jahren, als viele der Eskimos in die Siedlungen zogen, die in der Nähe von Flughäfen entstanden. Danach verschlechterte sich ihr Gesundheitszustand in dramatischer Weise. Sie paßten ihre Ernährung derjenigen der Siedler an, wurden seßhafter und gewöhnten sich an Alkohol, Zigaretten, Süßigkeiten. Ihre Körper wurden bis heute mit dieser Umstellung nicht fertig.

Andere Eskimogruppen wollten ihr Land nicht verlassen, wurden aber verdrängt. Farley Mowat erzählt in seinem Buch „The Desperate People" die Geschichte der Ihalmuit, die einmal Tausende zählten und die heute so gut wie ausgelöscht sind. Fuchsfellhändler haben den Eskimos Gewehre, mit denen sie ihr wichtigstes Nahrungstier, das Karibu, töteten. 1925 waren bereits so viele Karibus getötet worden, daß es in diesem Jahr keine Karibuwanderung gab, und so blieb es auch in den folgenden Jahren. Die Menschen hungerten. Zusätzlich wurden die südlich gelegenen Wälder durch Feuer zerstört, die von Goldsuchern und Siedlern, die schnell Land gewinnen wollten, gelegt wurden. Das Hauptnahrungsmittel der Karibus sind Flechten. Wenn nun die Fichtenwälder, in denen die Flechten wachsen, durch Feuer zerstört werden, kann es bis zu hundert Jahren dauern, bis sie sich wieder erholt haben. Das ökologische Gleichgewicht wurde nachhaltig zerstört.

Die Ernährung der Eskimos ist extrem. Sie war auf das harte Leben und die klimatischen Bedingungen, unter denen die Eskimos lebten, abgestimmt und verwertete auf bestmögliche Art die zur Verfügung stehenden Nahrungsmittel. Nur wenige Ernährungsfachleute würden diese Ernährung unter anderen Bedingungen empfehlen.

Doch es gibt noch andere Völker, deren Ernährung stark von der unseren abweicht und die nach genauen Untersuchungen sehr empfohlen wird.

Dazu gehören die Hunza, die im Karakorum-Gebirge in Pakistan leben und erst zu Beginn dieses Jahrhunderts entdeckt wurden. Das Leben in dieser Region ist nicht einfach, das Land ist gebirgig und ungastlich. Die Bewohner halten einige Tiere – Kühe, Ziegen oder Yaks –, aber nur, um ihre Milch zu trinken oder daraus Butter, Joghurt, Käse und eine Art Hüttenkäse zu machen. Die Hunza sind besonders stolz auf ihre Terrassengärten, die von einem Berieselungssystem aus den hoch oben liegenden Gletschern bewässert und die mit organischem Kompost gedüngt werden. Bei dieser Pflege gedeihen viele Gemüsesorten, Hülsenfrüchte und Bohnen. Außerdem reifen dort Walnüsse, Kirschen, Äpfel, Wassermelonen und Aprikosen, die wichtigste Frucht der Hunza, von der es etwa zwanzig Sorten gibt, die auf zum Teil jahrhundertealten Bäumen wachsen. Die Aprikosen werden frisch oder getrocknet gegessen. Aus den Kernen wird kaltgepreßtes Öl gewonnen.

Fleisch wird nur selten gegessen, und nur wenige Lebensmittel werden gekocht mit Ausnahme von Chapatis, kleinen runden Fladen, die den Grundbestandteil der Ernährung bilden. Sie werden gewöhnlich aus frischgemahlenem Weizen hergestellt, doch werden auch manchmal andere Körner wie Hirse, Buchweizen oder Bohnen beigegeben.

Die Ernährung ist einfach, vollwertig und nährstoffreich. Sie enthält Eiweiß, Vitamine, Mineralstoffe und viele Ballaststoffe, aber keine fetten Speisen. Mit dieser Ernährung, kombiniert mit viel Bewegung in frischer, nicht verschmutzter Luft, sind die Hunza zu einem kräftigen und gesunden Volk geworden, zufrieden und ausgeglichen, ohne Aggressionen und Konkurrenzdenken. Ernährungswissenschaftler glauben, daß ihre Ernährung viel zu ihrer Gesundheit und Langlebigkeit beiträgt. Viele von ihnen werden sehr alt und bleiben bis ins hohe Alter aktiv und beweglich.

Es wird interessant sein zu beobachten, ob es den Hunza gelingen wird, ihren Lebensstil beizubehalten. Die Gesellschaft der Hunza verändert sich bereits. Durch das Interesse an einfacher Lebensweise, an Ökologie und natürlicher Ernährung ist den Hunza in den letzten Jahren bereits viel Aufmerksamkeit entgegengebracht worden. Wenn wir es durch unseren Wunsch, von ihnen zu lernen, schaffen sollten, ihre Lebensweise zu zerstören, wird dies nicht nur bedauerlich sein, sondern wieder einmal beweisen, wie zerbrechlich die Verbindung zwischen Mensch und Umwelt ist.

## Ein gesundes Alter

Im Kaukasusgebiet, in der Republik Georgien (UdSSR), ist Langlebigkeit nichts Ungewöhnliches. In diesem abgelegenen Hochgebirge gibt es mehr Hundertjährige als sonst irgendwo auf der Welt. Das Volk hält seit Jahrhunderten unbeirrt an seinem Lebensstil fest. Die älteren Menschen bilden dort einen wichtigen Teil der Gesellschaftsstruktur und führen ein sinnvolles Leben. Tag für Tag arbeiten sie für einige Stunden im Garten. Dabei bleiben sie beweglich, haben gute Augen und Zähne, eine ausgezeichnete Haltung und Freude an Arbeit und Bewegung.

Die georgische Ernährungsweise ist von Region zu Region leicht unterschiedlich, doch die Grundbestandteile sind dieselben: ein Brei aus Mehl, Käse, Buttermilch und Joghurt (normalerweise aus Ziegenmilch), gelegentlich Fleisch, Früchte, Bohnen und Gemüse wie Zwiebeln und Spargel, Nesseln, Portulak, Tomaten, Gurken und Kohl. Wie andere asiatische Völker essen die Georgier viel eingelegtes

Gemüse (das für den im Fernen Osten verbreiteten Magen- und Speiseröhrenkrebs sowie für Bluthochdruck verantwortlich gemacht wird), aber der reichliche Verzehr von Joghurt und Buttermilch scheint eine Schutzfunktion zu haben und gleichzeitig zu ihrem guten Gesundheitszustand und langen Leben beizutragen. Interessant ist, daß übermäßiges Essen als gefährlich betrachtet wird und daß jemand, der übergewichtig ist, als krank gilt.

Nicht weit davon, in der Kasachischen Sowjetrepublik, lebt ein heute seßhaftes Volk, das vor noch nicht langer Zeit als Nomaden umherzog und damals scheinbar von wenig mehr als Milch lebte. Auch wenn im Herbst einige ihrer Tiere geschlachtet wurden, so spielte Fleisch kaum eine Rolle in ihrer Ernährung. Statt dessen ernährten sie sich von Milch, die auch zu Joghurt, Hüttenkäse und Hartkäse verarbeitet wurde. Auf ihren Wanderungen sammelten und aßen sie wahrscheinlich auch, was sie am Wege fanden, sie scheinen mit einem Minimum an Gemüse und Früchten und ohne Getreide ausgekommen zu sein.

Man müßte glauben, daß sie Mangelerscheinungen hatten, aber es gibt keinen Anhaltspunkt dafür. Die Ernährung, die sich über viele Jahre hinweg aus ihrem Lebensstil ergeben hat, schien also auch für ihre Körper richtig zu sein. Besonders die Milchprodukte lieferten mehr als genug Eiweiß (ähnlich wie die tierische Ernährung der Eskimos) und das frei weidende Vieh lieferte Milch mit nur wenig gesättigten Fettsäuren. Ihre Ernährungsweise verwendete die vorhandenen Grundstoffe auf bestmögliche Art, lieferte die nötigen Nährstoffe und erforderte ein Minimum an Zubereitungszeit und -aufwand.

Langes Leben, Zufriedenheit und erstaunliche Widerstandskraft scheinen gleichbedeutend zu sein mit einem Leben in den Bergen. Die Kinder der Berge haben deshalb eine gute Chance, ein hohes Alter zu erreichen. Leben in großer Höhe bedeutet automatisch viel Bewegung in frischer Luft, ein hartes, aber befriedigendes Leben, eine einfache Ernährung, die dem Lande angepaßt ist, und wenig Gelegenheit, von raffinierten Nahrungsmitteln, Zigaretten und Alkohol verführt zu werden. Oft gibt es keinen Brennstoff für Beleuchtung, so daß die Menschen früh zu Bett gehen und mit der Sonne aufstehen. Sie leben im Gleichklang mit der sie umgebenden Welt.

Auch die Vilcabamba in Ecuador sind eine solche Gruppe. Ihr Leben ist hart und ihre Ernährung umfaßt wenig mehr als Getreide, Bohnen, Gemüse, Milch – hauptsächlich in Form von Käse – und ein wenig Fleisch. Sie ist kalorienarm und liefert doch alle notwendigen Nährstoffe in vollwertiger Form. Wie die Hunza und die Georgier werden die Menschen auch hier sehr alt und bleiben auch dann noch aktiv.

Die Ernährung der Tarahumara, einer Volksgruppe, die im Sierra-Madre-Gebirge in Mexiko lebt, basiert auf Nahrungsmitteln, die sie in ihren Gärten anbauen – Bohnen, Getreide und Kürbisse, die nebeneinander wachsen – und Pflanzen, die sie in der freien Natur sammeln. Gelegentlich etwas Fleisch oder Fisch. Besonders erstaunlich sind ihre körperliche Kondition und ihre kräftigen Herzen, die sie in die Lage versetzen, Meisterleistungen zu vollbringen wie einen Hundert-Kilometer-Lauf. Aufgrund der schwierigen Verhältnisse überlebten nur etwa 20% der Kinder bis zum 6. Lebensjahr. Dadurch blieb die Bevölkerungszahl konstant, und die Tarahumara hatten genügend Platz und Nahrung für jeden. Als amerikanische Ärzte jedoch von der erschreckend hohen Kindersterblichkeit erfuhren, fühlten sie sich verpflichtet, die notwendigen Impfstoffe und entsprechende ärztliche Versorgung bereitzustellen. Es besteht nun die Gefahr, daß in kürzester Zeit der Bevölkerungsanstieg neue Probleme verursachen wird. Land und Nahrungsmittel werden knapp, Menschen, die viel Raum und auch Einsamkeit gewohnt waren, werden sich eingeengt fühlen. Einmischung Außenstehender, wie gut sie auch gemeint sein mag, zerstört hier vielleicht wieder eine Gesellschaftsordnung, die Jahrhunderte überdauert hat.

## Die chinesische Lösung

In einem Land, dessen Bevölkerung so riesig ist, daß der Hunger ein ständig drohendes Problem ist, bemühen sich die Chinesen um ein ausgeprägtes Verständnis für den Boden. Sie haben zahlreiche Techniken entwickelt, um jedes Fleckchen Erde auf bestmögliche Art zu verwerten. So pflanzen sie z.B. oft drei verschiedene Saaten auf einem Feld an, die sich nicht nur ergänzen sollen, sondern die auch nacheinander reifen.

Obwohl die chinesischen Mahlzeiten traditionellerweise wenig Fleisch enthalten, gilt noch das Wort des Vorsitzenden Mao: „Ein Mann, ein Schwein". Die Schweine, die im Land gehalten werden, liefern nicht nur Fleisch, sondern verwerten auch die Abfälle und liefern dafür Dünger.

Doch die Chinesen wußten schon immer, daß es klug ist, Pflanzen selbst zu essen, statt sie als Futter zu verwenden. Schon im 13. Jahrhundert wurden auf den Märkten massenhaft Früchte und Gemüse angeboten, wie z.B. achtzehn Sorten grüner Bohnen, elf Sorten Aprikosen und acht Sorten Birnen, außerdem für uns exotische Dinge wie Wasserkastanien, Lotoswurzeln, Litschis und Bambussprossen. Das Kochen von Gemüse war schon damals eine hohe Kunst. Das Gemüse wurde mit geringstmöglicher Hitze zumeist in einem Topf – dem Wok – angerichtet. Bis heute hat sich daran wenig geändert.

Auch die chinesische Vorliebe für Körner als Hauptnahrungsmittel hat sich über die Jahrhunderte hinweg nur wenig geändert, auch wenn dieses Korn nicht immer Reis ist. Reis wächst am besten im Süden des Landes, wo ein Drittel der Welternte produziert wird. In anderen Landesteilen werden, abhängig von der Bodenbeschaffenheit, auch Weizen, Hirse, Sorghum, Buchweizen und Hafer angebaut. Die Haupteiweißquelle ist jedoch überall die Sojabohne. Die Chinesen wissen um ihren hohen Eiweißgehalt und um die Tatsache, daß sie den Boden, auf dem sie wächst, mit Mineralstoffen anreichert. Aus diesem Grunde haben die Chinesen die Sojabohne schon seit viertausend Jahren kultiviert. In dieser Zeit haben sie auch zahllose Verwendungsmöglichkeiten für die Sojabohne gefunden, einschließlich der Herstellung von Tofu, der in einem Land, in dem es kaum Milchprodukte gibt, „chinesischer Käse" genannt werden könnte. Man kann darüber streiten, warum die Chinesen keine Milch trinken. Man meint, daß sie nicht genügend Platz haben, um Kühe zu halten. Aber man glaubt auch, daß den Chinesen ein Verdauungsenzym fehlt, das die Milch für den menschlichen Körper verwertbar macht, so daß sie sich nach dem Genuß von Milch unwohl fühlen. Soja und andere Bohnenarten werden auch als Keimlinge gegessen; sie haben dann einen höheren Eiweiß- und Vitamingehalt als die ausgewachsene Bohne.

Die Chinesen nehmen die Verantwortung für die Pflege ihres Bodens sehr ernst. Im Laufe der Zeit sind sie zu den fähigsten Bauern geworden. Verschwendung gibt es nicht, alle organischen Stoffe werden an den Boden zurückgegeben, einschließlich menschlicher Abfälle, tierischer Dünger, Erde aus verschlammten Kanälen und Asche. Die Bebauung wechselt. Man ist stolz, einen ertragreichen Garten zu haben, und dies fällt unter die Verantwortung und Arbeit der ganzen Familie.

Japan erscheint einem in vielem vielleicht als sehr verschieden von China. Doch dieses kleine Land aus vier großen und einer Menge kleiner Inseln hat die sechstgrößte Bevölkerung der Welt. Dies bedeutet, daß es, wie China, immer mit dem Problem zu kämpfen hat, auf oft ungeeignetem Land eine große Menge Nahrungsmittel produzieren zu müssen. In gewissem Umfang kommen die Japaner gut mit der Bewältigung dieser Probleme zurecht. In den fruchtbaren Ebenen wird seit Jahrhunderten Reis angebaut. Die Fische, die im Meer und in den Binnengewässern gefangen werden, sind eine wichtige Eiweißquelle. Japan hat den größten Anteil am gesamten Weltfang. Die Japaner selbst essen über 35 kg Fisch pro Kopf im Jahr. Wie in anderen Ländern wird auch hier das Meer durch zu intensiven Fischfang abgefischt. Und die Verschmutzung des Meeres gibt Anlaß zur Sorge. Die Japaner reagieren bereits hierauf. Sie haben begonnen, Austern, Garnelen und Muscheln zu kultivieren und können damit schon zum großen Teil den Bedarf ihres Landes decken.

Auch Japan ist zur Wohlstandsgesellschaft geworden. Die Japaner produzieren eine reiche Auswahl an Gütern, die in die ganze Welt exportiert werden, und können sich deshalb nun den westlichen Lebensstil leisten – und essen immer mehr wie die Bevölkerung westlicher Länder.

Hier im Osten entstand eine der ursprünglichsten und möglicherweise bekanntesten ganzheitlichen Eßkulturen. Vor fünftausend Jahren war die gelebte Philosophie von Yin und Yang Teil des alltäglichen Lebens. Küche und Eßzimmer wurden als geheiligt betrachtet, Mahlzeiten waren in Zeremonien eingebettet und Nahrungsmittel wurden als Schöpfer menschlichen Lebens und Denkens geachtet. Diese traditionsreiche Art des Essens und Trinkens, die heute nur in buddhistischen Zenklöstern in Japan überlebt hat, stößt im Westen auf wachsende Beachtung. Es gibt in der ganzen Welt ähnliche Philosophien um das Essen, die in ihren Details stark voneinander abweichen, aber alle eine bewußte Ernährung betonen.

Obwohl diese Philosophie alt ist, wurde sie erst vor etwa dreißig Jahren unter dem Begriff „makrobiotisch“ bekannt, ein griechisches Wort, das die Kunst, das Leben zu verlängern, bedeutet, was durch Auswahl und Zubereitung von Lebensmitteln erreicht werden soll. Kurz, es liegt bei Yin und Yang die Vorstellung zugrunde, daß alle Dinge in zwei Kategorien eingeteilt werden können, die gleichzeitig entgegengesetzt und verbindend sind wie Tag und Nacht, schwarz und weiß, gut und böse, männlich und weiblich. Die grundlegende Idee der Makrobiotik ist, jede Zutat auszugleichen, so daß letztlich der Essende selbst im Gleichgewicht ist und dadurch stark und scharfsinnig, kräftig und doch entspannt ist.

Die makrobiotische Ernährungsweise kann man überall in der Welt verwirklichen, vorausgesetzt, daß man sich an die Grundvoraussetzungen hält: daß der Hauptteil der Nahrungsmittel aus Getreide, Gemüse und zusätzlich einigen Hülsenfrüchten bestehen und daß nur einheimische Produkte gegessen werden sollten. Vermieden werden müssen Kaffee, Tee, zuviel Flüssigkeit, behandelte Nahrungsmittel, Nahrungsmittel aus entfernten Gegenden, tierische Nahrungsmittel und Zucker. Drei Gemüsesorten sollten auf jeden Fall vermieden werden: Tomaten, Kartoffeln und Auberginen, die zu den Nachtschattengewächsen gehören.

Makrobiotik kann kompliziert oder einfach sein, aber um wirksam zu sein, genügt es nicht, die Regeln zu befolgen, sondern man muß sie verstehen. Eigenartigerweise gewinnt die makrobiotische Ernährung bei uns in dem Maße an Attraktivität, wie sie bei den Japanern an Beliebtheit verliert. Besonders interessiert sind Städter, die möglicherweise sehr überfeinerte Eßgewohnheiten und einen exklusiven Lebensstil hatten und nun das Bedürfnis nach ganzheitlicher Ernährung spüren, die ihnen wieder das Gefühl für ihren Körper und ihre Umwelt geben soll. Doch eine makrobiotische Ernährung muß, damit sie ganzheitlich ist, flexibel bleiben. In Mitteleuropa ist es unmöglich, nur einheimische Getreide zu essen, und viele Makrobioten essen letztendlich sehr teure importierte Nahrungsmittel, oft aus verpfändeten Ernten der im Elend lebenden Länder der Dritten Welt. Philosophie und Praxis sind sinnlos ohne die Gesundheit und Zufriedenheit, die aus einer ausgewogenen Ernährungsweise entstehen.

## Das Vorbild der Reichen

Der regelmäßige Konsum von Nahrungsmitteln wie Weißmehl, Reis und Zucker, von Dosen- und Tiefkühlkost und von großen Mengen Fleisch und anderen tierischen Produkten scheint auf die Wohlstandsgesellschaft beschränkt zu sein. Aufgrund der Annahme, daß das, was die Reichen essen, besser sein muß, haben ärmere Völker viele Jahre hindurch versucht, deren Eßgewohnheiten zu übernehmen. Verbessern sich ihre finanziellen Verhältnisse, so geben sie bald Geld für solche Nahrungsmittel aus – teils zum Vergnügen, teils als Statussymbol.

Diese Einstellung hat in den letzten dreißig Jahren in vielen Mittelmeerländern einiges zum Negativen verändert. Der Tourismus erlebte eine Blüte und brachte Italienern, Spaniern und Griechen einigen Wohlstand. Menschen, die ihr Leben lang im Bewußtsein gelebt hatten, daß man den eigenen Boden pflegen, eigene Produkte anbauen und eigenen Käse herstellen sollte, haben sich zwangsläufig umgestellt.

Und nun, inmitten ihrer heimischen Früchte, bevorzugen auch die Einheimischen die teureren, wertloseren Dosenprodukte. Fleisch, das sie nur gelegentlich aßen, und zwar von selbst aufgezogenen oder Tieren aus der freien Wildbahn, ist nun ein tägliches Nahrungsmittel – Kalbfleisch aus holländischen Mästereien, Rindfleisch aus Südamerika. Grobes Brot, Vollkornnudeln, Vollkornreis – all dies wird als nur noch für Bauern geeignet empfunden. In Italien wird der größte Teil des dunklen Reises, der angebaut wird, an Gesundheitsläden im Ausland verkauft, während die Italiener den Rest für den eigenen Bedarf aufbereiten.

Wenn „kultiviert“ und „im Wohlstand leben“ gleichbedeutend sind mit Übergewicht und anfällig für Krebs, Herzkrankheiten und Zahnverfall, ist es wohl besser, ein Bauer zu bleiben, ein einfaches, aber gesundes Leben zu führen. In dem Maße, in dem die Überflußgesellschaft dies allmählich erkennt, gewinnt der ganzheitliche Lebensstil immer mehr an Attraktivität. Doch auch unter denen, die ganzheitlich leben, erscheint das fremde, nicht immer erreichbare Nahrungsmittel – sei es verarbeitet, gefärbt oder in Dosen eingemacht – oft verlockender.

# Die ganzheitliche Mahlzeit

*Es ist schon recht traurig, wie leicht viele von uns durch Gewohnheit und Werbung dazu gebracht werden können zu glauben, daß ein fades Masthähnchen, umrahmt von einem kleinen Häufchen tiefgefrorener Erbsen und einigen verkochten Kartoffeln, die Krönung der Haute Cuisine darstellt.*

Jon Wynne-Tyson
*Food for a Future*

# Die ganzheitliche Mahlzeit

Auf die Frage: „Was halten Sie für eine ausgewogene Mahlzeit?" werden sicher neun von zehn Menschen Ihrer Umgebung antworten: „Fleisch mit zwei Gemüsesorten". Sie würden hinzufügen, daß man täglich eine warme Mahlzeit zu sich nehmen sollte, und setzen damit voraus, daß gekochte Nahrungsmittel besser als rohe seien, daß gekochter Rosenkohl besser sei als Bohnensprossen. Infolge dieser Überzeugung gibt es in den meisten Familien einmal am Tag eine gekochte Mahlzeit. In unserer Wohlstandsgesellschaft wird aber immer öfter im Restaurant gegessen. Und wenn es nicht Fleisch (oder Geflügel oder Fisch) mit zwei Beilagen gibt, so können sie es vermutlich kaum als eine richtige Mahlzeit bezeichnen.

Diese Auffassung klingt in vielfältiger Weise nach. Zu Beginn dieses Jahrhunderts, als Mahlzeiten dieser Art erst zur Gewohnheit wurden, stammte das Fleisch meist von Tieren, die im eigenen Hof gehalten wurden, oder von erlegtem Wild. Es war frei von irgendwelchen Chemikalien und war eher Beilage als Hauptbestandteil der Mahlzeit. Zum Sattessen gab es Gemüse, Kartoffeln und Getreideprodukte. Heute kommt das Fleisch meist aus Großschlachtereien, das Gemüse aus der Dose oder der Tiefkühltruhe, gefärbt, versalzen und verkocht. Da das Fleisch zumeist fade schmeckt, werden alle möglichen Saucen beigegeben, die mit Fett, Sahne und Mehl zubereitet werden und aus zuviel Eiweiß und einer bedenklich hohen Menge an gesättigten Fetten bestehen.

Eine andere weitverbreitete Auffassung ist, daß der Nachtisch nicht Teil der Mahlzeit, sondern etwas Zusätzliches sein soll, eine Belohnung dafür, daß man das Grünzeug aufgegessen hat. Desserts sind meist ernährungsphysiologisch gesehen wertlos, sie enthalten fast ausschließlich weißen Zucker, Fette und Aromastoffe, alles schlecht für unsere Gesundheit. Aber als Bestandteil des Desserts akzeptieren wir es dennoch und so stehen wir müde, statt energiegeladen vom Tisch auf.

## Ausgewogene Mahlzeiten

Ganzheitlich essen bedeutet eine neue Wertschätzung nicht nur der Nahrungsmittel, sondern auch der Art und Weise, wie man sie zusammenstellt. Und als erstes sollte man die Vorstellungen von warmen Mahlzeiten, von Fleisch mit zwei Beilagen usw. über Bord werfen. Ausgewogen essen bedeutet, die Mahlzeiten auf einer möglichst großen Auswahl natürlicher Zutaten aufbauen. Außer Eiweiß, Kohlenhydrate und Fette zu enthalten (dies schließt automatisch eine Auswahl an Vitaminen, Mineral- und Ballaststoffen ein), soll eine Mahlzeit auch interessant, appetitanregend und befriedigend sein. Wählen Sie die Zutaten für jedes Gericht sorgfältig aus, um die gewünschte Geschmacksrichtung zu bekommen. Achten Sie auch sorgfältig auf Farben – wir essen ebenso mit den Augen wie mit dem Mund. Ein lecker aussehendes Gericht kann sehr wohl unseren Appetit beeinflussen. Machen Sie Ihre Mahlzeiten durch Beigabe von Kräutern leichter verdaulich. Geben Sie z.B. Kräuter an ein sahniges Gericht oder Joghurt an eine scharfgewürzte Speise, aber übertönen Sie die Zutaten nicht durch sehr geschmacksintensive Beigaben. Zu stark gewürzte Speisen töten Ihre Geschmacksnerven ab, so daß Sie möglicherweise den zarten Geschmack von Naturprodukten nicht mehr schmecken – die Süße junger Maiskolben, das Nußaroma von Körnern.

Vergessen Sie auch alle Regeln, was zu wem paßt. Versuchen Sie neue Zusammenstellungen. Seien Sie phantasievoll und haben Sie auch Mut zum Experimentieren. Im allgemeinen wird zum gedünsteten Mischgemüse Reis serviert, warum nicht einmal zur Abwechslung ein Hirsebrei? Oder Vollkornnudeln? Oder auf Toast? Oder als Füllung für ein Omelett? Bereiten Sie eine Sauce, indem Sie Hülsenfrüchte zu einem Brei durchpassieren, rühren Sie etwas Tomatenmark und Brühe darunter und fügen einige Kräuter hinzu. Servieren Sie dazu Teigwaren, verwenden Sie sie als Pfannkuchenfüllung oder übergießen Sie damit Nußkoteletts, Käseschnitzel oder Kartoffelkroketten. Geben Sie Gemüsereste in eine Auflaufform, übergießen Sie sie mit einer Mischung aus geschlagenem Ei, Milch oder Sahne und geriebenem Käse und backen Sie eine Quiche.

Kochen war früher eine kreative Kunst: aus ein paar Grundzutaten etwas zu machen, das nicht nur köstlich aussah, sondern ebenso gut duftete und schmeckte. Heute befolgt man Rezepte mit fast religiöser Strenge. Wenn eine Zutat fehlt, beeilt man sich sofort, diese zu besorgen, oder man läßt das Rezept lieber gleich ganz sein. Seien Sie altmodisch! Verwenden Sie Rezepte als Ausgangsbasis, aber ändern Sie diese gegebenenfalls entsprechend Ihren Ideen ab, indem Sie die Zutaten verwenden, die Ihnen zur Verfügung stehen und diejenigen, die Ihnen und Ihrer Familie am besten schmecken.

## Eine ausreichende Eiweißversorgung

Das Wichtigste, das man im Hinblick auf die Eiweißversorgung betonen muß, ist die Tatsache, daß wir sehr wenig benötigen. 35 g Eiweiß pro Tag genügen, um gesund zu bleiben; die meisten von uns – auch Vegetarier – verzehren mindestens doppelt soviel, wenn nicht noch beträchtlich mehr.

Zwar vollzieht sich inzwischen ein Wechsel zu mehr pflanzlichem Eiweiß, aber wir essen immer noch viel mehr Eiweiß, als wir eigentlich brauchen. Durch das Kombinieren von verschiedenen Pflanzen und pflanzlichen Nahrungsmitteln mit Eiweiß aus Milchprodukten kann man den Eiweißgehalt in der Weise steigern, daß das Ganze gehaltvoller ist als die Summe der einzelnen Bestandteile. Alle Eiweißarten enthalten Aminosäuren, aber im allgemeinen liefert nur das tierische Eiweiß die acht lebenswichtigen Aminosäuren, ohne die unser Körper die anderen nicht aufbauen kann. Sojabohnen haben vollwertiges Eiweiß, aber die meisten Pflanzen enthalten nur einzelne der lebenswichtigen Aminosäuren und gelten daher als unvollständig. Doch man weiß heute, daß durch die Kombination pflanzlicher Nahrungsmittel jeder Mangel an Aminosäuren verhindert werden kann und die Qualität des einzelnen Eiweißes eines Gerichts durch eben diese Verbindung mit anderen um 50% gesteigert werden kann. Das bedeutet, daß Sie Ihr Eiweiß aus ökologisch sinnvolleren Quellen beziehen können, daß dieses Eiweiß außerdem Ihr Verdauungssystem weniger belastet und viel billiger ist als „vollwertiges" Eiweiß. Im folgenden finden Sie einige Beispiele für Eiweiß-Kombinationen:

Müsli (Körner, Samen)
Reis und Currylinsen (Körner, Hülsenfrüchte)
Minestrone (Körner, Hülsenfrüchte)

Bohnen auf Toast (Körner, Hülsenfrüchte)
Vollkornbrötchen auf Erdnußbutter
(Körner, Nüsse)
Gefüllte Kohlblätter (Körner, Nüsse)
Maisbrot und Chilibohnen
(Körner, Hülsenfrüchte)

Durch die Zugabe von etwas vollwertigem Eiweiß – Milch, Käse oder Eier – ergibt sich eine reiche Auswahl an Gerichten, in denen ergänzbares und vollwertiges Eiweiß kombiniert sind. Zu diesen Gerichten gehören Porridge, Pfannkuchen mit Spinat und Hüttenkäse, Spaghetti mit Käsesauce, Pizza, Tortillas, Bauernfrühstück, Erbsensuppe (mit Milch zubereitet), Kartoffelsalat mit Joghurt, Gemüserisotto mit Käse und Quiche. Diese Art, Proteine zu mischen, ist in anderen Ländern seit Jahrhunderten üblich, und die Rezepte fremder Küchen bieten daher ausgezeichnete Beispiele. Seien Sie erfinderisch: Die ungewöhnlichsten Kombinationen passen zusammen, nicht nur weil sie hochwertige Eiweißverbindungen liefern, sondern auch, weil es köstliche Gerichte sind.

Es ist wichtig, die Mahlzeit als ein Ganzes und nicht als Abfolge verschiedener Gänge zu betrachten. Vielleicht stimmen Sie jetzt schon die einzelnen Gänge einer Mahlzeit aufeinander ab. Sie werden wahrscheinlich kaum eine dicke, sättigende Suppe vor einem schweren Reisgericht servieren und zum Abschluß einen schwerverdaulichen Pudding. Denken Sie in gleicher Weise an die Nährstoffzusammensetzung einer Mahlzeit. Kombinieren Sie eine eiweißarme Vorspeise wie Süßkartoffeln oder grünen Salat mit einem Käse- oder Eiergericht oder umgekehrt. Sie können ein leichtes, kalorien- und eiweißarmes Hauptgericht vor einem Dessert wie Apfelstreuselkuchen servieren, bei dem eiweißreiche Nüsse und Hafermehl verwendet werden und der mit Joghurt gereicht wird, oder einem Käsekuchen aus Ricotta und getrockneten Früchten. Der Nachtisch ist Teil der Mahlzeit und sollte entsprechend seines Nährstoffgehalts und nicht nur seines Geschmacks wegen gewählt werden. Es gibt überhaupt keinen Grund, warum er nicht ebenso köstlich sein sollte wie die üblichen „leeren" Nachspeisen – er kann sogar bedeutend schmackhafter sein. Leere Nahrungsmittel haben keinen Platz in einer ganzheitlichen Ernährungsweise.

## Das Anrichten

Um die Mahlzeiten zu einem noch größeren Genuß werden zu lassen, sollten Sie die Bedeutung des Anrichtens nicht vergessen. Das heißt nicht, daß Sie Mahlzeiten unbedingt auf Porzellantellern servieren, mit Silberbesteck essen und Spitzendecken auflegen müssen – natürlich dürfen Sie das, wenn Sie Lust dazu haben. Es ist jedoch sicher, daß die Mahlzeiten in einer ansprechenden Aufmachung zweifellos besser schmecken und auch besser verdaut werden.

Wählen Sie ein Geschirr aus, in dem die Speisen, die Sie anbieten, am besten zur Geltung kommen. Keramik und Steingut sehen gut aus und sind relativ preiswert, allerdings ist feuerfeste Keramik teurer. Unglasierte Keramik ist preiswerter, hält aber nicht so lange. Nichtrostendes Edelstahlgeschirr ist seinen Preis wert, bleibt jahrelang ansehnlich, läßt sich schnell und einfach reinigen. Es ist in vielen Ausführungen erhältlich, so daß sicherlich für jeden Geschmack etwas dabei ist. Tischdecken können sachlich, hübsch, verspielt, mit Spitzen besetzt sein, ganz nach Ihrem Geschmack, oder Sie können ganz darauf verzichten, wenn Sie einen besonders schönen Tisch haben. In dem Fall können Sie auch

Tischsets aus Stoff, Bast, Rohr, Kork oder Holz benutzen. Es versteht sich von selbst, daß Blumen und Leuchter unbedingt zu einer stimmungsvollen Atmosphäre gehören, daß der Tisch die richtige Höhe hat, die Stühle bequem und die Gläser fleckenlos sauber sein sollten.

Sehr schön ist es, draußen zu essen. Wenn Sie einen Garten oder einen Innenhof haben, benutzen Sie ihn, sooft es das Wetter zuläßt; wenn Sie keinen Garten haben, gehen Sie gelegentlich zu einem Picknick ins Grüne. Die einfachsten Nahrungsmittel erhalten, wenn sie im Freien gegessen werden, eine neue Bedeutung. Sie sollten auch immer einige Tabletts zu Hause haben, wenn Sie im Bett frühstücken oder im Sessel zu Abend essen wollen oder wenn es zum Mittag nur einen Imbiß gibt. Ein Tablett kann man leichter auf dem Schoß halten als einen Teller. Immer das gleiche zu essen, ist fast so schlimm, als wenn man stets auf dieselbe Art ißt. Beides zeugt von einem Mangel an Phantasie.

Es ist sehr schön, sich bei einer Mahlzeit zu entspannen, und aus diesem Grund ist es eine gesellschaftliche Gepflogenheit geworden, Freunde zum Essen einzuladen. Wenn Sie sich im Gegensatz zu Ihren Freunden vollwertig ernähren, so ist dies eine gute Gelegenheit, diese mit einer anderen Ernährungsweise bekannt zu machen, ohne etwas dazu zu sagen. Doch häufig ist das Bewirten gleichbedeutend geworden mit Extravaganz, großem Aufwand und Prahlerei, so daß diejenigen, die gerne einfacher leben oder sich einen so großspurigen Lebensstil nicht leisten können, ins Abseits gedrängt werden. Doch lassen Sie sich dadurch nicht abhalten, gerne mit Freunden zu essen. Servieren Sie das, was Sie normalerweise auf den Tisch bringen, vielleicht mit einer oder zwei zusätzlichen Besonderheiten oder exotischen Speisen, um dem Essen eine besondere Note zu geben. Sie können z. B. ein einfaches und preiswertes Hauptgericht servieren, einen Gemüse-Bohnen-Topf oder ein Soufflé, doch bieten Sie dann als Vorspeise etwas frischen Spargel oder eine halbe Avocado mit einer selbstangerichteten Sauce Vinaigrette und Vollkorntoast an. Wenn es gerade frische Ananas gibt, servieren Sie in der ausgehöhlten Ananas einen Fruchtsalat. Birnen können etwas Außergewöhnliches sein, wenn sie in Rotwein gekocht werden. Aus alltäglichen Zutaten lassen sich viele exotische Gerichte zubereiten wie „hashmerim", eine türkische Süßspeise, die mit Hüttenkäse angerichtet wird.

Wenn Ihr Haushaltsgeld auch dafür nicht ausreicht, versuchen Sie einfach, das Gericht selber durch besondere Zutaten zu veredeln. Es ist erstaunlich, welche Wirkung ein paar geschnittene Mandeln auf einem überbackenen Blumenkohl haben können oder eine in Streifen geschnittene gelbe Paprikaschote auf einem Salat oder etwas Tahini in der Suppe. Streuen Sie Walnüsse über den Kartoffelsalat; kaufen Sie eine kleine Dose Artischockenherzen und geben sie kleingeschnitten an die selbstgemachte Pizza.

Wenn Sie mehr Zeit als Geld haben, können Sie Gerichte servieren, die heute niemand mehr macht, da die Zubereitung viel Zeit beansprucht. Selbstgemachte Blätterteigpasteten mit Gemüse in einer weißen Sauce sind köstlich und preiswert, aber sehr zeitraubend in der Zubereitung. Und als Abschluß gibt es nichts Besseres als selbstgemachtes Eis. Aufbereitete und „leere" Nahrungsmittel sollten für Sie verbotene Früchte sein, aber wenn sich Ihre Geschmacksnerven erst einmal an Vollwertkost gewöhnt haben, werden Sie feststellen, daß die verbotenen Früchte nie so gut sind, wie sie von weitem erscheinen.

## Kochen für Kinder

Von Vorteil ist, daß viele Kinder Fleisch und vor allem Fisch nicht mögen. Wenn Sie also Ihren Fleischkonsum reduzieren oder ganz aufgeben wollen, werden die Kinder wahrscheinlich keine Einwände haben. Doch leider lieben Kinder oft allerlei Naschereien, und die Hersteller dieser Produkte wissen schon lange, daß Kinder Süßes mögen. Corn-flakes, Tomatenketchup, Getränke – alles wird gesüßt, damit es Kinder mögen. Es war auch üblich, Babynahrung zu süßen, so daß die Babys schon früh an Süßes gewöhnt wurden, aber in den letzten Jahren wird von den Herstellern akzeptiert, daß dies schädlich ist, und sie verwenden weniger Zucker. Doch hier hört ihr Verantwortungsgefühl leider schon wieder auf. Jedes Kind, das fernsieht, wird von der Werbung für Süßigkeiten überrollt – Kuchen, Kekse, das eine klebrig, das andere knusprig –, und die meisten dieser feinen Sachen sind aus raffinierten Zutaten und mit einer Menge chemischer Zusatzstoffe hergestellt, mit künstlichen Aromastoffen versehen und so verpackt, wie es Kindern gefällt. Verkaufsautomaten stehen überall, auch Verkaufskioske in Schulen bieten solche Waren an, und ein Kind, das sich nicht anpaßt und das gleiche kaut wie der Rest der Klasse, wird als Außenseiter betrachtet.

Die Gewohnheiten in der Kindheit werden zu Abhängigkeiten bei Erwachsenen: Eine Sucht nach Süßigkeiten bei Streß oder Sorgen, ein stumpfer Appetit auf die mit vielen chemischen Geschmacksverstärkern versehenen Lebensmittel und Stimmungsschwankungen, die man nur durch den Genuß von Naschereien ausgleichen kann. Süßigkeiten gibt es überall – an Tankstellen, in Kneipen, beim Gemüsehändler, in Apotheken, in Bahnhöfen, natürlich auch in Supermärkten –, so daß Sie sich durch den ganzen Tag naschen können. Nicht nur das Kind ist durch eine solche Eßweise gefährdet, sondern auch der Erwachsene.

Die Auswirkungen dieser schlechten Ernährungsweise bei Kindern sind leicht feststellbar, einmal wegen ihrer geringeren Körpermasse in bezug zu ihrer Nahrungsaufnahme und zum anderen, weil sie auch unter viel weniger Lebensmitteln auswählen als Erwachsene. Doch die Probleme, die durch Fettsucht entstehen, sind bei Erwachsenen oft weitreichender. Jedes Kind, das vollwertig ernährt aufwächst, hat auf jeden Fall einen besseren Start ins Leben. Auch wenn die Versuchung für ein Kind in der Schule oder bei Freunden manchmal zu groß ist, so sollten Eltern dies doch ignorieren. Machen Sie zu Hause einfach so weiter wie bisher – denn schließlich bilden sich die meisten Gewohnheiten doch zu Hause. Wecken Sie bei Ihren Kindern das Interesse an Nahrungsmitteln, lassen Sie sie in der Küche helfen und selber Gerichte bereiten, die sie besonders mögen. Erklären Sie, warum manche Lebensmittel schädlich sind. Machen Sie ihnen bewußt, daß Lebensmittel etwas Wichtiges in ihrem Leben sind. Vollwertige Nahrungsmittel können genauso köstlich sein wie industriell gefertigte Nahrungsmittel. Die Anstrengung, den Kindern gute Eßgewohnheiten nahezubringen, lohnt sich, für Ihre Kinder und für Sie.

## Zwischenmahlzeiten

Kinder wachsen schubweise, sie verbrauchen viel körperliche und geistige Energie und sitzen selten lange still – daher nehmen sie lieber immer wieder einen kleinen Imbiß anstelle großer Mahlzeiten zu sich. Und auch viele Erwachsene halten es aus denselben Gründen so. Doch Zwischenmahlzeiten, so wird uns immer wieder gesagt, sind schlecht. Das Essen zwischen den Mahlzeiten verdirbt den Appetit und macht uns dick. Zwischenmahlzeiten sind kein „richtiges" Essen.

Doch es kommt ganz darauf an, was Sie unter einer Zwischenmahlzeit verstehen. Wenn es Schokoladenriegel, eine Packung Chips, ein Hamburger und eine Flasche Limonade ist, dann lassen Sie es besser bleiben. Aber Sie können auch etwas Vollwertiges naschen, Energie tanken, ohne Gewicht anzusetzen. Packen Sie einen Snack in die Vespertüte oder in den Schulranzen Ihres Kindes, und Sie beugen der Versuchung vor, wenn der Anblick von Süßigkeiten in Automaten den Appetit anregt. Es wurde nachgewiesen, daß manche Menschen leistungsfähiger sind, wenn sie öfters kleine Mahlzeiten zu sich nehmen, daß ihr Körper damit mehr Nährstoffe erhält und sie besser verwerten kann und daß sie seltener zunehmen als wenn sie eine große Mahlzeit am Tag zu sich nehmen. Wenn Sie ohne Schuldgefühle mal eine Kleinigkeit zu sich nehmen wollen, halten Sie sich an folgende Vorschläge:

Obst und ein Stück Käse
Banane
Sultaninen und Cashewnüsse
Studentenfutter (oder eine andere Frucht-, Nuß-, Kokosnußmischung)
Granola
Nüsse mit Joghurt
Haferriegel (gekauft oder selbst gemacht, letztere enthalten allerdings oft viel Fett)
Riegel aus getrockneten Früchten (gekauft oder selbst gemacht)
Crisps (die es in Naturkostläden gibt, mit weniger Fett und weniger Salz)
Vollkornkekse
Naturjoghurt mit Früchten
Vollkornknäckebrot mit Nußbutter
Geröstete Samenkerne
Getrocknete Früchte (Aprikosen, Äpfel, Bananen)
Sesamriegel
Süße Äpfel (mit Melasse angemacht)
Geröstete Sojabohnen
Johannisbrotriegel

Schauen Sie sich im Naturkostladen oder Reformhaus nach weiteren Alternativen um. Es gibt inzwischen auch Produkte mit naturbelassenen Zutaten. Lesen Sie die Aufdrucke. Doch schränken Sie den Verzehr von Süßigkeiten soweit wie möglich ein. Es führt kein Weg an der Tatsache vorbei, daß viele Süßigkeiten ungesund sind. Es gibt viele andere Dinge, die Energie liefern und als Zwischenmahlzeit gut geeignet sind, ohne eine Abhängigkeit von Süßem zu erzeugen.

## Menüpläne

Auf den folgenden Seiten finden Sie Vorschläge, wie Sie eine Woche lang gesund essen können. Sie finden außerdem im Buch 60 Rezepte für Vollwertgerichte, u.a. für die hier mit einem Stern ✻ markierten. Bei den täglichen Menüvorschlägen werden auch Beilagen empfohlen. Dies sollen natürlich nur grobe Richtlinien sein. Der Lebensstil ist bei jedermann verschieden, und es kann sein, daß Sie Ihre Hauptmahlzeit abends wollen oder daß Sie überhaupt kein Mittagessen zu sich nehmen. Das liegt ganz an Ihnen. Jeder hat auch einen anderen Appetit; was für den einen zuviel ist, sättigt den anderen vielleicht nicht. Schauen Sie sich die folgenden Vorschläge an, achten Sie darauf, wie die Mahlzeiten zusammengestellt sind, damit diese ausgewogen sind und möglichst abwechslungsreich; benutzen Sie diese Vorschläge dann als Grundlage, auf der Sie Ihre eigenen Gerichte aufbauen.

**Montag**

*Frühstück*
Orange
Vielkorn-Granola *
Kräutertee oder Kaffee

*Mittagessen*
Blumenkohlpastete *
Geröstete Vollkornbrotscheiben
Brunnenkressesalat
Pfannkuchen mit Honig und Weizenkeimen

*Abendessen*
Gemüseeintopf mit Kartoffeln
Frischer Obstsalat
Creme aus Cashewnüssen

**Dienstag**

*Frühstück*
Joghurt-Fruchtsaft-Mix
Vollkorncroissants
Kräutertee oder Kaffee

*Mittagessen*
Erbsensuppe
Rot-und-Weißkohl-Salat *
Vollkornbrötchen

*Abendessen*
Frischer Maiskolben
Pfannkuchen mit Ratatouille und Käsesauce
Zitronensorbet aus frischen Zitronen und Rohrzucker

**Mittwoch**

*Frühstück*
Eingeweichte getrocknete Aprikosen
Gegrillte Tomaten auf Vollkorntoast
Kräutertee oder Kaffee

*Mittagessen*
Spinatsalat (Spinat, Gurken, Sellerie, schwarze Oliven)
Gefüllte Eier
Vollkornknäckebrot
Naturjoghurt

*Abendessen*
Erbsen-Nuß-Gericht
Vollkornreis
Bananen-Tofu-Creme

**Donnerstag**

*Frühstück*
Frische Grapefruit
Waffeln mit Ahornsirup
Kräutertee oder Kaffee

*Mittagessen*
Spanische Linsensuppe *
Salat aus Sellerie, Rosinen, Äpfeln und Cashewnüssen
Buchweizenkekse

*Abendessen*
Mohrrübenquiche *
Pellkartoffeln mit Schnittlauch
Chinakohl- und Tomatensalat
Rhabarberpudding aus Vollkornmehl und Rohrzucker

**Freitag**

*Frühstück*
Orangen-Aprikosen-Saft
Porridge mit Honig, Melasse oder Ahornsirup
Kräutertee oder Kaffee

*Mittagessen*
Salat aus grünen Bohnen *
Vollkornbrötchen
Mandelgebäck *

*Abendessen*
Pastete aus Ricotta und Spinat *
Gebackene Tomaten
Überbackene Kartoffeln
Frischer Obstsalat mit Tahini und Honig

**Samstag**

*Frühstück*
Frische Pfirsiche
Buttermilchgebäck *
Kräutertee oder Kaffee

*Mittagessen*
Gebratener Tofu *
Rohe Blumenkohlröschen, Brunnenkresse, Tomaten, bestreut mit geschnittenen Mandeln
Finnisches Knäckebrot *

*Abendessen*
Schnittlauch-Käse-Pastetchen
Hirse mit Pilzen und Zwiebeln
Brokkoli
Käsekuchen mit Honig

**Sonntag**

*Frühstück*
Eine halbe Grapefruit
Rührei mit Pilzen auf Toast
Kräutertee oder Kaffee

*Mittagessen*
Gefüllte Paprikaschoten *
Rahmkartoffeln
Rosenkohl
Johannisbeerspeise aus frischen Früchten, Rohrzucker und Eiweiß

*Abendessen*
Süßmais- und Kartoffelsuppe
Geröstete Nüsse
Kalifornischer Salat *
Kleie- und Kokosnuß-Plätzchen

# Die ganzheitliche Küche

*Die Umgebung ist wichtig, und es macht sehr viel Freude, eine helle und liebenswerte Küche einzurichten.*

Kay Lynne Sherman

# Die ganzheitliche Küche

Essen ist der Schlüssel zu einem langen und glücklichen Leben, zu physischer Gesundheit und geistigem Wohlbefinden, eine Brücke zur Natur, zu den Mitmenschen und zum Planeten Erde. Und so sollte der Ort, wo das Essen zubereitet wird, in gewisser Weise ein Schrein sein, ein Platz nicht so sehr der Anbetung als der Liebe, ein glücklicher Ort.

Doch leider scheint der Einrichtung der Küche am wenigsten Aufmerksamkeit entgegengebracht zu werden. Oft klein und verwinkelt, mit wenig Tageslicht und schlechter Aussicht, ist die Küche selten mehr als ein Arbeitsraum, in dem Sie das, was getan werden muß, so schnell wie möglich erledigen, um dann wieder hinauszukommen, wo sich das Leben abspielt. Diese Einstellung geht zum großen Teil in die Zeit zurück, in der die Bediensteten es waren, die ihre Zeit in der Küche zubrachten – und daher kümmerte sich natürlich niemand um den Raum selber, solange die Kochmöglichkeiten in Ordnung waren. Heute sind die Frauen zwar aus den Küchen herausgekommen und nehmen ihren Platz in der bisher nur den Männern vorbehaltenen Welt ein, doch die Fertiggerichte, die auch zur „Befreiung" der Frau beigetragen haben, machen nun aber eine gut eingerichtete Küche überflüssig. Man braucht sehr wenig Platz, um eine Konservendose zu öffnen oder eine Verpackung aufzureißen.

Doch, wie in der Natur, so geht auch hier alles im Zyklus. Nach der Gleichgültigkeit kommt nun ein neues Interesse an Ernährung, eine wachsende Besorgnis über die Schäden, die sie uns zufügen kann, und eine Nachfrage nach Vollwertkost. Gleichzeitig werden Küchen wieder beliebter. Dies ist zum Teil auch eine Folge des plötzlichen Interesses der Industrie, die hier einen lange vernachlässigten Markt entdeckte. Aber Fabrikanten können hier nur deshalb Geschäfte machen, weil die Menschen die Küche wiederentdecken wollen und ein Bedürfnis nach dem Platz verspüren, der früher als das Herz des Hauses angesehen wurde; der Platz, an dem nicht nur das Essen zubereitet wurde, sondern an dem sich die Familie versammelte.

Ist Ihre Küche die richtige Küche für Sie?

## Atmosphäre schaffen

Die Atmosphäre, die Sie schaffen wollen, hängt sehr stark von Ihnen, Ihrer Familie, Ihrem Lebensstil und der Art, wie Sie die Küche nutzen wollen, ab. Jemand, der allein lebt, der den ganzen Tag außer Haus arbeitet und nur gelegentlich kocht, will eine andere Küche als der, der gern Gäste zum Essen einlädt oder der einen Haushalt mit mehreren Kindern hat, die auch in der Küche spielen und Hausaufgaben machen. Der Städter, der um die Ekke Einkaufsmöglichkeiten hat, braucht weniger Platz für Vorräte als jemand, der weit entfernt von Supermärkten lebt und der dann auf Vorrat einkaufen muß, wenn sich die Gelegenheit bietet.

Küchen können nüchtern oder lustig sein, klinisch sauber oder chaotisch. Entweder ist die Küche dazu da, schnell Mahlzeiten zuzubereiten, oder sie ist ein Raum, in dem man lebt – sie soll entweder so sein, daß derjenige, der darin kocht, dies gern tut, so daß das Kochen zu einer schönen Beschäftigung und nicht zur Plage wird.

Von Bedeutung ist auch, wie die Lage der Küche im Haus ist: ob sie abseits in einer ruhigen Ecke liegt oder im „Durchgangsverkehr". Wichtig ist gutes Tageslicht. Ebenso, wenn möglich, ein Zugang zum Garten oder zum Innenhof, besonders wenn Sie Kräuter und Gemüse ziehen wollen. Gewöhnlich haben Sie zwar keinen Einfluß auf die Lage der Küche, aber man kann vieles ändern. Eine kleine Küche können Sie vergrößern, indem Sie eine Wand herausnehmen und zwei Räume vereinigen und dann die Küche auch als Eßzimmer benutzen. Oder Sie können eine zu weiträumige Küche verkleinern, indem Sie eine Wand einziehen. Einfacher ist es, einen Tisch, Schränke oder eine Küchenzeile als Raumteiler zu verwenden, der den Raum optisch verkleinert, Ihnen aber dennoch die Möglichkeit gibt, zu sehen, was auf der anderen Seite vor sich geht. Eine moderne Küche kann mit Jalousien in leuchtenden Farben oder Schwarz abgeteilt werden; in einer rustikalen Küche können Sie dazu üppige Grünpflanzen verwenden.

Um mehr Tageslicht zu bekommen, sollten Sie sich überlegen, ob Sie nicht ein Fenster vergrößern können – das ist oft gar nicht so aufwendig und lohnt sich sehr. Sie können auch Spiegel anbringen, die das Licht reflektieren. Spots können auch nützlich sein, und es gibt inzwischen Lampen, die man überall anbringen kann und die Sie dadurch immer gerade dort installieren können, wo Sie diese brauchen. Wenn Sie mit der Luftzirkulation Probleme haben, können Sie einen Abzug anbringen. Wer zur Miete wohnt, sollte aber vor solchen Veränderungen die Genehmigung des Vermieters einholen.

Ganz besonders wichtig ist die Wahl der Farben in der Küche, und doch wird dies so oft übersehen. Farben haben ständigen Einfluß auf uns, auf unseren Körper, unser Gefühl und unseren Geist. Wir benutzen Farben auch, um unsere Gefühle auszudrücken: Man ist grün vor Neid, man sieht rot oder man ist blau. Weil sie uns auf solch unterschiedlichen Ebenen beeinflussen, werden Farben zur Therapie verwendet, in Krankenhäusern, Fabriken und Schulen; Farben sollen uns in gefährlichen Situationen warnen. Früher glaubte man, daß nur Sehende von Farben profitieren können, doch haben amerikanische Untersuchungen gezeigt, daß auch blinde Kinder auf Farben reagieren – eine Theorie, die eine ganz neue Welt eröffnet. Farbe besteht aus Lichtwellen, die vom menschlichen Auge durch das Zusammenwirken der Sehnerven mit dem Gehirn interpretiert werden. Man nimmt an, daß der Mensch über tausend Farbtöne unterscheiden kann, die jeder etwas anders wahrnimmt, obwohl die Wirkung, die sie auf uns haben, vorhersehbar und damit weitgehend gleich ist. Rot z.B. weitet tatsächlich die Blutadern, so daß Sie sich wach und aktiv fühlen; es soll auch den Appetit anregen. In einer blauen Umgebung fällt Ihr Blutdruck, Sie sind eher ruhig und können sich besser konzentrieren. Grün ist eine besänftigende Farbe und bringt einen Hauch Natur in Ihr Heim.

Bei der Farbenzusammenstellung für die Küche sollte man auf verschiedene Dinge achten. Farben erscheinen in einem großen Raum intensiver als in einem kleinen, so daß es oft besser ist, einen blasseren Ton zu wählen als denjenigen, der Ihnen in der Farbenprobe zusagt. Dunkle Farben, die tagsüber anregend wirken, können nachts depressiv machen. Wenn man eine Vorliebe für dunkle Töne hat, sollte man also vorsichtig auswählen und gegebenenfalls weitere Lichtquellen oder hellere Farbinseln vorsehen, die die schwere Atmosphäre etwas auflockern können. Wenn Sie einen kühleren Raum mit Pfirsich-, Rost- oder Herbstfarben aufheitern können, durch etwas Purpurrot eine anregende Stimmung erzeugen oder durch etwas Gelb einen warmen Schimmer verleihen können, so sollten Sie doch daran denken, daß die Farben zu Ihnen, Ihrer Persönlichkeit und zu Ihrem Raum passen müssen. Wenn Sie sich dazu zwingen, mit kräftigen, anregenden Farben zu leben, obwohl Sie lieber weiche, feine Farbtöne mögen, kann das dazu führen, daß Sie sich in Ihrer Küche unbehaglich fühlen. Wichtig ist dann ein Kompromiß. Wenn Sie es dezent und hübsch mögen, aber meinen, daß der Raum eigentlich etwas Kräftigeres braucht, hilft es vielleicht, eine Wand in einer glänzenden Farbe zu streichen oder zu tapezieren. Zuviel Weiß kann übrigens grell wirken, so daß sich die Pupillen vergrößern, was für Augen und Sehnerven schlecht ist. Verwenden Sie ruhig Weiß, aber lockern Sie es mit anderen Farben auf, oder tönen Sie es durch eine andere Farbe ab – es gibt viele verschiedene Weißtöne.

Ein letzter Punkt: Die Küche ist der potentiell gefährlichste Platz des Hauses und sollte daher nicht zu beruhigend und gedämpft wirken. Sie sollen darin ruhig, aber auch aufmerksam sein. Beige z.B. ist eine angenehme Farbe, mit der sich gut leben läßt, sie sollte aber einen Stich ins Rote haben oder mit etwas Smaragdgrün unterbrochen werden. Gelb, Pfirsich und Pink erhöhen auch die Aufmerksamkeit. Farbtupfen können auch durch Accessoires wie Vorhänge, Jalousien, Sitzkissen, Tischdecken, Servietten, Bilder oder Wandbehänge geschaffen werden. Blumen können ganz unterschiedliche Atmosphäre schaffen: Nelken sind eher förmlich und elegant, Rosen bringen einen Hauch Sommer, ein einfacher Strauß Feldblumen bringt Charme und Farbe. Wenn Sie Ihre Küche durch Grün auflockern wollen, so sind Pflanzen dazu am besten geeignet – ziehen Sie Kräuter in Blumenkästen, und zusätzlich zu der Farbe haben Sie auch noch einen praktischen Nutzen.

## Der Herd

Jahrhundertelang war der Herd viel mehr als nur ein Einrichtungsstück für die Zubereitung der Mahlzeiten. Die großen Herde, die in jeder Bauernküche und in Stadthäusern „beim Hauspersonal" standen, heizten auch den Raum selber, trockneten Kleider, erwärmten das Wasser und auch das Geschirr, auf dem die Mahlzeiten serviert wurden. Solche Herde findet man gelegentlich noch in alten Häusern (oder in Antiquitätengeschäften zum Verkauf – zu enormen Preisen). Heute wird bei uns vor allem mit Gas oder Strom gekocht, beides hat Vor- und Nachteile. Beide sind relativ sparsam, wenn sie vernünftig verwendet werden. Gas reagiert schneller und backt gleichmäßiger. Elektrische Platten sind effektiver als Gasbrenner. Ein elektrischer Backofen, der relativ luftdicht ist, gibt weniger Energie nach außen ab als ein Gasofen. Inzwischen ist eine Anzahl ganz neuer Herde auf den Markt gekommen, besonders auch aus Skandinavien, wo die Küchen schon lange das Interesse der Designer und Techniker geweckt haben. Es gibt Herde in jeder Form und Größe, Einbauherde oder freistehende, Herde, die sowohl mit Gas als auch mit Strom betrieben werden können, Herde mit austauschbaren Teilen. Es gibt Herde mit Glaskeramik-Kochfeldern, Herde mit eingebauten Friteusen und Mikrowellenherde, selbstreinigende Backöfen, Backöfen, die in Sichthöhe angebracht sind, und Herde mit Zeitschaltuhren. Manche Herde sehen so futuristisch aus, daß man sie in einer fremden Küche gar nicht als Herd erkennen würde.

Diese High-Tech-Herde sind völlig in Ordnung – nur sind sie für die ganzheitliche Küche unnötig. Naturkost soll so wenig wie möglich gekocht werden, sie kann auf einfachste Art und Weise zubereitet werden und schmeckt dann um so besser. Sie verbraucht auch sehr wenig Energie für die Zubereitung. Sinnvoll wäre es, einen holzbeheizten Herd zu haben. Doch heute, wo so viele Bäume und Waldgebiete rücksichtslos zerstört werden, ist dies nicht mehr angebracht. Zur Entscheidungsfindung ist es am besten, eine Liste zu machen, welche Anwendungsmöglichkeiten Sie sich von einem Herd erhoffen und wie Sie ihn nutzen wollen. Kaufen Sie dann den besten, den Sie sich leisten können. Achten Sie dann darauf, ihn richtig auszunutzen. Bereiten Sie nicht nur ein Gericht im Backofen zu, wenn Sie gleichzeitig noch Platz für etwas anderes darin haben. Behandeln Sie Ihren Herd als einen Luxusgegenstand und als ein Privileg – denken Sie daran, wie viele Menschen auf der Welt noch über offenem Feuer kochen müssen.

## Das richtige Handwerkszeug

Komplizierte Kochmethoden sollte es in der ganzheitlichen Küche eigentlich nicht geben. Eine gewisse Grundausstattung an Küchengeräten ist jedoch notwendig, und gute Lebensmittel verdienen auch, mit guten Geräten zubereitet zu werden. Einige andere Küchenwerkzeuge sind aufgelistet, die nicht unbedingt nötig sind, die aber entweder die Zubereitung bedeutend vereinfachen oder die es ermöglichen, komplizierte Gerichte zuzubereiten.

### Grundausstattung

*Eine Auswahl schwerer Töpfe*
Wenn Sie sich ein Topfset nicht leisten können, sollten Sie wenigstens zwei verschieden große Töpfe und möglichst auch eine Bratpfanne kaufen. Achten Sie darauf, daß die Deckel gut schließen. Kaufen Sie die beste Qualität, die Sie sich leisten können. Am besten eignet sich emailliertes Eisen. Gußeisen ist auch gut, und manchmal kann man Ware zweiter Wahl zu einem vernünftigen Preis bekommen. Achten Sie darauf, daß das Email innen nicht abgesplittert ist. Edelstahl ist eine preiswerte Alternative. Auch in Töpfen aus feuerfestem Glas läßt sich gut kochen. Kaufen Sie keine Aluminiumtöpfe – sie geben Gift ab und sind normalerweise wegen ihres unebenen Bodens für Elektroherde nicht geeignet.

*Messer*
Zwei oder drei stabile Messer reichen wahrscheinlich aus. Wiederum ist es ratsam, so viel auszugeben, wie es Ihnen möglich ist. Bessere Qualität zahlt sich immer aus.

*Hackbrett*
Am besten eignet sich Hartholz.

*Dampfkochtopf-Einsatz*
Ein Einsatz aus Edelstahl, den man in Töpfe verschiedener Größe einlegen kann, ist ideal und dürfte nicht allzu teuer sein.

*Schneebesen*
Kaufen Sie einen mechanischen oder einen elektrischen Schneebesen zur Zubereitung von Soufflés, Teigen, Salatsaucen usw.

*Pinsel*
Mit einem langstieligen Pinsel lassen sich schnell Schüsseln und Töpfe einfetten und Kuchen mit Milch oder Eiweiß bestreichen. Wenn Sie ihn nur für Öl benutzen wollen, können Sie ihn in einem kleinen Glas mit Öl stehen lassen.

*Kochlöffel aus Holz*
Unerläßlich zum Umrühren der Speisen.

*Schaber aus Holz*
Er sollte flach sein und möglichst einen langen Griff haben. Nach Benutzung gut reinigen.

*Meßbecher*
Notwendig, bis Sie die Mengen selbst abschätzen können.

*Teelöffel/Eßlöffel*
Auch geeignet zum Abmessen, besonders wenn Sie keine Waage haben.

*Nudelholz*
In verschiedenen Materialien erhältlich, vom einfachen Holz bis zu dekorativer Keramik. Zu den besten gehören die hohlen Röhren, die mit Eiswürfeln gefüllt werden, so daß der Teig auch wirklich kalt bleibt.

*Backformen*
Sie sollten mehrere kleine Kuchenformen und ein flaches Backblech haben. Kaufen Sie auch zwei Brotformen.

*Feuerfestes Tischgeschirr*
Ideal für Eintöpfe.

*Spezielle Schüsseln*
Z.B. Auflaufformen für Soufflés.

*Sieb*
Zwar nicht unbedingt nötig, doch eine große Hilfe und nicht allzu teuer. Am besten aus Metall.

*Leere Gläser mit Schraubverschluß*
Unerläßlich zum Aufbewahren von verschiedenen Sachen; auch zum Züchten von Keimlingen.

*Rührschüssel*
Eine genügt – zwei wären besser.

*Mühle*
Eine kleine Mühle – entweder eine der kleinen, preiswerten elektrischen Kaffeemühlen oder eine handgetriebene Körnermühle – lohnt sich auf jeden Fall. Außer zum Mahlen von Körnern können Sie sie auch für Nüsse, Hülsenfrüchte und Samen verwenden.

*Thermoskanne*
Nicht nur zum Warmhalten geeignet.

**Zusatzgeräte**

*Kühlschrank*
Es genügt das einfachste Modell.

*Mörser und Stößel*
Eine schöne, altmodische Art, getrocknete Kräuter und Gewürze zu zerkleinern, ohne sie zu Staub werden zu lassen. Kann auch für Nüsse, Samen, usw. benutzt werden.

*Knoblauchpresse*
Zerkleinert Knoblauch schnell und einfach.

*Küchenschere*
Praktisch. Sie sollten immer eine Schere in der Küche zur Hand haben.

*Wok*
Hervorragend für schnelle Zubereitung von knakkigem, gedünstetem Gemüse. Er stammt aus China. Ein Wok ist so konstruiert, daß möglichst wenig Wärme benötigt wird und gleichzeitig möglichst viel Nährstoffe erhalten bleiben. Es sind eine Reihe verschiedener Modelle erhältlich, es ist aber nicht nötig, den teuersten zu kaufen, sondern man sollte lediglich darauf achten, eine schwere und solide Ausführung zu bekommen.

*Eßstäbchen*
Wenn Sie chinesisch essen möchten.

*Waage*
Einfache Waagen helfen, Fehler zu vermeiden. Wandwaagen brauchen wenig Platz.

*Keimapparat*
Es gibt verschiedene Modelle. Am gebräuchlichsten sind stapelbare Plastikschalen, in denen Sie mehrere verschiedene Arten gleichzeitig ziehen können.

*Joghurtbereiter*
Es gibt verschiedene Modelle zu unterschiedlichen Preisen.

*Entsafter*
Für den Luxus, selbstgepreßte Frucht- und Gemüsesäfte zu bereiten.

*Papiertücher (Küchenkrepp)*
Nicht unbedingt notwendig; aber nützlich, wenn Sie fritieren. Verwenden Sie am besten weiße, denn gefärbte färben oft ab.

*Gemüsezerkleinerer*
Diese haben verschiedene Scheiben, um das Gemüse gröber oder feiner zu zerkleinern. Man kann sowohl rohes als auch gekochtes Gemüse verarbeiten. Müssen stets sorgfältig gereinigt werden.

*Schnellkochtopf*
Eine etwas teurere Anschaffung, die sich aber lohnt, wenn Sie Lebensmittel schnell kochen wollen. Kaufen Sie Edelstahl oder emaillierten Stahl, der etwas teurer, aber besser ist. Kocht Gemüse, Bohnen und Körner in kürzester Zeit und erhält dabei weitgehend die Nährstoffe.

*Gewürzmühle*
Eher für den Tisch als für die Küche gedacht, außer wenn Sie das Essen vor dem Auftragen würzen wollen. Frischgemahlener Pfeffer ist wesentlich geschmacksintensiver. Diese Mühlen halten nicht ewig, da die Mahlscheiben nicht nachgeschliffen werden können.

**Luxusartikel**

*Tiefkühltruhe*
Je größer, desto besser, falls Sie wirklich fern jeder Zivilisation wohnen und saisonal eine Menge frisches Obst und Gemüse bekommen (aber lassen Sie sich nicht dazu verleiten, große Mengen einzufrieren und nie etwas Frisches zu essen). Denken Sie daran, daß die Betriebskosten recht hoch sein können.

*Simmertopf*
Für elektrische Herde; behandelt Lebensmittel schonend.

*Fondueset*
Es sind viele verschiedene und preiswerte Ausstattungen im Handel.

*Spargelpfanne*
Sie erleichtert das Spargelkochen tatsächlich.

*Nudelmaschine*
Die meisten Modelle werden aus Italien importiert. Die Benutzung der Maschine kann ebensoviel Spaß machen wie das Essen der Nudeln hinterher.

*Toaster*
Eine schnelle und einfache Methode, Brotscheiben zu toasten.

*Einmachthermometer*
Nützlich, wenn Sie Marmelade, Konfitüren, Gelees selber herstellen wollen oder selber Gemüse und andere Gartenfrüchte einmachen wollen.

*Spezialgeschirr*
Besonders geformtes Geschirr für bestimmtes Obst und Gemüse, z.B. für Grapefruits, Avocados, Maiskolben.

## Abwaschen

Wenn Sie kein Fleisch oder keine reichhaltigen Saucen kochen, werden Sie feststellen, daß das Geschirr nicht annährend so schmutzig wird, wie Sie es gewohnt waren – und die Speisereste kleben auch nicht so fest. Oft genügt es, eine Pfanne einfach in Wasser einzuweichen und dann mit einer Bürste zu säubern. Für Teller genügt heißes Wasser. Öl, das auf Geschirr, Pfannen und Bestecken zurückbleibt, ist eher nützlich als schädlich. Viele Spülmittel sind synthetische Reinigungsmittel auf Petroleumbasis und hinterlassen Phosphate und Quecksilber. In den sechziger Jahren hat man entdeckt, daß solche Reinigungsmittel sehr stark zur Umweltverschmutzung beitragen. Versuchen Sie, biologische Spülmittel zu kaufen. Wenn Sie dazu keine Möglichkeit haben, verdünnen Sie Ihr Mittel und verwenden Sie nur ganz wenig der herkömmlichen Mengen.

## Ordnung ins Chaos bringen

In einer großräumigen Landküche ist das kein Problem, vorausgesetzt, daß Sie diese gut einrichten. Schauen Sie alle Schränke durch und stellen Sie das, was Sie selten brauchen, nach hinten oder auf die Schränke. Sollten Dinge dabei sein, die Sie nie benutzen, werfen Sie sie fort oder verschenken Sie diese. Stellen Sie die Dinge, die Sie häufig brauchen, griffbereit. Wenn Sie alles auf das Notwendigste beschränken, brauchen Sie nur ein paar Regale dafür. Wenn Sie sehr selten Gäste bewirten, ist es verschwenderisch, große Garnituren von Tafelgeschirr, Gläsern und Kochgeschirr zu haben – es nimmt nur Platz weg.

Die Vorstellung, daß alle ganzheitlich denkenden Menschen auf dem Lande leben, ist falsch. Viele leben in Städten, sogar in Ein-Zimmer-Apartments, in denen die Küche lediglich aus einer mit einem Vorhang abgetrennten Ecke besteht. Unter diesen Bedingungen sollte man sich natürlich auf das Allernotwendigste beschränken. Besorgen Sie sich ein paar Grundgeräte, mit denen Sie bequem umgehen können, und belassen Sie es dabei. Verstauen Sie sie an Plätzen, die normalerweise nicht genutzt werden, z.B. an der Decke. Man kann Schienen anbringen und dort Töpfe, Löffel und Messer aufhängen. Ein Abtropfständer kann an der Wand befestigt werden; ein Schneidebrett kann, wenn es benutzt wird, über die Spüle gelegt werden und später wieder zwischen Wand und Schrank verschwinden. Obst und Gemüse lassen sich in Körben, die an der Decke oder unter einem Hängeschrank befestigt werden, unterbringen. Ungenutzter Raum auf Schränken kann für Dinge, die Sie selten brauchen, verwendet werden. Wenn Sie eine Waage brauchen, kaufen Sie eine, die sich an der Wand befestigen läßt. Ein Gitternetz aus Metall läßt sich an der Wand befestigen und dient zur Aufbewahrung aller möglichen Dinge. Glasregale vor einem Fenster schaffen Stauraum, ohne allzuviel Licht wegzunehmen. Kaufen Sie auch Sachen, die sich ineinanderstapeln lassen – Schalen, Töpfe, Tafelgeschirr. In Plastikbehältern lassen sich viele Dinge aufbewahren, sie lassen sich gut stapeln, aber stapeln Sie die Sachen nicht zu hoch – Sie werden sie immer wieder gebrauchen.

## Lieber sicher als spätere Reue

In Küchen geschehen immer wieder Unfälle, so daß Vorsichtsmaßnahmen angebracht sind, vor allem wenn kleine Kinder im Haushalt sind. Benutzen Sie nach Möglichkeit die hinteren Herdplatten zum Kochen und achten Sie darauf, daß die Töpfe für kleine Hände unerreichbar sind. Halten Sie die Backofentür fest verschlossen. Jeder scharfe Gegenstand sollte sorgfältig gereinigt, abgetrocknet und dann weggeräumt werden. Alle elektrischen Geräte sollten abgeschaltet und ausgesteckt sein, wenn sie nicht benutzt werden. Vorhänge und andere Stoffe sollten nicht in der Nähe von offenem Feuer sein. Reinigungsmittel und andere giftige Flüssigkeiten sollten außer Reichweite sein – noch besser ist, Sie verwenden keine. Jede Pfütze auf dem Boden sollte aufgewischt werden, bevor jemand ausrutscht. Wenn Sie manche Sachen nur erreichen, indem Sie auf einen Stuhl steigen, dann sollten Sie besser eine kleine stabile Trittleiter kaufen – oder Sie sollten sich wenigstens vergewissern, daß der Stuhl Sie aushält und nicht wackelt. Stürze sind die häufigsten Unfälle im Haushalt.

## Und nun geht's los

Wenn alles in Ordnung ist, die Küche durchorganisiert ist und ausgestattet mit all den Dingen, die Sie benutzen wollen, wenn sie nach Ihrem Geschmack eingerichtet, sicher, warm und wohnlich ist, dann kann es losgehen. Machen Sie sich bewußt, welche Lebenskraft in den Zutaten steckt, mit denen Sie umgehen. Kochen Sie mit Sorgfalt und Liebe. Man sagt, daß eine hastig gekochte Mahlzeit schwer verdaulich ist und wenig Nährwert hat. Durch das Essen können Sie Ihre Liebe zu sich, zu Ihrer Familie und zu Ihren Freunden in einer sehr fühlbaren Weise ausdrücken. Eine Mahlzeit mit anderen zuzubereiten, kann oft eine Nähe schaffen, die anders nie erreicht werden kann. Essen Sie zusammen, und der Kreis schließt sich.

# Das Herstellen eigener Nahrungsmittel

*Und nun halte inne,*
*und sieh das Ergebnis all deiner Mühen ...*
*welch unaussprechliche Freude und unschätzbarer Wert.*

Gervase Markham

# Das Herstellen eigener Nahrungsmittel

Seit dem letzten Krieg erfinden die Menschen immer neue Ausreden, warum sie ihre eigenen Nahrungsmittel nicht mehr selbst herstellen können: keine Zeit, kein Platz, keine Werkzeuge, und das Wissen fehlt auch. Warum soll man sich damit abplagen, wenn man doch alles, was man braucht, kaufen kann? Doch jetzt, nachdem unsere Gesellschaft immer technisierter geworden ist und somit ihren Wurzeln entfremdet wird, läßt sich ein Trend zurück zum Selbermachen feststellen. Und die Vorteile überwiegen gegenüber der Anstrengung, die investiert werden muß.

Durch das Herstellen eigener Nahrungsmittel kann man viele der schädlichen Substanzen vermeiden, mit denen die kommerzielle Ware gewürzt, gefärbt und haltbar gemacht wird. Ihre Gesundheit wird davon profitieren. Wenn Sie Ihr eigenes Gemüse anbauen, haben Sie außerdem Bewegung an frischer Luft und dazu die Ruhe und Befriedigung, die aus der Arbeit mit den eigenen Händen, aus dem Umgang mit Pflanzen und der Sorge um lebende Dinge entstehen.

Ein weiterer Vorteil ist die geringere Abhängigkeit von Geschäften. Wenn Sie für ein Rezept sauren Rahm benötigen, machen Sie ihn selber. Im tiefsten Winter sprießen bei Ihnen Körner- und Samenkeimlinge. Wenn unerwartet Freunde kommen und der Kühlschrank fast leer ist, machen Sie selbst Nudeln mit einer einfachen Sauce, und jeder wird genauso überrascht und erfreut sein, als wenn ihn ein reichgedeckter Tisch erwartet.

Im allgemeinen ist es auch billiger, Lebensmittel selber herzustellen. Allerdings muß das nicht in jedem Fall so sein. Manche industriell hergestellten Produkte, durch Wasser aufgeschwemmt, mit billigen Chemikalien geschmacklich verstärkt und in großen Mengen gefertigt, können preiswerter sein. Doch Ihr Produkt wird viel mehr Nährstoffe enthalten und fast mit Sicherheit auch besser schmekken. Da man ja ißt, um richtig ernährt zu werden und um Genuß zu haben, sind Sie auf jeden Fall im Vorteil.

Und es gibt noch einen weiteren Grund dafür, soviel wie möglich selbst zu machen. Heute meinen viel zu viele Menschen, vor allem in den Städten, daß das Essen eine Annehmlichkeit ist, die gebrauchsfertig aus Flaschen, Cellophanverpackungen oder Tiefkühltruhen kommt. Da sie wenig oder gar nichts darüber wissen, wie es hergestellt wird und woher es kommt, empfinden sie keinerlei Dank oder Ehrfurcht für das, was schon fast ein kleines Wunder ist. Essen ist Leben – ohne Essen können wir nicht überleben. Es muß bewußt verzehrt, verstanden und geschätzt werden, um so mehr, als so viele Menschen auf der Welt hungern. Lernen Sie, eigene Nahrungsmittel herzustellen und tun Sie es so oft wie möglich, dann werden Sie richtig ernährt sein. Bitten Sie Ihre Familie und Ihre Freunde, Ihnen in der Küche, bei der Gartenarbeit und bei der Ernte zu helfen und die glückliche und befriedigende Erfahrung eines völligen Aufgehens in einer Aufgabe zu teilen.

Auf den folgenden Seiten finden Sie Nahrungsmittel, die Sie ohne besondere Geräte oder ohne allzu großen Zeitaufwand herstellen können. Wenn Sie erst einmal die Freude am Selbermachen entdeckt haben, werden Sie automatisch weitermachen. Es gibt viele Bücher, die dem Anfänger helfen und ihn anleiten. Und wenn Sie sich erst einmal daran gewöhnt haben, werden Sie feststellen, daß nichts den selbsthergestellten Nahrungsmitteln gleichkommt.

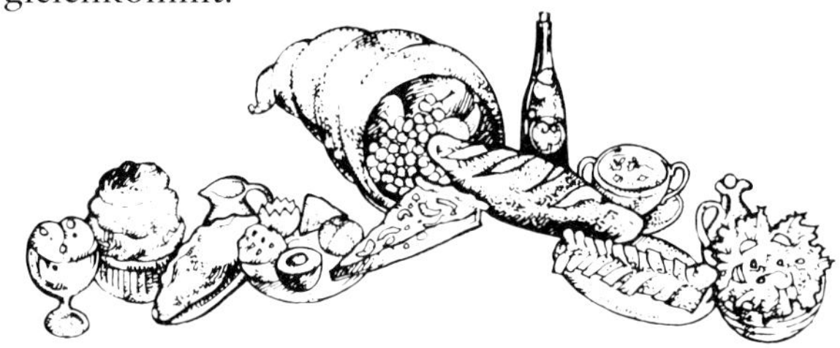

## Ghee (Butterschmalz)

**Sie benötigen:**

*einen mittelgroßen Topf, am besten emailliert, aus Gußeisen oder Edelstahl*
*einen Kochlöffel*
*ein Musselintuch oder ein mit Küchenkrepp ausgelegtes Sieb*
*ein großes Gefäß mit Schraubverschluß*
*1000 g Butter*

**Zubereitung:**

Die Butter in den Topf geben, langsam schmelzen lassen und unter ständigem Rühren zum Kochen bringen. Die Hitze drosseln und 30 Minuten köcheln lassen. Den Topf vom Feuer nehmen und mit dem Löffel den Schaum abschöpfen. Ungefähr 2 Stunden abkühlen lassen und dann durch das Musselintuch in das Gefäß mit Schraubverschluß streichen. Verschließen und im Kühlschrank aufbewahren; das Butterschmalz hält sich ca. 1 Jahr.

## Frischkäse

**Sie benötigen:**

*einen mittelgroßen Topf, am besten emailliert, aus Gußeisen oder Edelstahl*
*ein Musselintuch*
*Plastikbehälter (eventuell Margarinebecher)*
*1 Liter Milch (Vollmilch oder entrahmte Kuh- oder Ziegenmilch)*
*Saft von einer Zitrone*
*Gewürze nach Belieben:*
*Salz*
*frisch gemahlenen schwarzen Pfeffer*
*feingehackte Zwiebel*
*zerdrückten Knoblauch*
*Kümmel*
*zerdrückte Ananas*
*geriebenen Emmentaler*

**Zubereitung:**

Alle Geräte gründlich reinigen, gegebenenfalls auskochen. Die Milch in den Topf geben und leicht erwärmen (ca. 38 °C). Zitronensaft zugeben, gut umrühren und abkühlen lassen. Die Masse in ein Musselintuch geben, die Ecken verknoten, so daß ein Beutel entsteht. So aufhängen, daß die Molke abtropfen kann (sie kann zum Backen verwendet werden). Der ganze Vorgang dauert 12 bis 24 Stunden.

Die Gewürze unter den Quark rühren. Löffelweise in Plastikbehälter geben (am Boden jeweils mit einer Nadel ein kleines Loch einstechen, um Restflüssigkeit ablaufen zu lassen. Abdecken und im Kühlschrank aufbewahren. Am besten schmeckt der Quark nach 3 bis 4 Tagen; er hält sich allerdings bis zu 1 Woche. Ergibt ca. 250–300 g. Weicher, sahniger wird der Quark, wenn noch etwas Sahne untergerührt wird.

*1. Die Milch in einen sauberen Topf gießen*

*2. Leicht erwärmen*

*3. Saft einer Zitrone auspressen*

*4. Den Zitronensaft in die Milch geben, gut verrühren*

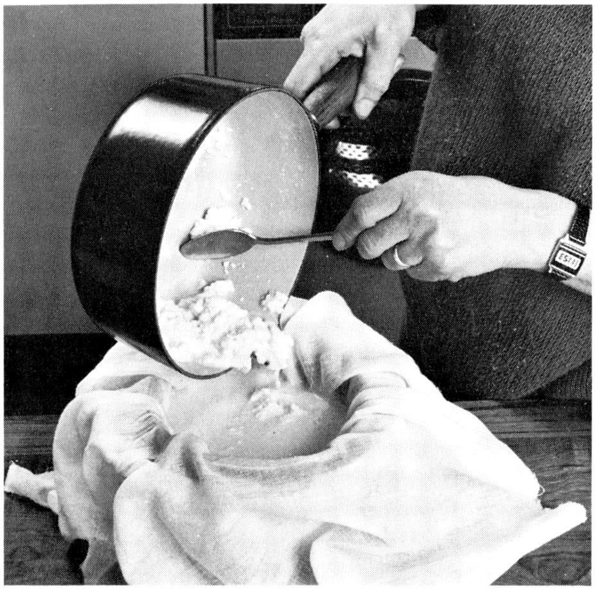

*5. Die Masse in ein Musselintuch gießen*

*6. Die Ecken verknoten, so daß ein Beutel entsteht, und so aufhängen, daß die Molke abtropft*

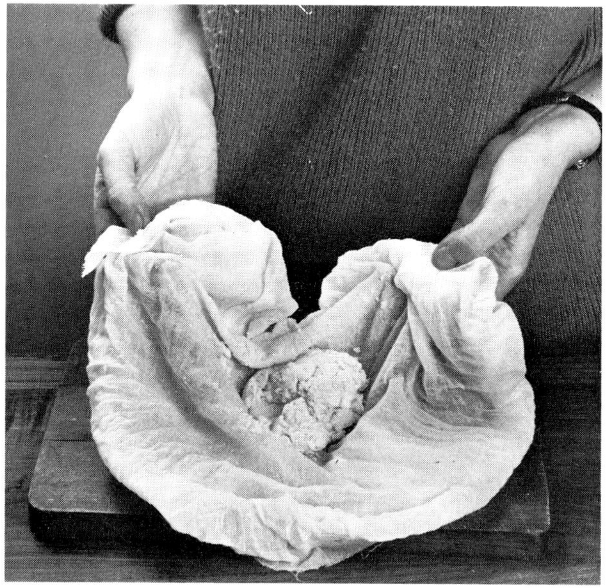

*7. Den Käse vorsichtig aus dem Musselintuch nehmen*

*8. Pur oder gewürzt servieren. Frisch schmeckt er am besten; er hält jedoch im Kühlschrank mehrere Tage*

## Sauerrahm

**Sie benötigen:**

*½ Liter Sahne*
*2 Eßlöffel Zitronensaft*

**Zubereitung:**

Zitronensaft in die Sahne rühren und gut verrühren. Abdecken und über Nacht stehen lassen. Sie erhalten einen dicken, leicht säuerlichen Rahm – wenn Sie ihn länger stehen lassen, wird er noch dicker. Als Zugabe zu frischem Obstsalat schmeckt der Sauerrahm besonders gut, wenn man ein wenig süße Sahne unterrührt.

## Joghurt

**Sie benötigen:**

*einen mittelgroßen Topf, am besten emailliert, aus Gußeisen oder Edelstahl.*
*eine Thermoskanne, Einmachgläser oder eine elektrische Joghurtmaschine*
*½ Liter Milch (Voll- oder Magermilch, Kuh-, Schaf-, Ziegen- oder Sojamilch, haltbare oder sterilisierte Milch)*
*1 Eßlöffel Naturjoghurt oder ein Päckchen Joghurtkulturen*
*1 Eßlöffel Sahne oder entrahmtes Milchpulver*
*Gewürze nach Belieben:*
*Honig*
*Ahornsirup*
*Rohrzucker*
*Zitronenquark*
*Konfitüre, mit Rohrzucker hergestellt*
*Obstpüree*

**Zubereitung:**

Alle Geräte sorgfältig reinigen, gegebenenfalls auskochen. Milch in den Topf geben und die Sahne oder das entrahmte Milchpulver zugeben. Gut verrühren und zum Kochen bringen; dabei ständig rühren, damit sich keine Haut bildet. Die Milch nun entweder abkühlen lassen oder 10 Minuten unbedeckt köcheln lassen, damit der Joghurt schneller dick wird, und erst dann abkühlen lassen. Wenn die Milch sich auf ungefähr 40 °C abgekühlt hat, den Joghurt oder die Joghurtkultur einrühren. Sofort in die vorgewärmte Thermoskanne gießen und gut verschließen. Bei Gebrauch von Gläsern diese gut vorwärmen, die Milch einfüllen, gut verschließen, in warme Tücher wickeln und an einem warmen Ort aufbewahren. Bei der Zubereitung in einem elektrischen Joghurtgerät ist es wichtig, sich genau an die Anleitung zu halten. Der Joghurt benötigt zwischen 3 bis 8 Stunden (durchschnittlich 6 bis 7 Stunden), bis er dick ist, je nach Milchart, Ansatz und Aufbewahrungsort. Dem fertigen Joghurt werden nach Wunsch die Geschmacksstoffe beigegeben (oder auch erst vor dem Servieren). Im Kühlschrank aufbewahren, wo er noch etwas dikker wird. Der Joghurt sollte innerhalb von 4 bis 5 Tagen gegessen werden.

Obgleich der Joghurt durch die Zugabe von etwas altem Joghurt zu der Milch zubereitet werden kann, ist es doch besser, von Zeit zu Zeit eine neue Joghurtkultur zuzusetzen. Am besten sind bulgarische Joghurtkulturen.

## Tofu (Sojabohnenquark)

**Sie benötigen:**
*eine kleine Rührschüssel*
*einen Schneebesen oder eine Gabel*
*einen mittelgroßen Topf*
*einen Kochlöffel*
*ein Musselintuch*
*ein Sieb*
*100 g Sojamehl*
*¾ Liter Wasser*
*2 Eßlöffel Zitronensaft*
*Gewürze nach Belieben:*
*Salz*
*frisch gemahlenen schwarzen Pfeffer*
*frische oder getrocknete Kräuter*
*gehackte Zwiebeln*

**Zubereitung:**
Sojamehl in die Rührschüssel geben und nach und nach ⅓ des Wassers unterschlagen; darauf achten, daß die Masse sämig ist und sich keine Klumpen bilden. Das restliche Wasser in den Topf geben, die Mehlmasse einrühren und zum Kochen bringen. Die Hitze drosseln und 1 Stunde leicht kochen lassen. Den Zitronensaft einrühren, abkühlen lassen.

Das Musselintuch in das Sieb legen und die Masse löffelweise hineingeben. Die Ecken des Tuches verknoten, so daß ein Beutel entsteht, diesen über eine Schüssel hängen, bis die Molke abgetropft ist. Nun die Gewürze zugeben. Den Tofu in ein Gefäß geben und mit kaltem Wasser bedecken. Wenn der Tofu nicht sofort verbraucht wird, täglich das Wasser erneuern. Frisch schmeckt der Tofu jedoch am besten.

Dieses Rezept zur Herstellung von Tofu ist einfach und geht schnell; dieser Tofu schmeckt jedoch nicht wie der gekaufte.

## Keimlinge von Bohnen, Samen und Körnern

**Sie benötigen:**
*einen Durchschlag (Sieb)*
*eine kleine Schüssel*
*ein großes Marmeladenglas*
*ein Musselin-, Seihtuch oder Nylonnetz*
*Gummiband*
*1 oder 2 Eßlöffel der Zutaten Ihrer Wahl:*
*Hülsenfrüchte: Adzukibohnen, Linsen, Kichererbsen, Mungobohnen, Sojabohnen, Erbsen usw.*
*Getreidekörner: Weizen, Gerste, Buchweizen, Mais, Hafer, Reis, Roggen usw.*
*Samen: Alfalfa, Sonnenblumen, Sesam usw.*

**Zubereitung:**
Bohnen, Körner oder Samen waschen und den Staub entfernen; am einfachsten geht dies, wenn man sie in ein Sieb gibt und kaltes Wasser darüberlaufen läßt. Kleine Steine oder sonstige Fremdkörper heraussuchen, dann in eine Schüssel geben, mit lauwarmem Wasser bedecken und über Nacht an einem warmen, dunklen Ort stehen lassen.

Das Wasser abgießen und die Bohnen, Körner oder Samen in das Gefäß schütten. Das Wasser ist reich an Aminosäuren und Mineralstoffen und sollte nicht weggegossen, sondern für Suppen, Getränke oder Saucen verwendet werden. Das Musselintuch über das Gefäß spannen und mit dem Gummiband befestigen. Durch das Tuch frisches Wasser in das Gefäß gießen, dann leicht neigen, daß das Wasser wieder abfließt. Man kann das Glas entweder an den warmen dunklen Platz zurückstellen oder auch am Licht lassen. Keimlinge, die im Licht gewachsen sind, enthalten mehr Vitamin C und Chlorophyll, aber weniger Vitamin B.

Keimlinge, die an einem kühleren Ort wachsen, brauchen etwas länger, bis sie gegessen werden können, haben aber auch einen höheren Vitamin-C-Gehalt.

Wo auch immer Sie Ihre Keimlinge ziehen wollen, sie müssen auf jeden Fall 2- bis 3mal täglich besprüht werden, so daß sie immer feucht sind, sie dürfen jedoch nicht im Wasser stehen. Im Sommer, oder wenn Sie die Sprossen an einem warmen Ort ziehen, müssen Sie sich vergewissern, daß sie nicht austrocknen, sonst verdorren sie und sterben ab. Gehen Sie vorsichtig mit ihnen um – sie sind empfindlich.

Die Sprossen kommen nach 1 bis 2 Tagen und können nach 3 bis 6 Tagen gegessen werden, wenn sie ca. 6 bis 12 mm lang sind. Essen Sie die ganzen Sprossen; Alfalfa-Keimlinge sollten jedoch in kaltes Wasser gelegt werden, damit sich die kleinen, harten Hülsen lösen, die nach oben steigen und dann abgeschöpft werden können. Alle Sprossen, die nicht sofort verbraucht werden, sollten wieder begossen, abgetropft und im Kühlschrank in einem verschließbaren Behälter aufbewahrt werden. Sie halten sich einige Tage; frisch sind sie jedoch am schmackhaftesten und enthalten die meisten Nährstoffe.

*1. Geben Sie die gut gewaschenen Bohnen, Körner oder Samen in Schüsseln. Bedecken Sie sie mit lauwarmem Wasser und lassen Sie sie über Nacht an einem warmen, dunklen Ort stehen*

*2. Gießen Sie das Wasser ab. Geben Sie die Bohnen in ein Glas*

**Tips:**

Kaufen Sie nur frische, unbehandelte Samen – am besten in einem Naturkostladen. Samen, die für Haustiere oder für den landwirtschaftlichen Gebrauch bestimmt sind, können auch chemisch behandelt sein.

Wählen Sie einen Behälter in der richtigen Größe. Manche Keimlinge können sich bis zu achtmal vergrößern, so daß sie viel Platz benötigen. Wenn sie das Glas schon ausfüllen, aber noch nicht gegessen werden können, sollten Sie einige in ein anderes Glas umfüllen; seien Sie aber vorsichtig, damit Sie die kleinen Sprossen nicht beschädigen.

Stark gechlortes Wasser sollte abgekocht und dann abgekühlt werden, bevor man die Keimlinge damit begießt. Es ist zwar am besten, die verschiedenen Bohnen-, Samen- und Körnersorten getrennt keimen zu lassen, weil sie unterschiedlich schnell wachsen, doch einige kann man zusammen keimen lassen, und man erhält so abwechslungsreiche Mischungen für Salate. Samenmischungen sind fertig erhältlich; Sie können aber auch eigene Kombinationen ausprobieren, sobald Sie die verschiedenen Sorten einzeln getestet haben. Gute Kombinationen sind: Mungobohnen, Adzukibohnen und Linsen; Weizen, Hafer und Adzukibohnen; Alfalfa, Kresse und Sesam.

Theoretisch können alle Bohnen-, Getreide- und Samensorten keimen. Doch in der Praxis ist es recht schwierig, die größeren Sorten zum Keimen zu bringen, vor allem, wenn die Temperatur nicht gleichmäßig ist. Am einfachsten geht es mit den kleineren Sorten wie Alfalfa, Mungo- und Adzukibohnen und Linsen.

Es gibt spezielle Keimapparate im Handel. Einer der bekanntesten besteht aus drei Etagen, so daß man verschiedene Sorten gleichzeitig ziehen kann.

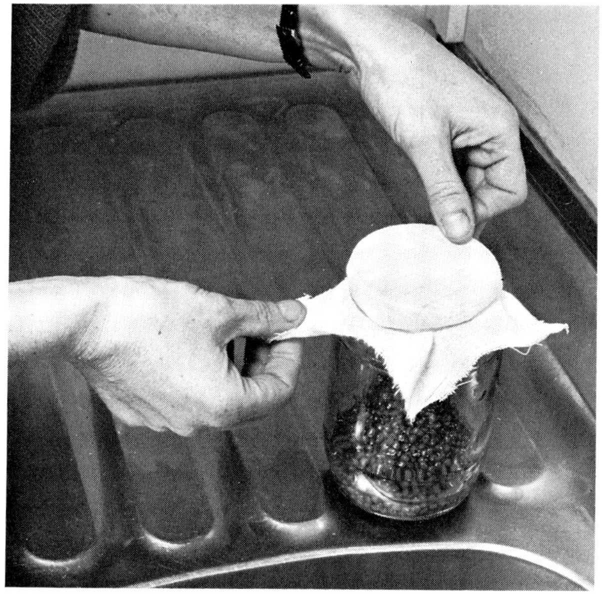

*3. Verschließen Sie das Glas mit einem Musselintuch, das Sie mit einem Gummiband befestigen*

*4. Gießen Sie durch das Musselintuch frisches Wasser in das Glas*

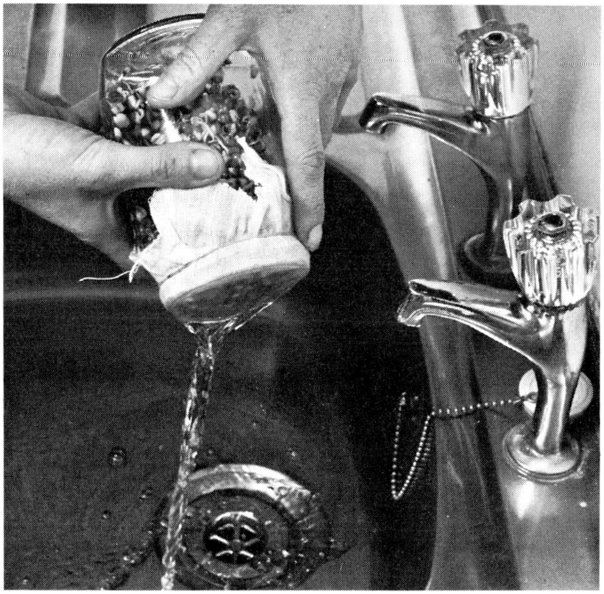

*5. Kippen Sie das Glas vorsichtig, so daß das Wasser abläuft. Wiederholen Sie dies 2- bis 3mal täglich*

*6. Wenn Sie einen Keimapparat mit verschiedenen Etagen benutzen, können Sie unterschiedliche Sorten von Keimlingen auf einmal befeuchten*

## Vollkornbrot

**Sie benötigen:**

*eine große Rührschüssel aus Ton*
*eine kleine Rührschüssel*
*einen Kochlöffel*
*eine bemehlte Arbeitsfläche*
*zwei Brotformen*
*1500 g Vollkornmehl*
*etwa 2 Teelöffel Salz*
*80 g frische Hefe oder 3 Beutel Trockenhefe*
*1 Teelöffel Rohrzucker, Honig oder Melasse*
*1 Liter warmes Wasser*
*2 Eßlöffel Pflanzenöl (nach Wunsch)*

**Zubereitung:**

Mehl und Salz in die große, vorgewärmte Rührschüssel geben (Ton hält die Wärme besser und ist daher ideal zum Brotmachen). Hefe mit etwas Wasser und dem Zucker in die kleine Schüssel geben (Zucker gibt der Hefe Nährstoffe und aktiviert sie dadurch). Wenn die Hefe ganz aufgelöst ist, wird sie ca. 5 Minuten an einen warmen Ort gestellt, bis sie schaumig ist.

In die Mitte des Mehls eine Vertiefung drücken und die Hefe mit dem Kochlöffel einrühren, dann das restliche Wasser zugeben und gut verrühren (wenn der Teig zu fest ist, noch etwas Wasser zugeben). Den Teig auf eine bemehlte Arbeitsfläche geben und 5 bis 10 Minuten lang durchkneten und dabei gegebenenfalls das Öl einarbeiten. Beim Kneten wird Luft in den Teig hineingearbeitet, je länger man also knetet, um so besser wird der Teig. Wenn der Teig weich und geschmeidig ist, wird er in die Schüssel getan, mit einem Tuch abgedeckt und ca. 1 Stunde an einem warmen Ort gehen gelassen, bis der Teig ungefähr die doppelte Größe hat. Dann den Teig wieder auf die bemehlte Ar-

*1. Die Hefe mit etwas warmem Wasser und beliebigem Süßmittel verrühren*

*2. Die aufgelöste Hefe an das Mehl geben, das restliche Wasser zugeben und gut verrühren*

*3. Den Teig auf eine bemehlte Arbeitsfläche geben und 5 bis 10 Minuten kneten*

*4. Den Teig wieder in die vorgewärmte Schüssel geben, mit einem Tuch bedecken und an einen warmen Ort stellen*

*5. Zwei große Brotformen einfetten*

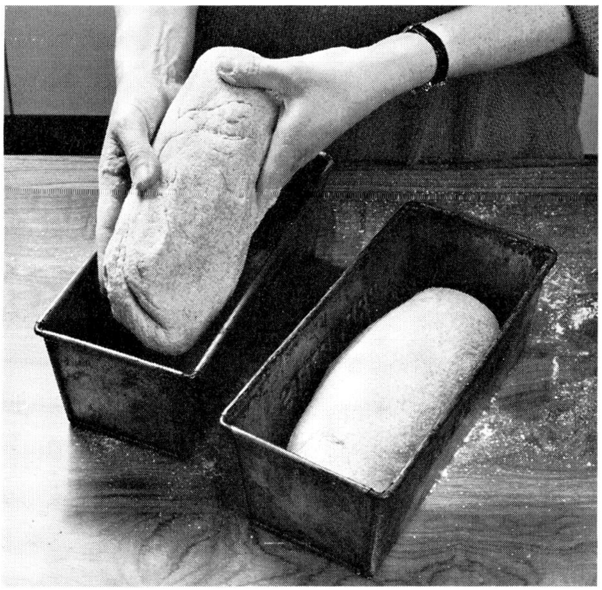

*6. Den Teig teilen und Brote formen. In die Formen geben, abdecken und gehen lassen.*

*7. Das Brot ist durchgebacken, wenn es hohl klingt, wenn man dagegenklopft. Auf einem Drahtrost auskühlen lassen*

beitsfläche geben und durchschlagen. 10 Minuten im Warmen liegen lassen, dann teilen und 2 Laibe formen. Jeden Laib in eine gefettete Form geben, abdecken und noch einmal gehen lassen, bis der Teig die Form ausfüllt.

Im vorgeheizten Ofen bei 200 °C (Gas Stufe 6) 10 Minuten backen, dann die Hitze auf 180 °C (Gas Stufe 4) drosseln und weitere 30 bis 40 Minuten backen. Das Brot ist fertig, wenn es hohl klingt, wenn man mit dem Fingerknöchel dagegenklopft. Wünscht man ein knusprigeres Brot, nimmt man das Brot aus der Form und läßt es noch einige Minuten auf der obersten Schiene im Ofen.

Das Brot auf einem Drahtrost auskühlen lassen; soll es weicher werden, wird es dabei mit einem Tuch abgedeckt.

## Schnelles Vollkornbrot

Zubereitung ebenso wie beim vorhergehenden Rezept, jedoch wird der Teig nach dem ersten Kneten nicht mehr in die Schüssel zurückgelegt, sondern sofort geformt und in die Form gegeben und dann an einem warmen Ort gehen gelassen. Dann wird das Brot wie beschrieben gebacken. Bei dieser Zubereitungsart ist es sehr wichtig, den Teig sofort wirklich gut durchzukneten.

## Brötchen

Zubereitung wie beim Vollkornbrot bis zum ersten Kneten. Dann wird der Teig in kleine Portionen geteilt und in runde oder längliche Brötchen oder zu Hörnchen geformt. Wenn man genau gleiche Stükke wünscht, werden die Portionen abgewogen. Die Brötchen auf ein gefettetes Backblech geben und mit einem Tuch bedecken. An einem warmen, zugfreien Ort bis zur doppelten Größe aufgehen lassen. Bei 250 °C (Gas Stufe 8) ca. 20 Minuten backen.

Aus der angegebenen Teigmenge erhält man ca. 50 Brötchen. Wünscht man eine kleinere Anzahl, bereitet man entweder nur die halbe Teigmenge zu oder backt einen großen Laib und aus dem Rest Brötchen. Man kann die Brötchen mit Sesam oder Mohn, mit Buchweizen oder anderen Körnern bestreuen.

## Grundrezept für ein Brot ohne Hefe

**Sie benötigen:**
*eine große Rührschüssel aus Ton*
*einen Kochlöffel*
*ein Tuch*
*bemehlte Arbeitsfläche*
*zwei Brotformen für ca. 1000 g Teig*
*1500 g Vollkornmehl*
*1 Prise Salz*
*¾ Liter warmes Wasser*

**Zubereitung:**
Ein Drittel des Mehls mit dem Salz in eine Schüssel sieben, nach und nach das Wasser zugießen, dabei gut rühren. Den gut gerührten Teig mit einem Tuch abdecken und einige Stunden an einem warmen Ort stehen lassen.

So viel Mehl hinzufügen, daß ein weicher, aber fester Teig entsteht. Auf eine bemehlte Arbeitsfläche geben und 10 Minuten kneten. Den Teig wieder in die saubere Schüssel geben, mit einem Tuch abdecken und an einem warmen Ort 8 bis 12 Stunden stehen lassen (am besten über Nacht).

Dann noch einmal einige Minuten durchkneten, zweiteilen und Laibe formen. Die Laibe in die gefetteten Formen geben und bei 180 °C (Gas Stufe 4) ca. 1 Stunde backen, bis die Kruste knusprig ist.

Durch die im frischen Mehl enthaltene natürliche Hefe geht das Brot auf, obwohl es zäher und schwerer ist als das übliche Vollkornbrot. Wenn Ihr Leitungswasser stark gechlort ist, sollten Sie es zuerst abkochen. Variieren Sie Ihr Brot durch die Zugabe von Samen, ganzen Körnern, getrockneten Früchten oder Kräutern.

## Natron-Brot

**Sie benötigen:**

*eine große Rührschüssel aus Ton*
*einen Kochlöffel*
*ein gefettetes Backblech*
*ein Messer*
*450 g Vollkornmehl*
*1 Prise Salz*
*2 Teelöffel Natron*
*1/4 Liter saure Milch, Buttermilch oder Naturjoghurt*
*1/8 Liter warmes Wasser*
*1 kleines Ei*

**Zubereitung:**

Mehl und Salz in die vorgewärmte Schüssel sieben, das Natron mit dem Löffel einrühren und gut vermischen. Langsam die Milch zugeben, dann so viel Wasser unterrühren, daß ein feuchter, aber fester Teig entsteht. Den Teig kurz kneten.

Aus dem Teig einen runden Laib formen und auf das Backblech geben, leicht flachdrücken. In den Laib mit dem Messer ein tiefes Kreuz einschneiden. Das Ei mit einem Eßlöffel Wasser verschlagen und den Laib damit bestreichen.

Im vorgeheizten Ofen bei 200 °C (Gas Stufe 6) 15 Minuten backen, dann die Hitze auf 180 °C (Gas Stufe 4) reduzieren und weitere 15 bis 25 Minuten backen, bis das Brot sich fest anfühlt.

Dieses schnell zubereitete Brot hält sich einige Tage, frisch schmeckt es jedoch am besten.

## Wein

**Sie benötigen:**

*einen Fünf-Liter-Topf, in dem die Zutaten gegebenenfalls gekocht werden können*
*Sterilisiertabletten*
*einen großen Plastikeimer oder ein irdenes Gefäß*
*Musselintücher*
*einen Plastiktrichter*
*zwei Korbflaschen zu je 5 Liter*
*durchbohrte Korken und einen Gärungsverschluß*
*einen dünnen Plastikschlauch*
*sechs Flaschen – dunkle für Rotwein, helle für Weißwein*
*sechs Korken*
*Früchte nach Wahl (siehe unten)*
*Weinhefe*
*1 Teelöffel Malzextrakt*
*Saft von 1 Zitrone*
*Rohrzucker oder raffinierten Zucker – je dunkler der Zucker ist, um so goldener wird der Wein. Für trockene Weine benötigt man ca. 1200 g, für süffige Weine ca. 1400 g und für süße Weine ca. 1600 g.*

**Zubereitung:**

Alle Geräte sterilisieren.

Die Früchte auspressen; bei weicheren Früchten geht dies mit der Hand, man kann aber auch einen Entsafter oder eine Obstpresse benutzen. Festere Früchte müssen zuerst überbrüht werden. Die Früchte ausschneiden, waschen und zerkleinern. Geben Sie sie dann in einen Topf, bedecken sie mit Wasser, kochen sie solange wie nötig und drücken dann den Saft aus.

Den Saft in den Plastikeimer gießen und 4 Liter Wasser zugeben. Die Weinhefe einrühren (entsprechend der Anleitung auf der Packung), dann den

Malzextrakt (der die Hefe nährt und sie zum Treiben bringt), den Zitronensaft und 250 g Zucker zugeben. Gut verrühren, mit einem Musselintuch abdecken und zum Gären an einen warmen Ort stellen, dabei gelegentlich umrühren.

Über den Trichter ein Stück Musselin legen und die Flüssigkeit in die sterilisierte Korbflasche gießen, das Gefäß bis zum Hals füllen (nötigenfalls etwas lauwarmes Wasser zugeben). Mit dem Korken und dem Gärverschluß verschließen, in den Verschluß etwas Sterilisierlösung gießen, damit keine Luft durchkommt. Die Korbflasche 10 Tage an einem warmen Ort stehen lassen, dann 250 g Zukker zugeben. Achten Sie darauf, daß sich der Zukker gut löst. Nach 5 Tagen wieder Zucker zugeben. In diesem Rhythmus fortfahren, bis der Zucker aufgebraucht ist. Das Gefäß ruhen lassen, bis die Gärung aufhört – dies kann mehrere Wochen dauern, je nach Temperatur und den Zutaten. Wenn die Gärung zu früh aufhört, kann es sein, daß das Gefäß an einem zu warmen oder, was wahrscheinlicher ist, an einem zu kalten Ort steht. Überprüfen Sie auch, ob Sie genug Zucker zugegeben haben – es kann sich auf die Gärung auswirken, wenn es zuviel oder zuwenig ist. Das Umrühren des Weins kann die Gärung reaktivieren.

Wenn die Gärung aufgehört hat, kann man noch eine Sterilisiertablette zugeben; dann soll sich der Wein setzen, Hefe und feste Bestandteile sinken auf den Boden. Korken und Verschluß entfernen und mit Hilfe des dünnen Plastikschlauches den klaren Wein in die zweite Korbflasche umfüllen, dazu leicht an dem Röhrchen saugen. Es geht einfacher, wenn die leere Flasche niedriger steht als die volle. Sorgfältig darauf achten, daß keine festen Bestandteile mit umgefüllt werden. Wenn nötig, mit einer sterilisierenden Lösung aus 50 g Zukker, verrührt mit ca. 1/4 Liter Wasser, bedecken. Korken und Verschluß wieder aufsetzen und einige Monate stehen lassen. Sie können diesen Vorgang wiederholen, vor allem dann, wenn Sie den Wein direkt aus der Korbflasche servieren wollen. Man kann den Wein auch in sterilisierte Flaschen abfüllen und diese fest mit sterilisierten Korken verschließen (einfacher geht es, wenn sie einige Stunden eingeweicht werden).

Wein sollte mindestens 6 Monate ruhen, besser länger, damit sich die „Blume" entfalten kann.

Wein kann aus den verschiedensten Früchten hergestellt werden: aus Äpfeln, Aprikosen, Gerste, roten Rüben, Karotten, Schlüsselblumen, Holzäpfeln, Johannisbeeren, Pflaumen, Löwenzahn, Holunderbeeren und -blüten, Ingwer, Weintrauben, Renekloden, Zitronen, Lindenblüten, Mangold, Ringelblumen, Pastinak, Petersilie, Birnen, Zwetschen, Kartoffeln, Quitten, Rosinen, Rhabarber, Hagebutten, Rosenblüten, Weizen und vielen anderen mehr.

Preiswerter Wein läßt sich aus allen Saisonfrüchten herstellen – besonders, wenn es große Ernten gibt! Kaufen Sie entweder in großen Mengen oder sammeln Sie die Früchte selbst, jedoch immer möglichst weitab von Straßen, wo die Pflanzen wegen der Autoabgase viel Blei enthalten. Für Wein kann man beschädigte, überreife oder geplatzte Früchte verwenden, man kann verschiedene Sorten mischen und erhält auf diese Art einmalige Weine, die niemand kennt. Auch wenn die Weinherstellung ein einfacher Vorgang ist, so kann doch einiges schiefgehen – machen Sie sich also auf einige Mißgeschicke gefaßt, bevor es richtig klappt. Lernen Sie aus Ihren Fehlern – und lassen Sie sich dadurch nicht von neuen Versuchen abbringen! Wenn Sie erst einmal etwas geübter sind und wissen, was Ihnen schmeckt, bereiten Sie größere Mengen auf einmal zu.

Die obige Anleitung ist bewußt vereinfacht worden. Es gibt viele Bücher, die sehr viel genauere Informationen bieten.

## Eigener Gemüseanbau

Vorausgesetzt, Sie haben ein kleines Stück Garten, ein wenig Zeit zur Verfügung und wollen beides sinnvoll nutzen, so haben Sie die Möglichkeit, eine erstaunliche Menge von Nahrungsmitteln, die Sie und Ihre Familie brauchen, selbst zu ziehen. Auf ca. 7 Quadratmeter Gartenfläche kann man jährlich schätzungsweise 70 kg Nahrungsmittel ziehen. Wenn Sie biologischen Landbau betreiben, arbeiten Sie mit der Natur zusammen, anstatt sie auszubeuten.

Vereinfacht dargestellt, basiert der biologische Landbau auf der Tatsache, daß man weniger die Saat als vielmehr den Boden düngt. Die Ernten, die auf gesundem Boden wachsen, sind hervorragend. Dies bedeutet, daß Sie wissen, welche Art von Boden Sie haben, und ihn entsprechend behandeln. Der Boden muß häufig umgegraben werden, damit er gut mit Luft und Wasser versorgt wird, und er wird statt mit Chemikalien mit Kompost und Dung angereichert. Auch die Bepflanzung muß sorgfältig ausgewählt werden; die Pflanzen müssen aufeinander abgestimmt werden: Ringelblumen mit Tomaten, Nesseln mit weichen Früchten, Ysop mit Kohl, Bohnenkraut mit Bohnen. Da manche Feldfrüchte stark gedüngt werden müssen, sollten Sie die Bepflanzung wechseln, damit der Boden nicht ausgelaugt wird; dadurch wird auch das Auftreten von Krankheiten und Schädlingsbefall verringert.

Biologischer Landbau bedeutet, daß Unkräuter und Schädlinge mit der Hand und nicht durch das Sprühen von Chemikalien entfernt werden; in bestimmten Fällen kann man sie auch durch biologische Schutzmittel bekämpfen.

Durch die Beschäftigung mit der Natur und dem Gartenbau werden Sie sich auch der Bedeutung des Bodens wieder bewußt – des Bodens, der unter Straßen, Fabriken und Häuserblocks verschwindet, der durch Chemikalien verseucht und durch Überbeanspruchung ausgelaugt wird. Durch Ihr Bewußtsein können Sie zumindest dazu beitragen, die natürliche Ausgewogenheit wiederherzustellen, indem Sie den Boden mit der Achtung behandeln, den er verdient. Sie werden dafür nicht nur mit einer guten Ernte belohnt, sondern auch mit einer besseren Gesundheit, die durch die körperliche Betätigung in der frischen Luft gestärkt wird. Und Sie sparen Geld!

**Sie benötigen:**

*Ein Stückchen Land*

Das kann ein kleines Fleckchen Garten sein oder ein größeres landwirtschaftliches Anwesen. Wenn Sie keinen Garten haben, können Sie vielleicht einen Schrebergarten mieten. Vielleicht überläßt Ihnen auch ein Freund seinen ungenutzten Garten – Sie können dafür die Ernte mit ihm teilen. Denken Sie auch an kleine Beete im Vorgarten, an Blumenkästen, Hängekörbe (ideal für Kirschtomaten) und auch an den Keller (wo zumindest Pilze wachsen). Wählen Sie für Ihr Gemüsebeet im Garten besser einen freien Platz als einen von Bäumen oder Gebäuden beschatteten; ganz ungeschützt sollte er allerdings auch nicht sein, da sonst Wind und Wetter die Ernte beeinträchtigen können.

*Einen Komposthaufen*
So können Sie auf ökologisch sinnvolle Art Ihren Küchen- und Gartenabfall beseitigen und dafür wertvollen Humus für Ihren Boden und Ihre Pflanzen gewinnen. Am einfachsten und billigsten wird der Komposthaufen mit ein paar Brettern etwas über Bodenhöhe eingefaßt, so daß die Luft noch zirkulieren kann. Es gibt verschiedene Verschläge für Komposthaufen fertig zu kaufen.

*Handwerkszeug*
Beginnen Sie mit dem Wichtigsten: Spaten, Pflanzenheber, Hacke, Grabgabel, Rechen. Ergänzen Sie das Werkzeug mit der Zeit, aber kaufen Sie nur, was Sie brauchen – noch besser ist es, das Werkzeug mit dem Nachbarn oder einem Freund zu teilen, so daß es auch wirklich ausgenutzt wird. Es lohnt sich, die beste Qualität zu kaufen, die man sich leisten kann. Oder schauen Sie sich nach gutem gebrauchtem Werkzeug um. Das ist besser, als billiges neues Werkzeug zu kaufen. Pflegen Sie das Werkzeug gut, dann hält es das ganze Leben. Wenn Sie sich erst einmal daran gewöhnt haben, Ihr Gemüse selbst zu ziehen, möchten Sie sich vielleicht ein Treibhaus kaufen. So können Sie eine größere Auswahl haben, früher Setzlinge bekommen und auch exotischere Sorten ziehen.

*Samen*
Am besten und auch am befriedigendsten ist es, die eigenen Produkte aus Samen zu ziehen. Es gibt inzwischen eine enorme Auswahl an Gemüse- und Salatsorten. Anfangs müssen Sie einige Experimente machen, bis Sie wissen, was auf Ihrem Boden am besten wächst (fragen Sie Einheimische, welche Sorten am besten gedeihen). Achten Sie auf Abwechslung und schauen Sie darauf, daß Sie sowohl im Frühjahr als auch im Sommer und im Herbst ernten können. Säen Sie nicht zuviel Samen von einer Sorte – wenn sie alle aufgehen, wollen Sie auch alle aussetzen und haben dann keinen Platz mehr für anderes. Und wenn Sie nur wenig Platz haben, ist es vielleicht besser, Sorten zu wählen, die nicht das ganze Jahr über zu haben sind: Selbstangebaute Kartoffeln z.B. schmecken zwar köstlich, brauchen aber viel Platz. Kartoffeln kann man das ganze Jahr überall bekommen.

Wer keine Zeit hat, Setzlinge selbst zu ziehen, oder wenn es dafür schon zu spät ist oder die Samen nicht aufgegangen sind, kann in den Gartencentern Setzlinge kaufen.

**Anbau:**
Machen Sie zuerst einen Plan, was Sie ziehen wollen und wo Sie es setzen wollen. Ziehen Sie die Reihen nach Möglichkeit von Nord nach Süd, so daß jede Pflanze Sonne bekommt. Samen kann direkt in die Erde gesät werden, am besten unter Glas; sie können aber auch in Anzuchttöpfen im Haus oder im Treibhaus angesetzt werden. Befolgen Sie die Anweisungen auf der Samenpackung. Später müssen die Setzlinge verzogen werden, damit sie genug Platz haben, kranke oder schwache Setzlinge müssen entfernt werden.

Dann müssen die Pflanzen nur noch gepflegt werden. Achten Sie auf Schädlinge und Krankheiten. Je früher Sie solche Probleme erkennen, um so leichter kommen Sie damit zurecht. Wenn es heiß ist, müssen die Pflanzen gegossen werden – am besten abends. Manche Pflanzen sollten einen kleinen Erdhügel bekommen, damit der Wind sie nicht knickt. Kletterpflanzen brauchen Stangen.

Am schönsten ist das Ernten. Verwenden Sie das Gemüse, wenn es jung ist, am besten schmeckt und die meisten Nährstoffe hat; und wenn das Gemüse jung geerntet wird, wächst auch mehr nach. Doch machen Sie nie den Fehler, Ihr ganzes Gemüse einzufrieren, denn so werden Sie nie in den Genuß von wirklich erntefrischem Gemüse kommen!

## Eigener Obstbau

Bei uns wächst eine große Anzahl verschiedener Früchte – dies ist besonders günstig für kleinere Gärten. Bäume und Sträucher müssen an einen für sie geeigneten Platz gesetzt werden – je nach Art in der Sonne oder im Schatten, geschützt oder freistehend. Büsche sind z.B. gut geeignet, Gemüsebeete abzugrenzen. Sie schützen das Gemüse nicht nur vor Wind und Wetter, sie hindern auch die Ausbreitung von Schädlingen, außerdem nutzen sie gemeinsam mit dem Gemüse den Boden am besten. Die meisten Obstbäume und -sträucher müssen nur gedüngt, gemulcht und geschnitten werden. Ansonsten müssen Sie nur wenig mehr tun, als das reife Obst zu ernten. Äpfel und Birnen, Erdbeeren, Stachelbeeren, Johannisbeeren, Brombeeren, Himbeeren usw. – sie alle können Jahr für Jahr reichlich geerntet werden, wenn sie erst einmal gepflanzt sind. Sollten Sie nur wenig Platz haben, setzen Sie einen Stachelbeerstrauch unter einen Apfelbaum und Erdbeeren unter den Stachelbeerbusch!

**Sie benötigen:**

*Pflanzen*
Kaufen Sie junge Pflanzen am besten bei einer Baumschule, wo man Sie auch berät.

**Anbau:**
Setzen Sie sie sorgfältig und gießen sie, vor allem anfangs, gut. Die Pflege ist je nach Sorte unterschiedlich; einige müssen mehr gegossen werden als andere. Himbeeren sollten gestützt werden, und manche weichen Früchte müssen mit einem Netz abgedeckt werden, damit die Vögel sie nicht anpicken. Die meisten Bäume und Sträucher sollten gelegentlich gestutzt werden, auch wenn nur die toten Zweige abgeschnitten werden. Im großen und ganzen jedoch brauchen die meisten Obstbäume und -sträucher wenig Pflege.

## Kräuter ziehen

Kräuter sind ein wichtiger Bestandteil einer guten Küche; sie bieten viel Gutes, und selbst wenn Sie keinen Garten haben, können Sie eigene Kräuter ziehen. Im Idealfall wachsen sie vor der Küchentür und können jederzeit für eine Mahlzeit geschnitten werden. In kleinen Kästen oder Töpfen können Sie auch im Innenhof, auf dem Balkon oder sogar auf der Fensterbank gezogen werden.

**Sie benötigen:**
ein kleines, geschütztes Fleckchen Erde. Sie können auch eine Auswahl kleiner Kräuter in einem irdenen Topf oder einem trockenen Trog ziehen. Kräuter sind ein- oder mehrjährig. Sie sind als Samen erhältlich, manchmal auch als Setzlinge.

**Anbau:**
Die meisten Kräuter haben einen kargen, sandigen Boden am liebsten. Da sie oft nur langsam keimen, ist es ratsam, sie möglichst früh zu säen, am besten im Hause oder in einem Treibhaus. Setzen Sie sie erst ins Freie, wenn sicher kein Frost mehr kommt.

Wenn die Pflanzen gewachsen sind, verwenden Sie die Spitzen oder die Blätter je nach Bedarf. Bei Schnittlauch schneiden Sie die Spitzen, und er wird wieder schnell nachwachsen. Frische Kräuter haben einen süßeren, aber weniger intensiven Geschmack als die gewohnten getrockneten Kräuter; sie sind in vieler Hinsicht besser. Aber da ihre Saison nur kurz ist, möchten Sie vielleicht auch welche trocknen. Dazu verwenden Sie das obere Drittel der Pflanze und schneiden sie dann, wenn sich die Knospen gerade öffnen und wenn draußen trockenes Wetter ist. Wenn sie nicht ganz getrocknet sind, können sie leicht schimmeln. Damit sie auch ganz sicher trocknen, hängen Sie die Kräuter in Bündeln an einem warmen, luftigen, aber schattigen Ort. Sobald sie völlig trocken sind (das dauert für gewöhnlich 2 bis 3 Wochen), zerreiben Sie sie zu einem Pulver und bewahren es in luftdicht verschließbaren Behältern, am besten im Dunkeln auf. Lorbeerblätter sollten ganz aufbewahrt werden. Getrocknete Kräuter verlieren schnell ihren Geschmack, daher sollten Sie so oft wie möglich frische Kräuter verwenden.

## Vorratshaltung

Das meiste Obst und Gemüse sollte frisch gegessen werden. Doch wenn es gerade eine Gemüseschwemme gibt, muß man doch etwas konservieren (aber denken Sie auch an andere – wenn Sie eine Schwemme haben, hat ein anderer vielleicht gerade nichts, und wenn er einmal Überfluß hat, möchten Sie sicher gern daran teilhaben). Ein Überangebot kann bis zu einem gewissen Grad durch eine sorgfältige Planung verhindert werden. Ein weiterer Grund für die Vorratshaltung ist die Bequemlichkeit. Wenn Sie abseits wohnen oder nur selten zum Einkaufen kommen oder im Winter von der Außenwelt abgeschnitten sind, so ist es sinnvoll, etwas vom Überschuß zu konservieren.

Doch trotzdem ist es besser, Überschüsse zum Schaffen neuer Nahrungsmittel zu verwenden. Wenn Ihre Kuh oder Ziege mehr Milch gibt, als Sie und Ihre Freunde trinken können, machen Sie aus dem Rest Joghurt. Zu viele Eier? Machen Sie Mayonnaise oder Zitronencreme. Tomaten, Äpfel, Rhabarber, Pilze, Kürbis usw. kann man hervorragend für Marmeladen oder Chutneys verwenden.

Natürlich können Sie auch Obst und Gemüse aufbewahren, ohne deren Geschmack zu verändern oder viele Nährstoffe zu verlieren. Im folgenden finden Sie einige Vorschläge zur Konservierung.

## Tiefgefrieren

Das Einfrieren von Nahrungsmitteln kann ein vorzügliches Konservierungsverfahren sein, da nichts hinzugefügt oder entzogen werden muß; Obst und Gemüse kann beinahe sofort nach der Ernte eingefroren werden. Dabei bleibt der natürliche Geschmack weitgehend erhalten.

Doch die Tiefkühlindustrie ist ein Beispiel dafür, wie eine gute Idee schlechte Früchte trägt. Gemüsesorten werden speziell für das Tiefgefrieren gezüchtet und gepflanzt. Die Kunden werden animiert, lieber gefrorene als frische Nahrungsmittel zu kaufen, große und teure Tiefkühltruhen aufzustellen, um die Waren aufzubewahren und durch den Betrieb dieser Geräte Energie und Geld zu verschwenden. Um dies noch zu verschlimmern, werden vielen Tiefkühlwaren Farb- und Süßstoffe zugegeben, damit sie appetitlicher aussehen. Der Industrie geht es dabei natürlich sehr gut, doch der Kunde hat zum Schluß oft ein nährstoffärmeres Produkt, das obendrein bedeutend mehr kostet als frische Ware. Außer wenn diese in Großpackungen gekauft wird, was wiederum bedeutet, daß viel mehr davon gegessen wird, einfach aus dem Grunde, weil es da ist. Natürlich muß dies nicht immer der Fall sein, gefrorene Erbsen sind ein interessantes Gegenbeispiel. Da frische Erbsen bei der Lagerung sehr rasch ihre Nährwerte verlieren, können gefrorene Erbsen nährstoffreicher sein als frische, sogar während der Saison. Die Tatsache, daß man die gefrorenen Erbsen das ganze Jahr über erhalten kann, bedeutet, daß man jederzeit ein billiges und nährstoffreiches Gemüse hat. Viele Ernährungswissenschaftler glauben, daß dank der gefrorenen Erbsen viele ärmere Menschen nicht an jahreszeitlich bedingter Mangelernährung leiden müssen. Die Nährstoffe gefrorener Erbsen bleiben am besten erhalten, wenn Sie einfach ein paar Sekunden in kochendes Wasser geworfen und nicht zu lange gekocht werden.

Wenn Sie glauben, daß Sie eine Tiefkühltruhe gebrauchen könnten, kaufen Sie eine kleine. Für einen effizienten und ökonomischen Betrieb ist es wichtig, daß die Tiefkühltruhe immer voll ist; also kaufen Sie keine große, wenn Sie sie nicht die ganze Zeit über gefüllt haben wollen. Die meisten Nahrungsmittel eignen sich zum Einfrieren, doch ihr Geschmack und ihre Beschaffenheit können sich verändern.

**Einige Ratschläge:**

Frieren Sie nur Obst und Gemüse guter Qualität ein und verwenden Sie fleckige, beschädigte und überreife Früchte sofort. Frieren Sie Obst und Gemüse so schnell wie möglich nach der Ernte ein.

Einige Gemüsesorten müssen kurz blanchiert und dann in eiskaltem Wasser abgekühlt werden. Blanchieren Sie Gemüse aber nicht unnötig, da dabei bis zu 30% des Vitamin-C-Gehalts zerstört wird.

Befolgen Sie sorgfältig die Bedienungsanweisungen für Ihre Tiefkühltruhe. Einige Gemüsesorten können nicht tiefgefroren werden, besonders die wasserhaltigen Arten wie Gurken, Kürbis, Kopfsalat usw.

Früchte werden am besten in einer Zuckerlösung eingefroren, um die Bildung von Enzymen zu verhindern.

Frieren Sie kleine Portionen ein, sonst müssen Sie unnötigerweise große Mengen auftauen. Packen Sie jedes Produkt in spezielle Gefrierbeutel oder verschließbare Behälter.

Fertiggerichte, die Sie einfrieren wollen, sollten Sie mit Bedacht auswählen. Vergewissern Sie sich, daß die Temperatur stimmt, verpacken Sie die Gerichte korrekt, achten Sie auf die Festigkeit der Saucen und tauen Sie sie richtig auf.

Frieren Sie nichts ein, wenn es nicht unbedingt nötig ist.

## Trocknen (Dörren)

Das Trocknen ist eine der ältesten, der einfachsten und wohl auch besten Methoden der Konservierung, hat aber seit der Erfindung der Tiefkühltruhe viel von seiner Bedeutung verloren. Doch es gibt noch einige industriell hergestellte Produkte, die getrocknet werden: Früchte, Kastanien, Pilze, Zwiebeln, die aber meist maschinell und nicht an der Sonne getrocknet werden. Natürlich ist dieses Konservierungsverfahren am besten für Gegenden geeignet, die viel Sonne haben, aber auch bei uns kann man im Sommer viele Nahrungsmittel trocknen. Man kann manche Produkte auch im Hause trocknen, z.B. in einem luftigen Schrank oder im Backofen bei geringer Hitze, wobei die Temperatur aber doch so hoch sein muß, daß den Nahrungsmitteln die natürliche Feuchtigkeit entzogen wird, sie aber nicht gekocht werden.

**Verfahren:**
Verwenden Sie nur reifes (aber nicht überreifes), unverdorbenes Obst und Gemüse, am besten frisch geerntet. Waschen Sie die Produkte, schälen Sie sie gegebenenfalls und schneiden sie dann in dünne Scheiben oder Ringe.

Gemüse muß vor dem Trocknen gedämpft werden. Früchte können roh getrocknet werden; es ist aber von Vorteil, wenn Apfel- und Birnenringe kurz in Salzwasser gelegt und dann trockengeklopft werden. Sie behalten dadurch ihre Farbe.

Zum Trocknen sollten die Früchte auf einen Rost aus Maschendraht gelegt werden, der mit Holz eingefaßt ist. Achten Sie darauf, daß sich die Früchte nicht berühren. Trocknen Sie Ihre Produkte im Backofen, in einem luftigen Schrank oder in der Sonne (im Freien sollten die Gitter mit einem Musselintuch abgedeckt werden, damit das Obst oder Gemüse vor Insekten und Schmutz geschützt ist). Wenden Sie die Früchte oder das Gemüse immer wieder, damit sie gut durchtrocknen.

Gemüse ist fertig, wenn es knackig ist. Früchte müssen weich sein – drücken Sie sie leicht, und wenn Ihre Hände trocken bleiben, sind die Früchte fertig getrocknet. Kleine Früchte wie Beeren sollten klappern, wenn das Tablett geschüttelt wird.

Bewahren Sie getrocknete Produkte in luftdicht verschließbaren Behältern auf, die mit fettabstoßendem Papier ausgelegt sind; geben Sie zwischen jede Lage Obst oder Gemüse etwas Papier. Bewahren Sie auf keinen Fall unterschiedliche Produkte zusammen auf. Zwiebeln z.B. können andere Nahrungsmittel verderben. Bewahren Sie sie an einem kühlen und dunklen Ort auf.

Früchte können trocken oder in Wasser eingeweicht gegessen werden. Gemüse sollte in einer Gemüsebrühe gewässert werden, es bekommt so einen besseren Geschmack.

## Einmachen

Das Einmachen von Nahrungsmitteln ist ein weiteres altbekanntes Konservierungsverfahren; doch im Gegensatz zum Trocknen ist es recht kompliziert, erfordert die richtigen Geräte sowie Zeit und Geduld. Es ist sehr wichtig, daß es korrekt gemacht wird, denn falsch eingemachte Nahrungsmittel können nicht nur schlecht schmecken, sondern auch Vergiftungen verursachen. Wenn Sie es versuchen wollen, finden Sie im folgenden die Grundmethoden. Aber kaufen Sie sich zusätzlich noch ein Buch, daß sich ausführlich mit dem Einmachen beschäftigt – sicher finden Sie in einem Antiquariat ein Buch, daß aus Großmutters Zeit stammt!

**Verfahren:**
Sie brauchen eine Anzahl Einmachgläser mit Deckeln und Gummiringen, einen großen Kochtopf, in dem die Gläser stehen können, einen Ständer, auf den Sie die Gläser stellen können, damit sie nicht auf dem Topfboden stehen, und ein Thermometer.

Wählen Sie unbeschädigtes Obst und Gemüse. Es kann leicht unreif sein. Schälen, entkernen und schnitzeln Sie Früchte wie Äpfel und Birnen. Schälen Sie Tomaten, nachdem Sie sie kurz in kochendes Wasser getaucht haben. Gemüse sollte geschält, geschnitzelt und angekocht werden.

Füllen Sie den Topf mit Wasser, bringen Sie es zum Kochen und stellen die Gläser, Deckel und Gummiringe hinein, um sie zu sterilisieren.

Füllen Sie die Gläser mit Obst und Gemüse bis zum Rand. Gießen Sie ein Honig-Wasser-Gemisch (nach Wunsch auch mit Gewürzen) über die Früchte. Das Gemüse bedecken Sie mit Salzwasser. Dann verschließen Sie die Gläser. Wenn Sie Gläser mit Schraubverschluß verwenden, drehen Sie sie fest, aber nicht zu kräftig zu, da sich das Glas wahrscheinlich dehnt.

Stellen Sie die Gläser sorgfältig auf den Ständer in das kochende Wasser. Achten Sie darauf, daß die Gläser sich nicht berühren. Lassen Sie sie während der angegebenen Zeit, die von der jeweiligen Obst- oder Gemüsesorte abhängig ist, leicht kochen.

Dann nehmen Sie die Gläser aus dem Wasser und lassen sie in einem warmen Raum abkühlen. Vergewissern Sie sich, daß die Deckel fest verschlossen sind, bevor Sie die Gläser an einem kühlen, trockenen, dunklen Ort lagern, z.B. in einem Schrank.

Wenn auch die oben beschriebenen Konservierungsmethoden den meisten industriellen Verfahren bei weitem vorzuziehen sind, so wird dabei doch der Nährwert gegenüber frisch geernteten Früchten verringert. Verwenden Sie Vorräte, aber ersetzen Sie dadurch nicht frische Nahrungsmittel, denn nur diese vermitteln Ihnen den natürlichen Geschmack. Warum sollten Sie auf etwas Zweitrangiges zurückgreifen, wenn es nicht unbedingt sein muß?

# Kleines Vollwertlexikon

*Wenn wir Nahrungsmittel wollen, die sowohl vom ernährungswissenschaftlichen als auch vom ökonomischen Standpunkt aus optimal sind, dann müssen wir auch bereit sein, weitere Wege und höhere Kosten in Kauf zu nehmen. Wir müssen zeigen, daß wir etwas Minderwertiges nicht mehr tolerieren werden.*

Colin Tudge

# Kleines Vollwertlexikon

In diesem Kapitel finden Sie ein alphabetisches Verzeichnis all der Zutaten, die am häufigsten bei Vollwerternährung vorkommen. Einige sind Ihnen vielleicht nicht geläufig, aber die meisten kennen und verwenden Sie sicher schon jahrelang.

Ähnliche Lebensmittel wurden meistens in einer Gruppe zusammengefaßt; Sultaninen z.B. finden Sie unter dem Stichwort „Trockenfrüchte"; Kichererbsen stehen unter „Hülsenfrüchte" und Brokkoli bei „Gemüse". Wenn Sie das gesuchte Nahrungsmittel nicht gleich finden können, dann schauen Sie einfach im Register am Ende des Buches nach.

Jede Beschreibung ist in folgende Kategorien aufgeteilt:

**Was es ist:** Hier wird kurz erklärt, was das Nahrungsmittel ist und in vielen Fällen auch, wie es hergestellt wird.

**Herkunft:** Viele Vollwertnahrungsmittel gibt es schon seit Jahren oder gar Jahrhunderten, und dieser Abschnitt befaßt sich mit ihrer Geschichte.

**Nährwert:** An dieser Stelle finden Sie eine kurze Zusammenfassung der wichtigsten Nährstoffe, die im jeweiligen Nahrungsmittel enthalten sind. Sie ist jedoch keineswegs erschöpfend und variiert je nach Herkunftsland, Anbau- und Verarbeitungsbedingungen des Produkts sehr stark.

**Einkauf und Lagerung:** Hier finden Sie Tips, wo Sie die Produkte kaufen können, worauf Sie achten müssen, damit Sie nur die beste Qualität bekommen, und wie Sie sie lagern sollten, um sie frisch und wohlschmeckend zu erhalten.

**Verwendung:** Hier sind Anregungen und Ideen zusammengestellt, wie Sie die Produkte in verschiedenen süßen oder pikanten, einfachen oder aufwendigen, bekannten oder exotischen Gerichten verwenden können. Bei vielen Zutaten finden Sie auch Rezepte, die Sie leicht nachkochen können.

Wo pflanzliche Öle als Rezeptzutaten verlangt werden, nehmen Sie bitte Maiskeim-, Sonnenblumen-, Saflor- (Färberdistel-) oder Sojabohnenöl; Mischungen aus pflanzlichen Ölen sind nicht empfehlenswert, da sie häufig viele gesättigte Fettsäuren enthalten.

Wie Sie wahrscheinlich wissen, gibt es unterschiedliche Messungen bezüglich der wohltuenden oder schädlichen Wirkung einiger Vollwertnahrungsmittel, vor allem Kleie, Honig, Rohrzucker, Meersalz und Essig. Ich habe versucht, die Informationen zum Nährwert so genau wie möglich im Licht der neuesten Erkenntnisse zu präsentieren und gleichzeitig die Meinung der Verfechter bestimmter Produkte einzubeziehen, selbst wenn diese nicht immer wissenschaftlich begründet sind. Immerhin ist es ja oft genug vorgekommen, daß „Ammenmärchen" später von der Forschung bestätigt wurden! Ganzheitliche Ernährung bedeutet, die Fakten zu kennen und sich nicht von ihnen einschüchtern zu lassen. Und da sich die „Fakten" ständig ändern, Sie aber nicht aufhören können zu essen, lassen Sie sich am besten vom gesunden Menschenverstand und nicht von Furcht und Fanatismus leiten.

# Agar-Agar

**Was es ist:** Ein Pulver aus getrockneten und gereinigten Meeresalgen; ein sehr gutes Geliermittel. Es ist ungebleicht und hat deshalb eine hellgraue Farbe, die das fertige Gericht jedoch farblich nicht verändert. Eine nahrhafte, vegetarische Alternative zu Gelatine.

**Herkunft:** In Japan, wo traditionell mit Tang gekocht wird, wird es schon lange benutzt. Da Gelatine immer teurer wird, wird Agar-Agar jetzt mehr und mehr von der Süßwarenindustrie verwendet.

**Nährwert:** Reich an Jod und anderen Mineralstoffen.

**Einkauf und Lagerung:** Kaufen Sie Agar-Agar päckchenweise in Naturkostläden und Reformhäusern. Bewahren Sie es kühl und trocken auf.

**Verwendung:** Es kann für süße und pikante Gelees genommen werden. Geben Sie 2 Teelöffel Agar-Agar zu ca. 1 Liter Flüssigkeit (oder befolgen Sie die Mengenangaben auf der Packung). Erhitzen Sie die Flüssigkeit bis kurz vor den Siedepunkt und lassen Sie sie dann 3 Minuten köcheln. Sie können Wasser, Fleischbrühe, Gemüse- oder Obstsäfte verwenden – Agar-Agar eignet sich besonders gut für säuerliches Obst.

## Gelee (Sülze)

*½ Liter Wasser*
*3–4 Eßlöffel Zitronensaft*
*1 Eßlöffel (oder je nach Geschmack) Rohrzucker*
*2 Teelöffel Agar-Agar*
*50 g Walnüsse*
*1 kleine Gurke*
*2 Stangen Sellerie*
*2 Äpfel*

Das Wasser zum Kochen bringen und den Zitronensaft hinzufügen; Agar-Agar unter ständigem Rühren in der Flüssigkeit auflösen. Kurz köcheln und dann leicht abkühlen lassen. Die Nüsse grob hacken, die Gurke, den Sellerie und den Apfel in Stücke schneiden. Das Ganze zu der Flüssigkeit geben. Eine Form mit kaltem Wasser ausspülen, die Mischung einfüllen. Abkühlen lassen, dann umrühren, um die Gemüsestücke gleichmäßig verteilen. An einem kühlen Platz fest werden lassen. Die Form vor dem Servieren kurz in heißes Wasser tauchen, dann stürzen. Mit Kopfsalat, Kresse oder anderem Grünzeug garnieren.

## Französischer Toast mit Ahornsirup

*6 Scheiben Brot aus Vollkornmehl (Vollkornweizen)*
*2 Eier*
*3 Eßlöffel Milch*
*Pflanzenöl zum Braten*
*Ahornsirup*

Die Brotscheiben halbieren. Eier und Milch miteinander verrühren und in eine große, flache Schüssel geben. Das Brot von beiden Seiten kurz in die Mischung tauchen. Das Öl erhitzen, das Brot erst auf der einen, dann auf der anderen Seite darin braten. Mit Ahornsirup bestreichen und heiß servieren.

## Ahornsirup

**Was es ist:** Ein natürlicher Sirup von verschiedenen Ahornarten. Die Bäume werden im Frühjahr angezapft; die Flüssigkeit verdunstet entweder von selbst, oder aber sie verdampft dann beim Kochen. Es verbleibt ein konzentrierter Sirup, der 30- bis 40mal süßer ist als der ursprüngliche Saft.
**Herkunft:** Ahornsirup wird schon seit Jahrhunderten fast ausschließlich in den Neu-England-Staaten der USA erzeugt.
**Nährwert:** Ahornsirup enthält natürlichen Zucker und einige Mineralstoffe. Er wird weniger als Nahrungsmittel, sondern als ein ganz besonderer, milder und geschmeidiger Süßstoff verwendet. Ahornsirup ist – ebenso wie Honig – gesünder als weißer Zucker, aber er ist doch eine Zuckerart und sollte nicht in großen Mengen verzehrt werden.
**Einkauf und Lagerung:** Bewahren Sie den Ahornsirup in einem verschlossenen Gefäß kühl auf.
**Verwendung:** Ahornsirup können Sie zu Pfannkuchen, Toast und Eis reichen, in Naturjoghurt und unter zerdrückte Bananen rühren oder als Süßmittel zum Backen verwenden. Er schmeckt auch gut zu Reisgerichten. Gießen Sie ihn anstelle von Zukker auf frische Waffeln. Auch frische Früchte (z.B. Brombeeren) können Sie mit etwas Ahornsirup und ein paar Tupfern Schlagsahne verfeinern.

## Algen (Tang)

Algen wachsen im Meer, und zwar an der Küste im Wattenmeer (zwischen Hoch- und Niedrigwassermarkierungen). Einige wenige eßbare Algenarten wachsen auch an unseren Küsten, aber die meisten, die bei uns im Handel sind, werden importiert.
**Herkunft:** Algen gehören zu den ältesten Pflanzenarten, die von Menschen gegessen werden. Schon im Altertum wurden sie von den Chinesen, den Griechen und Römern verwendet, und zwar nicht nur als Nahrungsmittel, sondern auch zu medizinischen Zwecken und als Dünger. Für kulinarische Zwecke kann man über 100 verschiedene Arten verwenden.
**Nährwert:** Der Nährwert hängt stark von der Algenart ab, wo und in welcher Jahreszeit sie geerntet wurden: Alle Algen enthalten jedoch die wesentlichen Mineralstoffe und Spurenelemente. Das

wichtigste davon ist Jod, ein Mineralstoff, der für das reibungslose Funktionieren unseres Stoffwechsels verantwortlich ist. Da Jod nur in sehr wenigen Lebensmitteln vorkommt, gehört es zu den Stoffen, an denen wohl recht viele Menschen Mangel leiden. Außerdem enthalten Algen die 20 wichtigsten Aminosäuren und beträchtliche Mengen an Vitamin $B_{12}$, das Vitamin, das vor allem Vegetariern fehlt, da es nur in ganz wenigen nicht-tierischen Nahrungsmitteln vorkommt.

**Einkauf und Lagerung:** Algen sind in der Regel getrocknet und in Cellophan verpackt in den meisten Naturkostläden und Reformhäusern erhältlich. Alle Sorten sind, an einem kühlen und trockenen Ort aufbewahrt, lange haltbar.

**Verwendung:** Algen können gewässert und mit Sojasauce abgeschmeckt, zu gedünstetem Gemüse gegeben werden. Außerdem kann man sie angebraten zum Garnieren verwenden. Arame-Algen schmekken gut zu Suppen, Wakame-Algen zu Bohnen und zu Miso.

## Geschmortes Gemüse mit Algen

*50 g Wakame-Algen*
*½ kleiner Weißkohl*
*2 Zwiebeln*
*1 rote Paprikaschote*
*2 Eßlöffel Pflanzenöl*
*½ zerstoßene Knoblauchzehe*
*1 Teelöffel Senfkörner*
*1 Prise gemahlener Ingwer*
*80 g Bohnenkeimlinge*
*Sojasauce*

Die Algen 20 bis 30 Minuten in heißem Wasser einweichen. Gut abtropfen, abkühlen lassen und in Stücke schneiden. Kohl, Zwiebel und Paprikaschote fein schneiden. Das Öl erhitzen und Knoblauch, Senfkörner und Ingwer zugeben. Ein paar Minuten köcheln lassen, das vorbereitete Gemüse zugeben und weitere 15 Minuten unter gelegentlichem Umrühren dünsten. Die Algen zugeben, die Hitze erhöhen und 1 bis 2 Minuten kochen. Hitze reduzieren. 1 bis 2 Eßlöffel kaltes Wasser hineinrühren und 5 Minuten kochen. Die Keimlinge unterrühren, mit Sojasauce beträufeln und noch einmal erhitzen. Mit Reis servieren. Andere Algenarten können auf ganz ähnliche Weise zubereitet werden.

## Bierhefe

**Was es ist:** Ein sehr nährstoffreiches Nebenprodukt des Brauvorganges, das Sie in Ihre Ernährung einbeziehen sollten. Bierhefe gibt es in Tablettenform zu kaufen, zum Kochen sollten Sie jedoch die Hefe in Pulverform nehmen.
**Herkunft:** Die früheste medizinische Anwendung von Hefe ist aus Ägypten um 1550 v. Chr. bekannt.
**Nährwert:** Hefe enthält 16 der 20 Aminosäuren und ist äußerst reich an Vitaminen aus dem Vitamin-B-Komplex. Außerdem enthält sie viel Eisen, Phosphor, Kalzium und zwei wichtige Spurenelemente: Chrom und Selen. Da das wasserlösliche Vitamin B sehr leicht zerfällt, ist Hefe eine ausgezeichnete Möglichkeit, es zu ersetzen.
**Einkauf und Lagerung:** Bierhefe gibt es in Naturkostläden, Reformhäusern und in vielen Drogerien. Sie muß unbedingt frisch sein. Lagern Sie sie kühl und trocken in luftdichten Behältern.
**Verwendung:** Fangen Sie mit einem Teelöffel pro Tag an und nehmen dann allmählich mehr. Am einfachsten ist es, die Hefe in Suppen, Saucen, Aufläufe und Fruchtsäfte zu rühren. Einen schnellen Frühstückstrunk bekommen Sie, wenn Sie Milch, Fruchtsaft, ein wenig Pflanzenöl und 1 oder 2 Löffel Hefe zusammenmixen.

## Butter

**Was es ist:** Ein Fett, das hergestellt wird, indem man Sahne aufschlägt, so daß sich die Fetttropfen zu immer größeren Butterklümpchen verbinden. Für 250 g Butter braucht man die Sahne von ca. 5–6 Liter Milch. Gelegentlich wird der Butter Salz zugefügt.
**Herkunft:** In gemäßigtem Klima ist die Molkerei (Meierei) ein traditionsreiches Handwerk. Der größte Teil der bei uns heute konsumierten Butter wird in den Ländern der EG und der EFTA erzeugt.
**Nährwert:** Butter besteht aus ungefähr 80% Fett und 20% Wasser. Außerdem enthält sie die Vitamine A, D und E. Da sie aus mehrfach gesättigten Fettsäuren besteht (von denen man annimmt, daß sie sich in den Arterien festsetzen), sollte man Butter äußerst sparsam verwenden. Sie brauchen jedoch nicht völlig auf Butter verzichten, besonders, wenn Sie kein Fleisch essen.
**Einkauf und Lagerung:** Am vernünftigsten ist es, Butter in kleinen Mengen frisch zu kaufen. Butter sollte möglichst im Kühlschrank aufbewahrt werden.
**Verwendung:** Nehmen Sie Butter nur dann, wenn Sie sie wirklich herausschmecken wollen. Besonders gut schmeckt sie zu frischem Brot oder frischen Brötchen, zu jungem Gemüse, vor allem zu Bohnen, Erbsen, Mais usw.

## Buttermilch

**Was es ist:** Ein Nebenprodukt der Butterherstellung; sie bleibt nach dem Buttern übrig und hat einen leicht säuerlichen Geschmack.
**Herkunft:** Bei uns wie auch in vielen anderen Ländern einschließlich Skandinavien, Amerika, Indien und dem Mittleren Osten ist Buttermilch ein äußerst beliebtes Getränk.
**Nährwert:** Buttermilch hat wenig Fett und Kalorien, aber viele Eiweiße und ist sehr leicht verdaulich.

**Einkauf und Lagerung:** Wie die meisten Milchprodukte sollte man Buttermilch in kleinen Mengen immer frisch kaufen und kühl aufbewahren. Sie ist in jedem Lebensmittelgeschäft erhältlich. Sie können Buttermilch auch selbst herstellen.
**Verwendung:** Nehmen Sie Buttermilch zum Kuchenbacken. Als erfrischendes Sommergetränk können Sie Buttermilch mit Fruchtsäften oder frischem Obst und Eis mischen. Geben Sie sie in Saucen zu frischem Gemüse.

### Buttermilchgebäck (Muffins)

*350 g Vollkornmehl (Weizenvollkornmehl)*
*4 Teelöffel Backpulver*
*1 Prise Salz*
*50 g Rohrzucker*
*2 Eier*
*¼ Liter Buttermilch*
*80 g Sultaninen (goldbraune, kernlose Rosinen)*
*ca. 4 Eßlöffel Pflanzenöl*

Mehl, Backpulver und Salz mischen, dann den Zucker zufügen. In die Mitte der Mehlmischung eine Mulde drücken und die aufgeschlagenen Eier dazugeben. Die ebenfalls aufgeschlagene Buttermilch zugeben und alles gut verrühren.

Die Sultaninen zugeben. So viel Öl hineingeben, bis der Teig ziemlich flüssig wird. Nicht zu kräftig rühren.

Kleine Förmchen gut fetten und zu ¾ mit Teig füllen. Bei 200 °C (Gas Stufe 6) ungefähr 20 Minuten (oder so lange, bis das Gebäck gut aufgegangen ist) backen. Probieren Sie mit einem Holz- oder Metallspieß, ob die Muffins durchgebacken sind: es darf kein Teig mehr hängen bleiben. Auf einem Kuchengitter auskühlen lassen.

## Eier

**Was sie sind:** Eier sind die Keimzellen bestimmter Tierarten, die meist in einer Schale stecken, die eine ovale Form hat. Im allgemeinen werden nur die Eier einiger weniger Vogelarten verzehrt. Das Ei ist eines der ausgewogensten Nahrungsmittel überhaupt: Es enthält alle Nährstoffe, die z. B. ein Hühnerembryo für seine Entwicklung braucht. Außerdem sind Eier billig und sehr vielseitig verwendbar.
**Herkunft:** Eier ißt man fast auf der ganzen Erde. Beinahe alle Vogeleier sind eßbar, aber für die meisten Menschen sind Eier gleichbedeutend mit Hühnereiern. Gänse- und Enteneier gibt es manchmal auf Bauernhöfen zu kaufen; versuchen Sie sie ruhig einmal: sie schmecken kräftiger als Hühnereier.

Seit einigen Jahren wird ein Großteil der verkauften Eier auf Hühnerfarmen produziert. Diese Praxis macht aus einem natürlichen Lebensmittel ein künstlich hergestelltes Produkt. In diesen Legebatterien sind die Hühner oft so zusammengepfercht, daß sie sich kaum bewegen können und fast ohne Tageslicht leben. Unter solchen Bedingungen werden sie aggressiv und müssen dann häufig medikamentös beruhigt werden; da sie zudem noch sehr krankheitsanfällig sind, werden ihnen dann noch Antibiotika gegeben. Um das Dotter so goldgelb zu machen, wie der Verbraucher es wünscht, wird dem Hühnerfutter Farbstoff beigemischt (immerhin ist das wenigstens ein Naturprodukt, und zwar Beta-Karotin). Um die Eierpreise niedrig zu halten, ging so ein großer Teil der Nährstoffe verloren.

Eier, die aus Bodenhaltung kommen, sind nur wenig besser; am besten ist es, einen Bauern zu finden, der Eier von freilaufenden Hühnern verkauft. Mit steigender Nachfrage werden auf kleinen Höfen immer mehr Eier von freilaufenden, biologisch gefütterten Hühnern produziert. Diese Eier sind zwar teuer, aber im Vergleich zu anderen tierischen Produkten immer noch relativ günstig.

**Nährwert:** Eier haben einen ausgewogenen Aminosäuregehalt: 95% der Eiweiße sind für den menschlichen Körper verwertbar. Außerdem enthalten Eier viele Vitamine und Mineralstoffe. Sie sind mit nur 70 Kalorien pro Ei für jeden, der auf seine Figur achten muß, ein ideales Nahrungsmittel. Eier von freilaufenden Hühnern enthalten weniger chemische Substanzen als die aus den Legebatterien; zudem ist ihr Gehalt an Vitamin $B_{12}$, Folsäure, Kalzium und Eisen höher. Was Eier so problematisch macht, ist ihre Zubereitung: Leider viel zu oft werden sie in tierischen Fetten oder in mehrfach gesättigten pflanzlichen Ölen gebraten.

Braune Eier unterscheiden sich außer in der Farbe ihrer Schale überhaupt nicht von weißen. Eier mit einem winzigen roten Fleck sind befruchtet und enthalten mehr natürliche Hormone.

**Einkauf und Lagerung:** Kaufen Sie häufig Eier – frisch sind sie am besten. Sie sollten sie kühl (nicht unbedingt im Kühlschrank) und mit dem spitzen Ende nach unten lagern, und vor allem nicht in der Nähe stark riechender Lebensmittel aufbewahren. Frische Eier sind bei Zimmertemperatur bis zu 12 Tage, im Kühlschrank bis zu 3 Wochen haltbar. Um herauszufinden, ob ein Ei noch frisch ist, legen Sie es in eine Schüssel mit Wasser. Wenn es zu Boden sinkt, ist es frisch. Ein nicht ganz so frisches Ei steht auf dem Kopf, ein schlechtes Ei schwimmt oben.

**Verwendung:** Mit Eiern lassen sich komplette Gerichte wie z. B. Omeletts, Soufflés oder Eiercremes machen. Außerdem sind sie gut zum Saucenbinden; Sie können sie auch hartkochen und zum Garnieren von Eintöpfen, Pfannkuchen, Pizzas oder Suppen verwenden. Obst mit steifgeschlagenem Eiweiß ergibt einen leichten Nachtisch. Da Eier leicht verdaulich sind, sind sie vor allem für Kinder und alle, die Schwierigkeiten mit zu schwerem Essen haben, sehr wichtig.

### Mohrrübenquiche

**Für den Teig:**
*100 g Haferflocken*
*50 g Vollkornweizenmehl*
*2 Eßlöffel Pflanzenöl*
*Gewürze nach Geschmack*

**Für den Belag:**
*200 g Mohrrüben*
*100 g geriebener Emmentaler*
*2 geschlagene Eier*
*1/16 Liter Rahm*
*Gewürze nach Geschmack*
*2 große Mohrrüben zum Garnieren*
*10 g Butter*

Haferflocken und Mehl mischen, das Öl hineinrühren und Gewürze zugeben. So viel kaltes Wasser zufügen, bis ein knetbarer Teig entsteht. Den Teig in eine Quiche-Form drücken, am Rand hochziehen.

Die Mohrrüben schneiden und dämpfen, bis sie weich sind. Abtropfen lassen und pürieren. Geriebenen Käse, Sahne und Gewürze hineinrühren.

Die Mischung auf den vorbereiteten Teig gießen und 20 Minuten bei 190 °C (Gas Stufe 5) backen. Die Quiche mit dünn geschnittenen Mohrrübenscheiben ringförmig belegen und mit der geschmolzenen Butter bepinseln. Weitere 10 bis 15 Minuten backen (oder so lange, bis der Teig knusprig und der Belag fest ist). Mit Petersilie garnieren.

## Essig

**Was es ist:** Eine sehr saure Flüssigkeit, die durch Gärung von Obst oder Gemüse entsteht. Malzessig sollte man nach Möglichkeit meiden, da er sehr viele Verarbeitungsprozesse hinter sich hat. Am besten verwenden Sie nur Weinessig oder, noch besser, Apfelessig.
**Herkunft:** Bei der Wein- und Apfelweingärung entsteht immer Essig, und die Nahrungsmittelkonservierung mit Hilfe von Essig ist eine Methode, die schon seit Jahrhunderten praktiziert wird.
**Einkauf und Lagerung:** Kaufen Sie nur Essig mit möglichst wenig Zusätzen. Bewahren Sie ihn in einer verschlossenen Flasche kühl und dunkel auf.

## Apfelessig

Dieser Essig wird aus ganzen Äpfeln hergestellt und kann gelb bis dunkelbernsteinfarben sein. Die Heilwirkung von Apfelessig wird immer wieder besonders betont. Diese Behauptung läßt sich ernährungswissenschaftlich aber überhaupt nicht belegen. Man sagt ihm keimtötende, antiseptische und blutdrucksenkende Eigenschaften nach. Die einzige unwiderlegte Behauptung ist jedoch, daß er gut schmeckt.

**Verwendung:** Verwenden Sie ihn für Salate und zum Kochen. Man kann ihn mit Kräutern und Gewürzen abschmecken; dazu legt man die gewünschten Kräuter einfach 3 bis 4 Wochen im Essig ein. Wenn Sie Halsschmerzen haben, gurgeln Sie mit Apfelessig, oder machen Sie mit Honig ein heißes Getränk daraus, oder inhalieren Sie einfach den Dampf. Nehmen Sie Apfelessig zum Einlegen. (Siehe das Kapitel „Die Herstellung eigener Nahrungsmittel".)

## Weinessig

Weinessig wird aus Rot- oder Weißwein gemacht und besteht in der Regel aus einer Mischung verschiedener Weine. Er ist besonders in den Mittelmeerländern sehr beliebt.

**Verwendung:** Nehmen Sie ihn für Salatsaucen. Würzen Sie Eintöpfe, Saucen und Suppen mit etwas Weinessig, Mit Knoblauch und Cayennepfeffer wird er schärfer, mit Gewürzen und Kräutern würziger. Nehmen Sie ihn zum Einmachen von Obst und Gemüse.

### Kräuteressig

*½ Liter guter roter Weinessig*
*ein paar Zweiglein frischer Majoran, Thymian, Estragon, Rosmarin, auch Himbeerblätter oder Minze (oder eine Mischung)*
*1 Prise Salz*

Den Essig vorsichtig erhitzen, dann in ein Gefäß mit Schraubverschluß schütten. Kräuter und Salz zugeben. Wenigstens 2 Wochen ruhen lassen – der Geschmack wird um so intensiver, je länger (bis zu 2 Monate) Sie ihn stehen lassen. Durchseihen und in Flaschen füllen. Verwenden Sie ihn wie gewöhnlichen Essig, vor allem für Salatsaucen.

# Früchte

**Was es ist:** Früchte sind die fleischigen, samentragenden Teile bestimmter Pflanzen.
**Herkunft:** Früchte waren schon zu allen Zeiten für die menschliche Ernährung von großer Wichtigkeit. Die Obstbäume und -sträucher, die heute bei uns in den Gärten stehen, stammen zumeist aus klimatisch wärmeren Gebieten, z. B. aus Kleinasien.
**Nährwert:** Die meisten Früchte enthalten wenig Eiweiß oder Fett, dafür aber viele der Minerale, die der Mensch braucht, außerdem Vitamine, vor allem Vitamin C, Fruchtzucker und Ballaststoffe. Diese stecken hauptsächlich in der Schale, daher sollten Sie Obst immer mit der Schale essen, es aber unbedingt vorher waschen.
**Einkauf und Lagerung:** Sie sollten stets nach Obst aus biologischem Anbau Ausschau halten, da es ohne chemische Düngemittel angebaut wird und ungespritzt auf den Markt kommt, d.h., daß es keine gefährlichen Zusätze enthält. Wenn Sie in Ihrem Apfel eine Made entdecken, dann ist das beinahe ein gutes Zeichen! Viele Früchte können Sie im Kühlschrank aufbewahren. Vergessen Sie aber nicht, sie mindestens 1 Stunde vor dem Verzehr aus dem Kühlschrank zu holen.
**Verwendung:** Nach Möglichkeit sollten Sie nur frisches Obst essen. Achten Sie darauf, woher das Obst kommt, das Sie kaufen. Versuchen Sie, möglichst viel Obst aus heimischem Anbau zu essen und die exotischen Sorten nur zu besonderen Anlässen zu nehmen.

## Äpfel

Äpfel sind bei weitem das beliebteste einheimische Obst. Es gibt viele verschiedene Sorten. Äpfel sollten Sie im Gemüsefach des Kühlschranks aufbewahren.
**Verwendung:** Schneiden Sie rohe Äpfel klein und geben Sie sie zu Salaten. Mischen Sie sie mit Käse und füllen Sie Omeletts damit. Kochen Sie Rotkohl mit Äpfeln zusammen, oder rühren Sie sie in eine Currysauce. Apfelmus läßt sich auch in Joghurt rühren oder als Brot- und Kuchenaufstrich verwenden. Säuerliche Äpfel eignen sich gut für Konfitüren und Gelees.

## Ananas

Ananas werden aus verschiedenen warmen Ländern importiert. Sie enthalten sehr viel Vitamin C und haben einen köstlichen, süßsäuerlichen Geschmack, der kaum Ähnlichkeit mit den stark gesüßten Ananas in Dosen hat. Eine Ananas ist reif, wenn das dem Stiel gegenüberliegende Ende weich ist oder wenn sich die Blätter leicht herausziehen lassen. Eine unreife Frucht kann man ein paar Tage bei Zimmertemperatur aufbewahren, bis sie reif ist.
**Verwendung:** Ananas schmeckt am besten so, wie sie ist. Aber mischen Sie Ananas ruhig auch einmal unter einen Rote-Bete-Salat oder in Frischkäse oder stecken Sie Ananasstücke zusammen mit Käse und Gemüse zu einem Fleischspieß. Nichts Neues ist Ananas auf Obstkuchen; versuchen Sie doch einmal, mit zerstoßener Ananas und vielleicht ein paar gehackten Walnüssen Plätzchen zu backen. Ein anderer Vorschlag ist, Ananasgelee zu machen.

### Kalifornischer Salat

*1 kleine Melone*
*1 großer Pfirsich*
*1 Banane*
*1 Spritzer Zitronensaft*
*2 Stangen Sellerie*
*½ Gurke*
*2 große Tomaten*
*16 frische Weintrauben*
*50 g Walnüsse (Pecannüsse, Hickorynüsse)*
*Salatblätter zum Anrichten*
*Brunnenkresse zum Garnieren*

**Salatsauce:**
*100 g Hüttenkäse*
*2 Eßlöffel Kokosflocken*
*1 Eßlöffel Honig*
*Milch*

Die Melone in Stücke, den Pfirsich und die Banane in Scheiben schneiden. Mit Zitronensaft beträufeln. Den Sellerie und die Gurke in Scheiben, die Tomaten in Viertel schneiden. Alles mit den Trauben und Nüssen mischen.

Den Hüttenkäse zerdrücken, mit Kokosflocken und Honig mischen; so viel Milch zugeben, bis die Mischung dickflüssig ist. Das Obst und Gemüse auf einige Salatblätter häufen und die Sauce darübergeben. Mit der Kresse garnieren.

## Aprikosen

Kaufen Sie nur feste, nicht zu harte Aprikosen mit frischer Farbe und ohne Flecken. Reife Aprikosen sollten Sie sofort essen: sie halten nicht lange. Aprikosen kühl aufbewahren. Unreife Früchte lagern Sie am besten ein paar Tage bei Zimmertemperatur.

**Verwendung:** Kleingeschnittene Aprikosen schmekken gut mit Sellerie und Walnüssen. Wenn Sie sie zu Püree kochen, fügen Sie unbedingt Vanille hinzu. Aprikosenhälften nehmen Sie für Obstkuchen, die Sie entweder mit Mandeln und Schlagsahne garnieren oder mit Streuseln belegen.

## Bananen

Bananen stammen aus den Tropen und waren dort schon lange als Nahrungsmittel bekannt. Bei uns wurden sie erst gegen Ende des vergangenen Jahrhunderts bekannt. Bananen werden normalerweise grün gepflückt und reifen erst auf dem Transport. Die Früchte sind reif, wenn braune Pünktchen auf der Schale erscheinen; selbst eine ganz braune Banane ist oft noch eßbar, falls die Schale noch heil ist (Bananen sind um so leichter verdaulich, je reifer sie sind). Bananen sollten stets im Zimmer reifen – legen Sie sie nie in den Kühlschrank. Bananen sind eine gute Quelle natürlicher Kohlenhydrate (eine Banane hat etwa 94 Kalorien) und sind also eine ideale Zwischenmahlzeit, besonders für Kinder. Außerdem enthalten sie viel Kalium.

**Verwendung:** Geschnittene Bananen schmecken gut in Salaten, vor allem in Reissalat. Mit pürierten Bananen können Sie Joghurt verfeinern oder einen Milch-Shake machen (sie schmecken ebensogut mit Sojamilch oder mit Tofu). Mit heißen Bananen in Honigsauce haben Sie einen schnellen Nachtisch.

Servieren Sie sie in einem indischen Currygericht oder gebraten im amerikanischen Stil mit Zuckermais.

## Beeren

Beeren gibt es in verschiedenen Farben und Größen. Viele wachsen gerade in unserem gemäßigten Klima am besten. Alle Beeren sind empfindlich und sollten nach dem Einkauf oder dem Pflücken innerhalb 24 Stunden gegessen werden. Man kann sie im Kühlschrank aufbewahren und sollte sie erst unmittelbar vor dem Verzehr waschen.

### Brombeeren

Die größeren sind in der Regel gezüchtet, die kleineren wachsen wild und schmecken aromatischer. Brombeeren werden für Rühr-, Streusel- und Blechkuchen sowie für Konfitüre auch gern mit Äpfeln vermischt. Versuchen Sie einmal kurz aufgekochte Brombeeren mit saurer Sahne zu Blinis oder Pfannkuchen.

### Erdbeeren

Die großen Erdbeeren sind gezüchtet; die kleinen, dunkelroten Walderdbeeren sind im Geschmack immer noch unübertroffen. Für beide Sorten ist die Saison im Frühsommer sehr kurz. Es gibt aber zu anderen Jahreszeiten importierte Erdbeeren auf dem Markt. Für Kuchen und Torten sind Erdbeeren am besten geeignet. Wenn Sie große Mengen haben, versuchen Sie es doch einmal mit Erdbeerpüree, das Sie in Joghurt rühren oder mit Milch zu einem Milch-Shake verarbeiten können. Das Püree können Sie sogar einfrieren.

### Himbeeren

Himbeeren sind weniger süß als die meisten anderen Beeren, aber sie haben einen sehr feinen Geschmack. Auch sie schmecken am besten frisch mit Sahne oder Joghurt und etwas Zucker. Himbeeren sind auch gut auf Tortenböden und zu Eis, oder Sie können auch ein Sorbet daraus machen oder, wenn Sie besonders große Mengen haben, eine köstliche Konfitüre kochen.

### Johannisbeeren

Schwarze und rote Johannisbeeren sind sehr kleine und wohlschmeckende, allerdings ziemlich saure Früchte. Schwarze Johannisbeeren schmecken sehr streng. Die Beeren sollten spätestens 24 Stunden nach dem Pflücken gegessen werden; man kann sie im Kühlschrank aufbewahren. Waschen Sie sie erst, bevor Sie sie essen. Frisch vom Strauch enthalten sie sehr viel Vitamin C.

**Verwendung:** Aus beiden Sorten kann man Konfitüren, Gelees, Saucen, Eis, Sorbets und Kompott machen. Beide zusammen schmecken gut in einem Sommerpudding.

### Preiselbeeren (Kronsbeeren)

Knallrote Beeren, die auf der ganzen nördlichen Halbkugel auf Heideböden und in trockenen Wäldern wachsen und einen ganz eigenen Geschmack haben. Sie werden sowohl für süße Saucen, zu Eis oder zu Käsekuchen als auch für eher pikante Saucen (zu Wild, Truthahn, Rollbraten) verwendet.

### Stachelbeeren

Stachelbeeren sind meistens grün und haarig; die kleinen schmecken etwas säuerlich, die größeren sind süßer. Gut für Torten, Kuchen und Kompotte. Mit einer Stachelbeersauce können Sie einen Eisbecher auf nicht ganz alltägliche Weise verfeinern.

## Birnen

Birnen sind beliebte Früchte, von denen es verschiedene Sorten gibt. Im Kühlschrank kann man sie bis zu 2 Wochen lagern. Birnen sind reif, wenn Sie um den Stiel herum weich sind; dann allerdings sollte man sie sofort essen, da sie schneller als die meisten anderen Früchte faulen.

**Verwendung:** In Stücke geschnitten schmecken harte Birnen recht gut zu Salaten, aber im allgemeinen passen sie besser zu süßen Gerichten. Versuchen Sie einmal Birnenkaltschale, oder kochen Sie Birnen in Rotwein und Zimt und reichen Sie sie mit Schlagsahne. Legen Sie Birnenhälften auf einen Obstkuchen und garnieren Sie ihn, wenn er gebakken ist, mit Schokoladenraspeln. Birnen schmecken außerdem gut zu süßen Reisgerichten.

## Datteln

Frische Datteln werden zumeist aus dem Mittleren Osten importiert. Sie sind saftig, fleischig und sehr süß. Man kann sie nötigenfalls ein paar Tage im Kühlschrank aufbewahren. Kaufen Sie keine beschädigten oder schrumpeligen Früchte.

**Verwendung:** Sie sind wirklich zu teuer zum Kochen (dafür sollten Sie eher die billigeren, getrockneten Datteln nehmen). Waschen und schneiden Sie frische Datteln und mischen Sie sie in Obstsalate oder pikante Salate; Sie können sie auch der Länge nach aufschneiden, den Kern entfernen und mit Sahne oder Quark, mit Marzipan oder Walnußhälften füllen.

## Feigen

Frische Feigen werden aus den Mittelmeerländern importiert, sie sind aber teuer und nur selten zu bekommen. Der Grund dafür ist, daß sie sehr schlecht transportfähig sind und wirklich sofort nach dem Pflücken gegessen werden sollten. Wenn Sie welche bekommen, dann stellen Sie sie kühl, schälen sie und essen Sie sie roh oder vielleicht zusammen mit etwas Honig, ein paar Nüssen und Rahm.

## Kakifrüchte (Persimonen)

Kakifrüchte sind weniger bekannte Früchte, die Sie aber unbedingt einmal versuchen sollten. Sie sehen aus wie pfirsichfarbene Tomaten und können erst gegessen werden, wenn sie reif sind – vorher schmecken sie sehr bitter. Schneiden Sie die Spitze ab und lösen Sie das exotisch schmeckende Fruchtfleisch heraus. Kakifrüchte werden nicht immer reif; Früchte, die fast reif sind, kann man ein paar Tage bei Zimmertemperatur aufbewahren; dann schmecken sie köstlich. In der Regel werden die Früchte aus Israel oder Italien importiert.

## Kirschen

Der Name kommt von Cerasus, einer Stadt in Kleinasien, in der die Kirschen erstmals von Europäern entdeckt wurden; allerdings wurden sie in China und Japan schon seit Jahrhunderten gegessen. Die Römer brachten sie dann nach Mitteleuropa. Bei uns werden Süßkirschen und Sauerkirschen angebaut. Kirschen können tief dunkelrot oder ganz hell sein. Sie sollten sie kühl aufbewahren und essen, sobald sie reif sind.
**Verwendung:** Kirschen eignen sich besonders für Obstsalat, als Crêpefüllung oder als Kuchenbelag. Einen außergewöhnlichen Nachtisch erhalten Sie, wenn Sie Kirschen zu einer Sauce kochen und diese mit ein paar Tropfen Cognac flambieren.

## Lychees (Litschis)

Diese kleinen braunen Früchte mit ihrer rauhen Schale kommen aus dem Orient. Lychees werden oft auch in Dosen importiert, aber da der Fruchtsaft fast immer mit weißem Zucker hergestellt wird, schmeckt diese köstliche Frucht sehr wäßrig. Kaufen Sie also am besten nur frische Früchte. Lychees haben einen großen Kern, das rosarote Fruchtfleisch ist fest und süß und schmeckt am besten so, wie es ist. Man kann sie bei Zimmertemperatur bis zu 4 Tagen aufbewahren.

## Mangos

Mangos stammen ursprünglich aus Indien; die bei uns erhältlichen Früchte werden aus Afrika und Südamerika importiert. Sie sollten nur schwere und unbeschädigte Mangos kaufen. Sie sind eßbar, wenn sie zwar noch fest sind, aber auf leichten Druck nachgeben. Sie sind reich an Vitamin A und Vitamin C.
**Verwendung:** Am besten sind Mangos in Scheiben geschnitten, aber wenn Sie einmal etwas wirklich Exotisches möchten, machen Sie Eis oder ein Sorbet aus Mangos.

## Melonen

Es gibt verschiedene Melonensorten, die alle mehr oder weniger süß sind. Um herauszufinden, ob eine Melone reif ist, drücken Sie auf das dem Stielan-

satz gegenüberliegende Ende, das etwas nachgeben sollte. Reife Melonen können Sie ein paar Tage kühl lagern, bevor Sie sie essen. Wassermelonen (mit dem rosafarbenen Fruchtfleisch) sind ganz besonders gut gegen den Durst.
**Verwendung:** Melonenwürfel passen sowohl in Obstsalate als auch in pikantere Gerichte. Aus dem Fruchtfleisch kann man Sorbet machen. Frischkäse schmeckt ausgezeichnet mit Melone. Eine schnelle und interessante Vor- oder Nachspeise bekommen Sie, wenn Sie das obere Ende einer großen Melone abschneiden, das Fruchtfleisch herauslösen und es kegelförmig ausstechen, mit Saft, Orangenstückchen und Weintrauben mischen und dann das Ganze wieder in die ausgehöhlte Melone füllen.

## Pfirsiche

Pfirsiche werden hauptsächlich aus den Mittelmeerländern importiert, wo sie gepflückt werden, bevor sie reif sind, und dann auf dem Transport nachreifen. Leider schmecken sie deshalb nicht so gut wie Pfirsiche, die frisch vom Baum kommen. Zum Reifen kann man sie ein paar Tage bei Zimmertemperatur aufbewahren. Nektarinen schmekken ähnlich wie Pfirsiche und sehen auch beinahe gleich aus; sie haben nur eine ganz glatte Haut.
**Verwendung:** Mischen Sie kleingeschnittene Pfirsiche mit Zucker und Nüssen für eine Crêpefüllung. Rühren Sie zerdrückte Pfirsiche mit steifgeschlagenem Eiweiß für eine Nachspeise zusammen. Pürieren Sie Pfirsiche und servieren Sie sie als Sauce, oder verlängern Sie diese mit Mineralwasser oder Obstsäften zu einem Longdrink. Füllen Sie Pfirsichhälften mit Keks- oder Kuchenresten und überbacken Sie das Ganze kurz zu einem heißen Nachtisch. Füllen Sie süße Omeletts mit Pfirsichen.

## Pflaumen

Pflaumen gibt es bei uns in verschiedenen Farben und Formen. Viele Pflaumen werden auch importiert. Sie sind unterschiedlich süß; einige schmecken roh, andere eignen sich besser zum Kochen. Pflaumen enthalten recht viel Vitamin A. Die Damaszener Pflaumen sind am kleinsten und schmecken am intensivsten. Renekloden sind grün und können sowohl süß als auch ziemlich sauer sein. Alle reifen Pflaumen sollte man recht schnell essen; ein paar Tage kann man sie allerdings kühl lagern.
**Verwendung:** Für gewöhnlich werden Pflaumen in Torten, Aufläufen, Obstkuchen und anderen Süßspeisen verarbeitet. Außerdem eignen sie sich besonders gut für Konfitüren. Eine Pflaumensauce paßt hervorragend zu chinesischen Gemüsepfannen. Versuchen Sie auch einmal eine Pflaumenkaltschale.

## Rhabarber

Rhabarber gibt es bei uns schon seit Jahrhunderten. Ursprünglich wurde er vor allem wegen seiner großen Blätter und der Heilwirkungen seiner Wurzeln geschätzt; als Frucht hatte er kaum Bedeutung. Lange Zeit hindurch aß man Rhabarber höchst ungern, und obwohl er in vielen traditionellen Gerichten vorkommt, wird er nicht sehr geschätzt. Rhabarber sollten Sie kaufen oder ernten, wenn die Stengel fest sind und Sie sie ganz leicht brechen können. Sie können sie einige Tage im Gemüsefach im Kühlschrank aufbewahren oder sie sofort kochen und dann einfrieren. Rhabarber eignet sich nicht zum Rohessen.
**Verwendung:** Kochen Sie kleingeschnittenen Rhabarber so lange, bis er zwar weich, aber noch nicht

zerfallen ist. Sie werden eine ziemlich große Menge Zucker oder Honig brauchen – süßen Sie nach Geschmack. Nehmen Sie Rhabarber für Kuchen und Torten. Sie können auch eine ausgefallene Konfitüre aus Rhabarber machen und natürlich auch Rhabarberwein.

## Weintrauben

Weintrauben werden in riesigen Mengen aus Südeuropa importiert. Sie sind im Herbst sehr preiswert. Es werden viele verschiedene Sorten blauer und weißer Trauben angeboten. Sie können sie ein paar Tage im Gemüsefach des Kühlschranks aufbewahren, wenn Sie sie nicht sofort essen wollen.
**Verwendung:** Geben Sie Trauben in Salate oder ins Müsli. Mischen Sie kleine, kernlose Trauben mit Rahm oder Joghurt und füllen Sie Crêpes damit. Garnieren Sie einen Käsekuchen mit halbierten Früchten.

## Zitrusfrüchte

Die Zitrusfrüchte, die wir kaufen können, kommen meist aus dem Ausland, da unser Klima nicht warm genug für sie ist. Allerdings sind Orangen schon seit dem 13. Jahrhundert bei uns bekannt und werden seit dieser Zeit importiert. Zitrusfrüchte sind eine hervorragende Vitamin-C-Quelle. Oft sind die Schalen der Früchte chemisch behandelt (gewachst), manchmal sind sie sogar gefärbt. Zitrusfrüchte aus biologischem Anbau sind am besten und inzwischen fast überall erhältlich – erkundigen Sie sich! Kaufen Sie nur feste Früchte. Je schwerer sie sich anfühlen, desto mehr Saft enthalten sie.

### Grapefruits

Normalerweise sind sie gelb, aber Sie sollten nach den rosaroten texanischen Grapefruits Ausschau halten – sie sind süßer. Reichen Sie warme Grapefruits mit einem Klecks Butter und etwas Zimt. Kleingeschnittenes Grapefruitfleisch schmeckt sehr gut in Naturjoghurt. Versuchen Sie einmal eine Mischung aus Grapefruit und Avocado.

### Zitronen

Sie werden fast nur ihres Saftes wegen verwendet. Mit etwas abgeriebener Zitronenschale können Sie viele Gerichte interessanter machen; allerdings sollten Sie dafür nur Zitronen aus biologischem Anbau benutzen, da das Wachs, mit dem die Zitronen besprüht werden, giftig ist.

**Limonen**
Sie werden wie Zitronen verwendet.

**Orangen**
Orangen gibt es in vielen Sorten. Navelorangen sind am süßesten. Aus den bitteren Sevilla-Orangen macht man Orangenmarmelade.

**Satsumas**
Eine kleinere, leichter schälbare Orangenart, die Kinder besonders gern mögen.

**Mandarinen**
Mandarinen gibt es traditionell zu Weihnachten; sie sind eine weitere kleine, süße Orangenart. Sie schmecken als Sorbet sehr interessant.

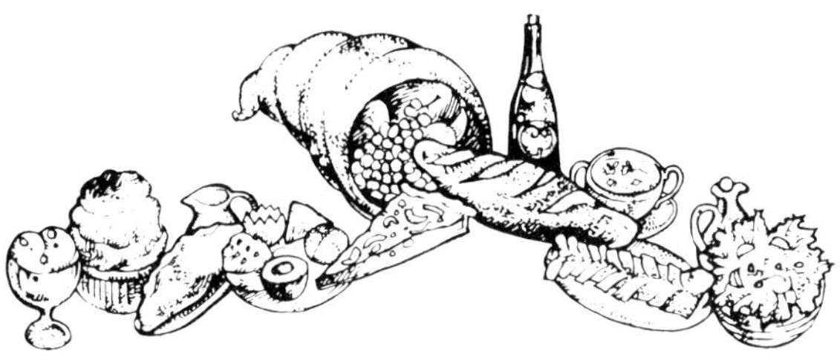

# Gemüse

**Was es ist:** Gemüse sind eßbare Pflanzen oder Pflanzenteile in nahezu unendlicher Vielfalt: Wurzeln, Stengel, Blätter, Schoten, Samen oder ganze Früchte. Jedermann sollte täglich etwas Gemüse essen, was ja bei der ungeheuren Sorten- und Rezeptvielfalt niemand schwerfallen dürfte.
**Herkunft:** Vor allem für die ärmeren Bevölkerungsschichten war Gemüse immer schon ein Grundnahrungsmittel: Sie konnten verschiedene Gemüsearten anbauen oder in ihrer Umgebung sammeln und hatten stets einen großen Topf Gemüsebrühe auf dem Feuer stehen. Die Römer brachten viele neue Sorten und Rezepte, und im Laufe der Jahrhunderte wurde Gemüse immer beliebter. Nach dem Zweiten Weltkrieg ist der Eigenanbau von Gemüse stark zurückgegangen, aber jetzt geht der Trend wieder in Richtung eigener Garten und Gemüseanbau.
**Nährwert:** Fast alle Gemüsesorten enthalten mehr oder weniger viele Vitamine und Mineralstoffe. Grünes Gemüse ist im allgemeinen reich an Folsäure, einem B-Vitamin, das sonst in fast keinem Nahrungsmittel vorkommt. Einige Sorten haben Vitamin A und Vitamin C, und in vielen sind Mineralsalze, vor allem Eisen. Ballaststoffe sind in Gemüse in unterschiedlichen Mengen vorhanden. Durch das Kochen werden viele Vitamine zerstört; deshalb sind kurze Garzeiten sehr wichtig. Verschiedene Gemüsesorten kann man auch roh essen.
**Einkauf und Lagerung:** Wenn Sie kein eigenes Gemüse ziehen können, dann versuchen Sie wenigstens, einheimisches Gemüse jahreszeitgemäß zu kaufen und zu verarbeiten, solange es noch frisch ist. Sie können Ihren Speiseplan abwechslungsreicher gestalten, wenn Sie zusätzlich Treibhausgemü-

se oder Importware kaufen. Kaufen Sie Ihr Gemüse in einem guten Geschäft und suchen Sie es sorgfältig aus. Gemüse aus biologischem Anbau ist besser als solches, das mit Kunstdünger gezogen wurde, und zwar nicht so sehr deshalb, weil es mehr Nährstoffe, sondern einfach, weil es weniger Chemie enthält. Wenn es in Ihrer Umgebung kein biologisch angebautes Gemüse gibt, dann sollten Sie aber auf gar keinen Fall auf die Idee kommen, überhaupt kein Gemüse mehr zu essen. Gespritztes Gemüse ist immer noch besser als gar kein Gemüse. Fast alle Gemüsesorten sind nur kurze Zeit haltbar, auch wenn man sie an einem kühlen, gut belüfteten Ort aufbewahrt. Einige Sorten halten sich etwas länger; auf alle Fälle aber büßen sie sehr schnell ihren Vitamingehalt ein. In Plastik verpacktes Gemüse sollten Sie so schnell wie möglich auspacken.

## Artischocken

Ein etwas ungewöhnliches Gemüse; eine meist kugelförmige Blütenknospe. Artischocken werden in der Regel aus dem Mittelmeerraum und aus der Bretagne importiert. Kaufen Sie die Artischocken, wenn sie noch fest geschlossen sind. Manchmal werden nur die wohlschmeckenden Artischockenböden verwendet, aber auch die fleischigen Blattenden haben einen sehr guten Geschmack und können in Saucen, Salatdressings oder in zerlassene Butter gestippt werden. Man ißt nur den fleischigen unteren Teil der Blätter.

**Verwendung:** Man kann ganze gegarte Artischokken mit verschiedenen Saucen servieren oder aber die Böden füllen. Man kann sie auch einfach weichkochen und heiß oder kalt zu verschiedenen Dips reichen.

## Auberginen (Eierfrüchte)

Dieses glänzende, dunkelviolette, ovale Gemüse kommt ursprünglich aus Südamerika. Es gibt sie fast das ganze Jahr über. Kaufen Sie nur feste, glatte Auberginen. Sie enthalten sehr viel Wasser und sind manchmal etwas bitter. Zum Entbittern schneiden Sie sie in Scheiben, streuen Salz darauf und lassen sie 30 Minuten ziehen. Dann mit kaltem Wasser abspülen und trockentupfen. Auberginen sind kalorienarm, dafür aber auch nicht besonders nährstoffreich. Makrobioten meiden sie.

**Verwendung:** Füllen und backen Sie Auberginenhälften. In Scheiben oder in Stücke geschnittene Auberginen können Sie mit Zwiebeln und Tomaten in einer Ratatouille dünsten. Sie sind ein Bestandteil der Moussaka. Köstlich schmecken sie paniert und in Olivenöl ausgebraten.

## Avocados

Avocados sind subtropische Früchte mit einem großen Kern, die eher wie ein Gemüse zubereitet werden. Die bei uns erhältlichen Früchte kommen meistens aus Israel oder Südafrika. Avocados werden mit Recht immer beliebter. Abgesehen davon, daß sie herrlich mild und cremig schmecken, sind sie ein natürliches Supernahrungsmittel, das reich an Proteinen, Pflanzenölen, Vitaminen des Vitamin-B-Komplexes und Mineralstoffen ist. Um zu prüfen, ob Avocados reif sind, drücken Sie auf die Früchte: Wenn sie noch hart sind, lassen Sie sie einfach bei Zimmertemperatur nachreifen.

**Verwendung:** Das einfachste Avocadorezept ist, sie zu halbieren, mit Zitronensaft zu beträufeln und mit Nüssen oder Hüttenkäse oder mit Kräutern gewürzt zu servieren. Kleingeschnitten kann man sie in Salate geben. Machen Sie auch einmal einen Dip oder eine Salatsauce mit Avocados. Avocadokaltschale ist herrlich im Sommer, und gebackene Avocados schmecken nicht nur im Winter.

Stecken Sie einen Avocadokern in einen Blumentopf; er wird bald keimen.

**Guacamole Dip**

*2 reife Avocados*
*2 Eßlöffel Zitronensaft*
*¼ kleine Zwiebel*
*Gewürze nach Geschmack*
*1 Prise Paprika*
*1 Prise Cayennepfeffer*
*Petersilie zum Garnieren*

Das Avocadofleisch mit dem Zitronensaft pürieren. Die feingehackte Zwiebel mit den Kräutern und Gewürzen in die Avocadomischung rühren. Kalt stellen. Mit Petersilie garniert servieren. Zum Stippen können Sie Zuckermais, Kartoffelchips, Cracker, Rohkost wie Sellerie, Karotten, Blumenkohl und Paprika nehmen. Sie können Guacamole auch im Mixer zubereiten.

## Bohnen

Von Frühjahr bis zum Herbst gibt es verschiedene, meist einheimische Bohnensorten. Die bekanntesten sind Stangenbohnen, Buschbohnen und die gelben Wachsbohnen. Die Bohnen sollten fest und fleckenlos sein und eine frische Farbe haben. Ein paar Tage können Sie sie im Kühlschrank aufbewahren, wenn Sie sie nicht sofort verarbeiten können.
**Verwendung:** Grüne Bohnen sollten nicht roh gegessen werden. Sie passen gut zu Tomaten und Zwiebeln. Sie schmecken kalt als Salat, werden aber vor allem als Butterbohnen und in Eintöpfen verwendet.

## Champignons

Man bekommt drei Arten von Champignons; am besten sind natürlich die Wiesenchampignons, die Sie selber pflücken müssen – dabei sollten Sie aber wirklich ganz sicher wissen, wie Champignons aussehen! Die gezüchteten weißen Champignons und die etwas dunkleren Egerlinge sind von derselben Familie.

Kaufen Sie nur feste Pilze mit einer gesunden Farbe. Da sie sehr schnell austrocknen, sollten Sie sie innerhalb von 1 bis 2 Tagen aufbrauchen.
**Verwendung:** Roh schmecken sie gut in Salaten, gekocht kann man sie vor allem für Eiergerichte wie Omelette und Soufflé verwenden. In Teig getaucht und fritiert schmecken sie ausgezeichnet mit einer Sauce hollandaise. Für ein griechisches Pilzgericht kochen Sie sie mit Knoblauch, Wein und Tomaten. Geben Sie Champignons auf eine Pizza oder machen Sie eine Sauce für Pasta daraus oder dünsten, braten oder grillen Sie sie einfach.

## Chicorée

Chicoréesprossen sollten weiß bis hellgrün und wohlgeformt sein. Dieses Gemüse wird hauptsächlich aus Belgien importiert. Es hat einen leicht bitteren Geschmack. Sie müssen vor allem den Strunk herausschneiden. Chicorée enthält Eisen und Folsäure.
**Verwendung:** Aus den unzerteilten Blättern läßt sich Salat machen, und man kann eine Schüssel für gemischten Salat hübsch damit auslegen. Kleingeschnitten kann man Chicorée zu anderem Gemüse geben. Ganze Sprossen schmecken, in Butter und Zitronensaft gedünstet, mit einer weißen oder Käsesauce oder überbacken sehr gut. Chicorée paßt auch zu Paprikaschoten.

## Erbsen

Am besten sind die einheimischen Erbsen, wenn man sie gegen Ende des Frühjahrs und im Frühsommer ganz jung pflückt. Die Schoten müssen glatt und unbeschädigt sein und eine frische Farbe haben. Außer den bei uns erhältlichen grünen und gelben Erbsen sind vor allem zwei importierte Erbsenspezialitäten unbedingt einen Versuch wert. Die eine sind die winzigen, süßen „petits pois“, die anderen die flachen „mange tout“, die man ganz ißt. Erbsen enthalten sehr viel Eiweiß, Folsäure und Vitamin C.

**Verwendung:** Machen Sie eine Erbsensuppe oder geben Sie Erbsen in Aufläufe und Eintöpfe. Sie sind auch in Rahmsaucen vorzüglich. Mit Erbsen können Sie allen möglichen Gerichten wie Omeletts, Tomatensaucen für Pasta, Käsemakkaroni, Pizzabelägen und gebackenem Gemüse Farbe und Eiweiß geben. Am besten kommt ihr Geschmack zur Geltung, wenn sie nur kurz in Salzwasser gedünstet und dann in Butter geschwenkt werden.

## Fenchel

Dieses aromatische, hellgrüne oder weiße Gemüse ist inzwischen auch bei uns bekannt geworden. Es hat eine feste Struktur und einen leichten Anisgeschmack. Kaufen Sie nur feste, runde Knollen.

**Verwendung:** In feine Scheiben geschnitten, paßt Fenchel roh zu Salaten, mit Tomaten und Kräutern gedünstet zu Mozzarellakäse. Gedünstet können Sie ihn auch mit einer weißen oder Orangensauce oder einfach mit Butter und Zitrone reichen. Essen Sie Fenchel nach einer Mahlzeit wie einen Apfel – er wird Ihnen guttun.

## Gurken

Am bekanntesten sind bei uns dic Schlangengurken, es werden im Handel aber auch die dickeren, wohlschmeckenden Gemüsegurken angeboten. Nehmen Sie nur feste und nicht zu große Exemplare.

**Verwendung:** Gurken nimmt man vor allem für Salate. Versuchen Sie einmal in Scheiben geschnittene oder geraspelte Gurken mit Naturjoghurt und Knoblauch vermischt. Auch eine Gurkenkaltschale bringt Abwechslung; gekocht schmecken sie gut in weißer Soße.

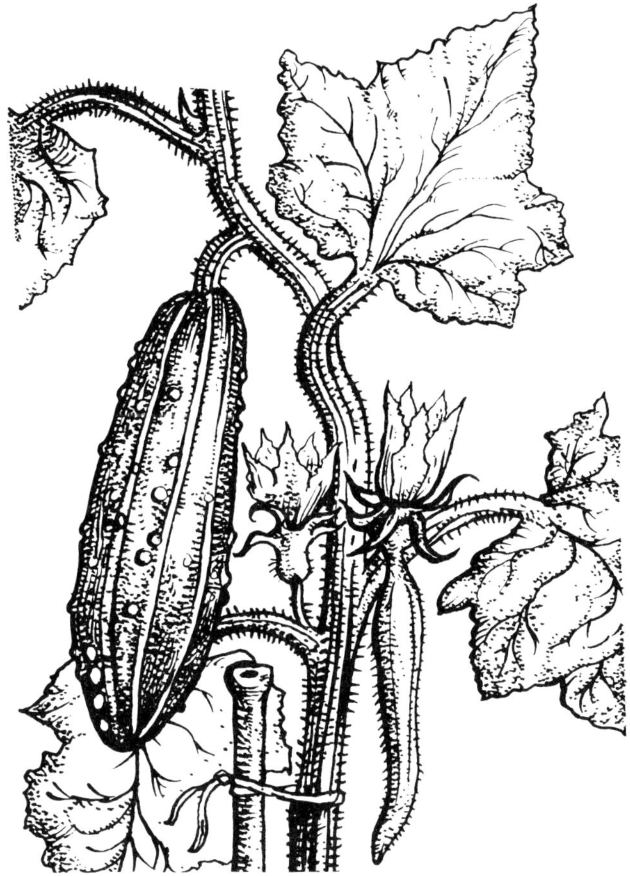

## Jerusalem-Artischocken (Topinambur)

Ein knotiges Gemüse, das eigentlich ein Wurzelstock ist. Es ist in Süddeutschland recht bekannt. Jerusalem-Artischocken haben festes, weiches Fleisch und einen leicht rauchigen Geschmack. Sie enthalten viel Kalium. Kaufen Sie keine schrumpeligen Knollen. Mit Zitronensaft gekocht bleibt das Fleisch weiß. Auch sind die Jerusalem-Artischokken gekocht leichter schälbar.
**Verwendung:** Püriert schmecken sie gut in winterlichen Suppen. Man kann sie auch kochen oder in Butter dünsten. In gedünstetem Gemüse sind sie geschmacklich mit Eßkastanien vergleichbar. Geben Sie sie in ein Soufflé oder bereiten Sie sie in einer hellen Sauce zu.

## Kartoffeln

Die Kartoffeln stammen aus Südamerika und wurden erst im 16. Jahrhundert in Europa bekannt; richtig beliebt wurden sie jedoch erst im 19. Jahrhundert. Kartoffeln sind eine ausgezeichnete vielseitige Beilage, die immer wieder schmeckt, ohne je langweilig zu werden oder dick zu machen. Mit nur 80 Kalorien pro 100 g ist ihr Kaloriengehalt nämlich wirklich niedrig – es sind vielmehr die Zubereitungsarten, die der Kartoffel den Ruf eines Dickmachers einbrachten. Neue Kartoffeln sollten sich etwas feucht anfühlen, und ihre Schale muß sich leicht abreiben lassen. Importierte neue Kartoffeln zu ungewöhnlichen Jahreszeiten schmecken oft fad.

Kartoffeln sollten fest, unbeschädigt und frei von Schimmel sein. Der wertvollste Teil der Kartoffel ist ihre Schale; essen Sie also nach Möglichkeit Pellkartoffeln. Achten Sie aber darauf, daß die Schalen nicht gespritzt sind, um das Keimen zu verhindern. Kartoffeln sind bei kühler, trockener Lagerung recht lange haltbar.
**Verwendung:** Neue Kartoffeln schmecken gekocht und mit Butter und Kräuterquark serviert herrlich; Sie können sie auch zu Kartoffelsalat verarbeiten. Mit Kartoffelbrei lassen sich Suppen andicken oder man kann ihn, zu Küchlein oder Kroketten geformt, fritieren. Geben Sie Kartoffeln auch in Eintöpfe. Pommes frites sind eigentlich gar nicht so schlecht, wenn das Fett wirklich heiß ist, so daß sich die Poren sofort schließen und die Kartoffeln nur relativ wenig Fett aufnehmen. Kartoffeln mit verschiedenen Saucen gehören zu den schnellsten und einfachsten Gerichten. Köstlich sind Aufläufe aus Kartoffeln und die verschiedenen Bratkartoffel-Zubereitungen.

## Kohl

Das ganze Jahr über gibt es eine Reihe verschiedener Kohlsorten; alle haben, wenn man sie nicht zerkocht, sehr viel Vitamin C und einige Mineralstoffe. Die meisten Kohlsorten werden bei uns angebaut. Kaufen Sie sie der Jahreszeit entsprechend und nehmen Sie nur solche, die eine gesunde Farbe haben und noch recht fest sind. Die beliebtesten Kohlsorten sind Rotkohl, Weißkohl und Wirsing.

**Verwendung:** Alle Kohlarten kann man roh geraspelt als Salat servieren. Rotkohl paßt gut zu Äpfeln und Zuckermais. Auch eingelegt schmeckt er gut. Weißkohl kann man als Suppe, Eintopf und Auflauf zubereiten. Vermengen Sie einmal gekochten Kohl und Kartoffeln mit etwas Käse, formen die Masse zu Küchlein und backen sie aus. Füllen Sie blanchierte Kohlblätter mit gekochten Getreidekörnern, Bohnen und Zwiebeln.

### Rot-und-Weißkohl-Salat

*½ kleiner Rotkohl*
*½ kleiner Weißkohl*
*1 Apfel*
*¼ kleine Zwiebel*
*50 g gekochter Zuckermais*
*50 g Erdnüsse*
*50 g Rosinen*

**Für das Dressing:**
*4 Eßlöffel Pflanzenöl*
*2 Eßlöffel Apfelessig*
*1 Teelöffel Honig*
*Gewürze nach Geschmack*

In einer Schüssel den fein geraspelten Kohl, den geriebenen Apfel und die fein gehackte Zwiebel mischen. Den abgetropften Zuckermais, die Erdnüsse und Rosinen unterheben. Die Dressingzutaten in einem Schüttelbecher kräftig schütteln und über den Krautsalat gießen. Vorsichtig vermischen und 1 Stunde vor dem Servieren kalt stellen.

### Blumenkohl

Blumenkohl gibt es jetzt fast das ganze Jahr über; im Sommer ist er jedoch besser und billiger. Achten Sie darauf, daß die Röschen noch fest geschlossen und ohne braune Flecken sind. Blumenkohl schmeckt sehr zart – zerkochen Sie ihn also nicht und lagern Sie ihn nicht zu lange.

**Verwendung:** Die einzelnen Röschen kann man roh in Salat mischen – versuchen Sie es mit Chinakohl, Tomaten, Bananen und Nüssen. Crème Dubarry ist eine klassische Blumenkohlsuppe. Überbackener Blumenkohl, mit Käsesoße und mit Semmelbröseln bestreut, schmeckt sehr gut; Sie können mit dieser Mischung auch Blätterteigpasteten füllen. Pürierter Blumenkohl ergibt, mit Tahini gemischt, eine köstliche Paste. Wieder anders schmeckt er mit Knoblauch und Zwiebeln in einer Tomatensauce gekocht.

### Brokkoli

Brokkoli ist eine Kohlsorte, bei der eigentlich die Blüte gegessen wird. Er wird auch bei uns angebaut. Brokkoli enthält recht viel Folsäure und Vitamin C.

**Verwendung:** Alle Brokkoliarten schmecken gekocht gut als Salat, besonders in einer Mayonnaisemarinade. Versuchen Sie einmal Brokkoliröschen in Teig getaucht und fritiert. Reichen Sie dazu eine Käsesoße und bestreuen Sie das Ganze mit Walnüssen.

### Chinakohl

Diese helle Kohlart wird bei uns immer beliebter; in China wird sie schon seit Jahrhunderten verwendet. Chinakohl gibt es das ganze Jahr über frisch; mild und knackig schmeckt er gut als Salat – vor allem im Winter. Chinakohl hält sich gut im Kühlschrank.

**Verwendung:** Kleingeschnitten ist er gut als Salat – besonders mit Früchten wie Aprikosen und Bananen vermischt. Kurz angedünstet können Sie ihn mit Sprossen oder Körnern bestreuen. Füllen und rollen Sie die unzerteilten Blätter und gießen Sie Tomatensauce darüber. Chinakohl ist ein köstlicher Bestandteil von gedünstetem Gemüse.

### Rosenkohl

Diese Miniaturkohlköpfe wurden zuerst in den Niederlanden angebaut. Rosenkohl ist ein Wintergemüse mit einem nussigen Geschmack, das am besten ist, wenn es etwas Frost abbekommen hat. Kaufen Sie nur kleine, ebenmäßige, frische Röschen und bewahren Sie nur kurz im Kühlschrank auf. Frischer Rosenkohl enthält viel Folsäure und Vitamin C.

**Verwendung:** Rosenkohl schmeckt gut in Suppen und Gemüseeintöpfen und zu allen möglichen Pilzen. Von den verschiedenen Nußsorten passen zu Rosenkohl am besten Paranüsse, Mandeln, Erdnüsse und Eßkastanien. Junger, kleingeschnittener Rosenkohl schmeckt roh sehr gut als Salat. Am besten schmeckt er nur in Salzwasser gekocht und mit Butter abgeschmeckt.

### Einfache Gemüsebrühe

*400 bis 500 g gemischtes Gemüse**
*30 g Margarine*
*gehackte Petersilie*
*Gewürzmischung*
*1 ¾ Liter Wasser*
*Gewürze nach Geschmack*

Das Gemüse kleinschneiden und etwa 5 Minuten in dem zerlassenen Fett anbraten; nicht anbrennen lassen. Petersilie, Gewürzmischung und Wasser zugeben, zum Kochen bringen, dann wenigstens 30 Minuten, besser 1 Stunde oder länger zugedeckt köcheln lassen. Etwas abkühlen lassen, dann die Brühe durchseihen. Entweder sofort servieren oder bis zu 3 Tagen im Kühlschrank aufbewahren. Brühe können Sie in einem Eiswürfelbehälter einfrieren – Sie können dann die Würfel nach Bedarf verwenden.

*) Sie können alle Gemüsesorten für die Brühe verwenden, einschließlich der Schalen (waschen Sie sie aber gründlich), Selleriespitzen und die äußeren Blätter von Kohl, Rosenkohl und Kopfsalat.

## Kresse

### Brunnenkresse und Gartenkresse

Die rundblättrige Brunnenkresse ist eine einheimische, teilweise sogar noch wildwachsende Pflanze; im Laden ist sie seltener erhältlich. Kaufen Sie bevorzugt Kresse mit glänzenden, dunkelgrünen Blättern und langen Stielen. Kunstdünger und Luft- und Wasserverunreinigungen lassen es leider geraten erscheinen, wilde Kresse zu meiden, außer Sie sind ganz sicher, daß sie in einem sauberen Wasser steht. Die bekannte Gartenkresse ist leicht aus Samen selber zu ziehen. Kresse sollte man eigentlich nur ganz frisch essen, aber in einer luftdurchlässigen Plastiktüte hält sie sich im Gemüsefach des Kühlschranks 1 bis 2 Tage. Kresse ißt man gelegentlich wegen ihres Eisengehalts, der aber auch nicht höher ist als in anderem Grünzeug: Petersilie z. B. hat fünfmal so viel Eisen wie Kresse.

**Verwendung:** Man gibt Kresse in der Regel in den Salat. Versuchen Sie aber auch einmal eine Brunnenkressesuppe. Ungewöhnlich schmeckt sie in Schmorgemüse. Sie können die kleingeschnittenen Blätter auch einmal in Mayonnaise rühren.

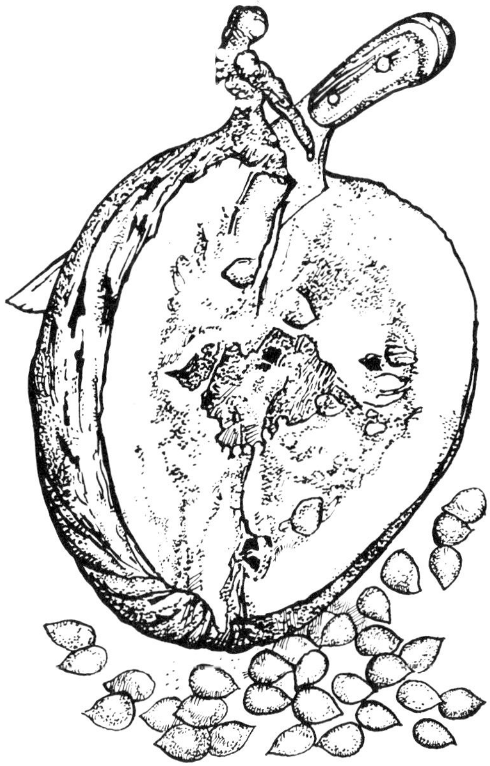

## Kürbis

Die Heimat der großen Winterkürbisse mit ihrem hellen, orangefarbenen Fleisch ist Nordamerika, wo sie riesig groß werden können. In unserem kühleren Klima werden sie in der Regel nicht viel schwerer als 7 kg. Wegen ihrer Größe werden sie häufig scheibenweise angeboten. Wenn Sie solche Kürbisscheiben kaufen, achten Sie darauf, daß sie

frisch geschnitten sind und daß das Fleisch fest und nicht holzig aussieht. Kürbisscheiben sollte man so schnell wie möglich aufbrauchen; eingepackt halten sie sich aber doch 1 bis 2 Tage im Kühlschrank. Kürbis hat nur $^1/_5$ der Kalorienmenge von Kartoffeln und nur halb soviel Kalorien wie Spinat; er kann aber zu sehr sättigenden Gerichten verarbeitet werden.
**Verwendung:** Ein probierenswertes Kürbisrezept ist ein süßer, würziger Kuchen. Aus Kürbispüree mit Zwiebeln, Pfeffer, Nüssen und Käse kann man einen pikanten Auflauf machen. Kürbissuppe schmeckt ungewöhnlich und hat eine herrliche Farbe. Kürbis kann man gebacken oder geröstet und in Butter geschwenkt als Gemüsebeilage servieren. Gewürfelt schmeckt er gut in Eintöpfen und Schmorgemüse.

### Markkürbis (Eierkürbis)

Der Markkürbis ist ein langes, schweres Herbstgemüse, das glatt und glänzend sein sollte. Wenn er reif ist, kann man die Haut ganz leicht mit dem Fingernagel eindrücken. Markkürbisse halten sich recht lange im Kühlschrank; Sie können einen unreifen Kürbis im Warmen auch nachreifen lassen. Die kleineren Exemplare schmecken besser.
**Verwendung:** Gewürfelt, leicht gedünstet, gekühlt und mit Joghurt und Kräutern angemacht, schmeckt Kürbis herrlich. In einer Ratatouille kann man statt Zucchini Kürbis nehmen. Reichen Sie ihn in einer Käsesauce. Kürbisringe kann man füllen und backen. Ältere Kürbisse kann man zu Konfitüre verarbeiten oder süß-sauer einlegen. Kürbis-Ingwer-Marmelade ist ein traditionelles Rezept.

## Lauch

Lauch ist ein beliebtes Wintergemüse, das bei uns gut gedeiht. Er gehört wie die Zwiebel zu den Liliengewächsen. Die dünnen Lauchstangen sind besonders mild. Kaufen Sie keinen gelben oder welken Lauch. Zum Waschen – er kann nämlich sehr schmutzig sein – schneiden Sie ihn am besten der Länge nach auf und spülen ihn unter fließendem Wasser ab. Lauch enthält Vitamin C.
**Verwendung:** Leicht blanchiert paßt er zu Salaten; allein schmeckt er am besten mit einer Sauce Vinaigrette. Jungen Lauch kann man roh essen – allerdings sehr fein geschnitten und nicht zuviel, da er etwas streng schmeckt. Gedünstet können Sie ihn mit einer weißen oder Käsesauce reichen. Geben Sie Lauch in Suppen und in Eintöpfe. Er paßt besonders gut zu Tomaten. Die harten grünen Blätter werden nicht verwendet.

## Okraschoten

Okraschoten sind eine kleine, grüne, fingerförmige Gemüsesorte, die auf den Westindischen Inseln beheimatet ist. Frische Okras finden Sie gelegentlich in guten Gemüsegeschäften, sie sind aber ziemlich teuer. Kaufen Sie auf keinen Fall welke Okras, und nehmen Sie am besten nur solche, die nicht länger als 10 cm sind, da sie leicht hart werden.
**Verwendung:** Geben Sie Okras zu Suppen und Eintöpfen. Reichen Sie sie mit Zwiebeln, Sellerie und Paprika in einer Tomatensauce. In Teig getaucht schmecken sie auch fritiert sehr gut. Sie können mit Okras Currygerichte und andere würzige Speisen verfeinern.

## Paprikaschoten

Paprika gehört zu den Nachtschattengewächsen und wird erst in jüngerer Zeit auch bei uns angebaut. Die meisten Arten sind zunächst grün und werden dann erst gelb oder rot. Wenn sie reif sind, schmecken sie etwas milder und süßer. Kaufen Sie nur feste, glatte Paprikaschoten. Angeschnittene Schoten sollten Sie in einer Plastiktüte im Kühlschrank aufbewahren. Sie enthalten sehr viel Vitamin C; allerdings sollte man sie ganz frisch essen.
**Verwendung:** Roher Paprika schmeckt gut in Salaten, gedünstet in südlichen Eintöpfen. Versuchen Sie Paprika mit Zwiebeln und Walnüssen gedünstet für eine Crêpefüllung. Ganze Paprikaschoten kann man mit Semmelbröseln oder gekochten Körnern, Pinienkernen und Rosinen füllen und backen.

### Gefüllte Paprikaschoten

*1 große rote Paprikaschote*
*2 große grüne Paprikaschoten*
*1 große gelbe Paprikaschote*
*(Sie können auch nur eine Sorte nehmen)*
*100 g gekochte Körner (Bulgur, Reis, Weizenkörner)*
*1 Eßlöffel Pflanzenöl*
*2 Frühlingszwiebeln*
*1 große Selleriestange*
*50 g gehackte Mandeln*
*50 g Rosinen*
*frische Petersilie*
*Gewürze nach Geschmack*
*50 g geriebener Emmentaler*

Die Paprikaschoten in der Mitte halbieren und die Stiele und Kerne entfernen. 2 bis 3 Minuten in kochendem Wasser blanchieren, abtropfen lassen, in kaltem Wasser abspülen, noch einmal abtropfen lassen. Dicht nebeneinander in eine feuerfeste Form geben.

Das Öl erhitzen und die gehackten Zwiebeln ein paar Minuten anbraten, dann den feingeschnittenen Sellerie zugeben und einige Minuten weiterbraten. Die Mandeln hineinrühren und bei geringer Hitze so lange weiterbraten, bis die Mandeln etwas Farbe bekommen. Die Körner zugeben. Vom Herd nehmen und die Rosinen, reichlich gehackte Petersilie und die Gewürze unterrühren. Mit dieser Mischung die Paprikahälften füllen. Mit Käse bestreuen. Bei 180° (Gas Stufe 5) 35 bis 40 Minuten im Backofen garen.

## Rettiche

Diese verschieden aussehenden Wurzelgemüse schmecken alle knackig und leicht pfeffrig. Der Geschmack kommt von dem in ihnen enthaltenen Senföl. Rettiche sollen appetitanregend wirken. Es gibt fast das ganze Jahr über einheimische Rettiche zu kaufen. Kaufen Sie Rettiche wenn möglich immer mit Blattgrün, und entfernen Sie es erst bei der Zubereitung. Bewahren Sie Rettiche kühl auf.

**Verwendung:** Rettiche werden meistens für Salate oder zum Garnieren verwendet. Ältere Exemplare können Sie kochen und mit Butter- oder Petersiliensauce servieren.

## Rote Bete

Ein nach dem Schälen dunkelrotes Wurzelgemüse, das gewöhnlich schon eingelegt angeboten wird. Rote Bete gibt es fast das ganze Jahr über; am besten schmecken sie jedoch nach der Ernte im Spätsommer. Kaufen Sie möglichst nur die kleineren, süßeren Rüben. Versuchen Sie sie einmal als Rohkost. Auch die Blätter der roten Bete schmecken gut, bereiten Sie sie wie Spinat zu.
**Verwendung:** Eingelegte rote Bete reicht man kalt als Salat. Frisch gekochte Bete schmecken warm in einer weißen Sauce. Dazu passende Gewürze sind u.a. Ingwer, Kümmel und saure Sahne. Das bekannteste Rezept mit roten Beten ist der Borschtsch. Junge rohe rote Bete schmecken fein geraspelt und mit anderem Gemüse wie Sellerie und Äpfeln gemischt einfach herrlich.

## Salat

Die meisten Salatsorten gibt es bei uns praktisch das ganze Jahr über, und alle werden auch hier angebaut. Sie sollten vor allem nach Kopfsalat und dem krausen, leicht bitteren Endiviensalat Ausschau halten. Alle Salate müssen jedoch fest und knackig sein und dürften keinerlei Verfärbungen aufweisen. Die zarteren Sommersalate halten sich nur etwa einen Tag, einige festere Arten können Sie bis zu einer Woche im Kühlschrank aufbewahren. Kopfsalat enthält etwas Vitamin A, besonders in den äußeren Blättern.

**Verwendung:** Kopfsalat wird fast immer als Salat angemacht. Einen interessanten Salat können Sie aus einer Mischung aus verschiedenen grünen Salaten bekommen. Wenn Sie grünen Salat übrig haben oder er besonders billig ist, machen Sie doch einmal eine Salatcremesuppe oder kochen ihn zusammen mit Zwiebeln als gewöhnliches Gemüse. Füllen Sie auch einmal Salatblätter mit Reis und Nüssen.

## Sellerie

### Knollensellerie

Dieses Wurzelgemüse gibt es das ganze Jahr über. Knollensellerie hat weiches, weißes Fleisch und einen feinen Geschmack. Nehmen Sie nur feste, schwere Knollen.

**Verwendung:** Sellerie gibt Gemüsesuppen einen feinen Geschmack. Roh geraspelt kann man aus Knollensellerie Salate machen. Püriert können Sie ihn wie Gemüse oder als Pfannkuchenfüllung verarbeiten. Auch zu einem Bohnenauflauf läßt er sich verwenden. Gekocht schmeckt er am besten mit einer Sauce hollandaise.

**Bleichsellerie (Staudensellerie)**
Kaufen Sie vom Bleichsellerie nur knackige, fleckenlose Stangen – das Blattgrün zeigt Ihnen, wie frisch sie sind. Sie können sie ein paar Tage im Kühlschrank aufbewahren.
**Verwendung:** Bleichsellerie wird vor allem für Salate verwendet. Man kann ihn auch in Suppen mitkochen oder ihn in Eintöpfe und Aufläufe schneiden. Bleichsellerie paßt in einer Tomatensauce gut zu Spaghetti. Geschmorter Bleichsellerie, mit Mandeln bestreut, schmeckt einfach köstlich.

## Spargel

Spargel sind die jungen Triebe eines Liliengewächses, die auch bei uns angebaut werden, aber vielfach auch aus der Mittelmeerregion importiert werden. Die Spargelzeit im Fruhsommer ist leider nur sehr kurz. Spargel ist relativ teuer. Es gibt dikkere weiße, violette und grünliche Spargelstangen – kaufen Sie keinen holzigen oder welken Spargel. Nach dem Einkauf sollten Sie ihn so schnell wie möglich verarbeiten.
**Verwendung:** Das beste Spargelrezept ist immer noch, ihn einfach zu kochen und mit Butter oder einer Sauce hollandaise zu servieren. Man kann ihn auch für Quiches, Gemüsetorten und Soufflés verwenden. Spargel paßt besonders gut zu Eiern. Versuchen Sie ihn einmal mit einer Käsesauce.

## Spinat

Spinat gibt es heute in verschiedenen Sorten, und Sie können ihn fast das ganze Jahr über frisch bekommen; im Sommer sind seine Blätter jedoch zarter. Spinat enthält recht viel Eisen. Kaufen Sie nur frische, knackige Blätter und behandeln Sie Spinat ein wenig vorsichtig, da er etwas empfindlich ist. Waschen Sie ihn erst kurz vor der Verarbeitung. Er ist kurze Zeit im Kühlschrank haltbar, aber am besten essen Sie ihn so schnell wie möglich nach dem Pflücken oder Einkaufen.
**Verwendung:** Mit Zwiebeln und Muskat gedünstet ergibt Spinat eine Füllung für Pfannkuchen, die man in einer Käsesoße servieren kann. Dünsten Sie Spinat, mischen ihn dann mit Ei und Ricottakäse und füllen Cannelloni damit oder machen Lasagne. Geben Sie ihn zu Suppen und Soufflés. Junge Spinatblätter kann man gewaschen, getrocknet, kleingehackt und vielleicht mit ein paar Mandelsplittern bestreut roh essen.

## Tomaten

Tomaten wurden früher nur als Zierpflanzen gezogen; ja man hielt es sogar für gefährlich, sie zu essen, und auch heute sind Makrobioten nicht gerade überzeugte Tomatenfans. Tomaten gibt es in den verschiedensten Formen und Geschmacksrichtungen, und sie werden fast auf der ganzen Welt gegessen. Kaufen Sie immer nur feste und unbeschädigte Tomaten. Unreife Früchte können Sie im Kühlschrank langsam nachreifen lassen; reife, weiche Früchte sollte man allerdings bei Zimmertemperatur aufbewahren und so schnell wie möglich essen.
**Verwendung:** Tomaten sind sehr beliebt in Salaten; mindestens genauso beliebt sind sie gekocht in Sau-

cen, die man zu einer italienischen Pasta serviert oder mit der man eine Pizza vor dem Belegen bestreicht. Tomaten, die gedünstet werden, müssen aber geschält sein. Außerdem passen sie sehr gut zu Auberginen, wie zu vielen Gerichten aus dem Mittleren Osten – würzen Sie kräftig und reichen Sie das Gemüse mit Joghurt. Geben Sie Tomaten in Eintöpfe, Gemüsekuchen und Quiches. Machen Sie eine Tomatensuppe oder eine Kaltschale. Eine ungewöhnliche Vorspeise ist ein pikantes Tomatensorbet. Aus weichen Tomaten kann man Sauce kochen und diese dann einfrieren. Grüne Tomaten ergeben ein ausgezeichnetes Chutney.

## Wurzeln

Einige der in diesem Kapitel beschriebenen Gemüsearten sind Wurzelgemüse; es gibt aber auch Sorten, die man traditionell als Winterwurzelgemüse zusammenfaßt und die man vor allem für Eintöpfe, Aufläufe und Suppen verwendet. Dazu gehören Karotten (besonders wertvoll wegen ihres hohen Vitamin-A-Gehalts), Pastinaken, Schwarzwurzeln und Steckrüben. Außer Karotten sind all diese Gemüsearten im Winter am besten und am billigsten. Nehmen Sie nur feste, unbeschädigte Exemplare und achten Sie auf Wurmstichigkeit. Wurzeln halten an einem kühlen, trockenen, gut belüfteten Ort recht lange.

**Verwendung:** Geben Sie Wurzeln in Gemüseeintöpfe. Fein geraspelt kann man sie roh in Salate mischen. Püriert ergeben sie ein Gemüse oder mit Ei vermischt eine Pfannkuchenfüllung; Sie können aber auch ein Soufflé mit Wurzelpüree verfeinern. Reichen Sie sie mit Käse-, weißer oder Tomatensauce. Dünne Pastinakenscheiben kann man anbraten; Karotten, die als einzige Wurzelart das ganze Jahr über frisch erhältlich sind, kann man, solange sie ganz jung und süß sind, dünsten und mit etwas Butter und viel Petersilie servieren. Später schmekken sie auch sehr gut in einer Knoblauchsauce.

## Zucchini

Zucchini gehören zur Kürbisfamilie. Sie gedeihen auch bei uns recht gut. Sie werden vor allem für Gerichte aus dem Mittelmeerraum verwendet. Am besten schmecken sie im Frühsommer; man sollte sie nicht zu groß werden lassen, weil sonst ihre Schale immer härter wird. Bewahren Sie sie ungeschält im Kühlschrank auf und verarbeiten Sie sie so schnell wie möglich.

**Verwendung:** Geraspelt können Sie Zucchini roh als Salat anrichten. In Suppen sollten Sie Zucchini erst ganz zum Schluß zugeben, da sie sehr schnell zerkocht sind. Der Länge nach aufgeschnitten können Sie sie mit einer würzigen Linsenmischung füllen und überbacken. In Scheiben geschnitten schmecken sie, mit Weizenkeimen paniert, in Öl angebacken und mit einer Käsesauce serviert, vorzüglich. Verwenden Sie Zucchini auch einmal in einem Gemüsekebab.

## Zuckermais

Zuckermais ist in Nordamerika sehr beliebt und wird jetzt auch bei uns angebaut. Frische Maiskolben bekommt man gewöhnlich nur ganz kurze Zeit im Spätsommer, und man sollte sie dann auch sofort essen, da sich der in den Körnern enthaltene Zucker sehr schnell in Stärke umwandelt und sie dann weniger süß schmecken. Kaufen Sie nur runde, wohlgeformte Kolben und enthülsen Sie sie erst kurz vor der Zubereitung.

**Verwendung:** Es gibt kaum etwas Köstlicheres als ganz leicht gebratene Maiskolben mit etwas Butter, Margarine oder Tahini. Sie können die Maiskörner auch mit einem scharfen Messer vom Kolben lösen und in Suppen, Eintöpfe und Gemüseaufläufe geben oder Eiergerichte und Füllungen so etwas bunter machen. Mais schmeckt auch in Salaten sehr gut, vor allem, wenn man ihn mit Bohnensprossen mischt.

## Zwiebeln

Zwiebeln gehören zu den ältesten angebauten Gemüsearten überhaupt. Sie sind in vielen Kulturen eine wichtige Zutat zu allen möglichen Gerichten. Das ganze Jahr über gibt es verschiedene Zwiebelsorten, von denen die meisten bei uns angebaut werden. Kaufen Sie keine angeschlagenen, angefaulten oder keimenden Zwiebeln. An einem kühlen, dunklen Platz halten sie recht lange. Versuchen Sie, die winzigen Silberzwiebeln, die milderen Schalotten oder Frühlingszwiebeln für Salate zu bekommen. Größere Sorten wie die Gemüsezwiebel sind im allgemeinen milder; die einheimischen Zwiebeln sind etwas schärfer und eignen sich am besten zum Kochen.

**Verwendung:** Eintöpfe und Aufläufe bekommen mit Zwiebeln einen kräftigeren Geschmack. Sie passen auch zu Eiern; geben Sie sie also auch zu Omeletts und Soufflés. Berühmt ist die französische Zwiebelsuppe. Gemüsezwiebeln können Sie mit Semmelbröseln, Käse, Nüssen und Kräutern füllen und backen. Rohe Zwiebeln sind in fast jeder Art von Salat sehr schmackhaft.

# Getränke

**Was sie sind:** Wir müssen alle eine bestimmte Menge Flüssigkeit pro Tag zu uns nehmen, und diese Menge ist vom Klima, den jeweiligen Lebensumständen usw. abhängig. Am besten wäre natürlich Wasser aus einem sauberen Gebirgsbach, aber nur wenige haben solche Möglichkeiten. Statt dessen trinken wir lieber große Mengen Kaffee und Tee, die beide ungesunde Stoffe enthalten, den Körper und das Nervensystem unter Streß setzen und sogar süchtig machen können. Viele Menschen, und vor allem Kinder, trinken vor allem Limonaden, die noch schädlichere Stoffe enthalten (Farb- und Geschmacksstoffe usw.). Für viele ist Trinken auch gleichbedeutend mit Alkohol, und wenn man bei Freunden auf einen Drink eingeladen ist, wäre man wohl recht enttäuscht, wenn man nur Quellwasser bekäme. Etwas Bier oder Wein kann gut für den Körper sein, Streßgefühle lösen und den Blutfettspiegel senken und uns so gegen Herzinfarkt schützen. Übermäßiger Alkoholgenuß ist jedoch zu einem Gesellschaftsspiel geworden, auf das unser Körper leicht verzichten kann. Auf den folgenden Seiten finden Sie Alternativgetränke, die den Durst stillen, erfrischen und überhaupt nicht schädlich sind.

## Kaffee-Ersatz

Diese Getränke sind keineswegs so beliebt, wie sie es eigentlich sein sollten, da fast jeder erwartet, sie würden auch wie Kaffee schmecken – und das tun sie eben nicht. Sie werden z.B. aus Löwenzahnwurzeln, Malz, Gerste, Zichorie und Feigen hergestellt und sind vor allem in Reformhäusern und Naturkostläden erhältlich. Meistens gibt es sie in Pulverform, so daß man sie ganz einfach zubereiten kann. Diese Alternativen zum Kaffee werden sich nur positiv auf Ihre Gesundheit auswirken. Sie entziehen darüber hinaus durch deren Verwendung den multinationalen Konzernen Ihre Unterstützung, die an einer Kaffee-Ernte verdienen, deren Anbau Millionen Hektar Land verschlingt, das für den Anbau lebenswichtiger Güter fehlt und die außerdem für die katastrophale Abholzung riesiger Waldgebiete in Südamerika verantwortlich sind. Versuchen Sie diese Alternativen, aber genießen Sie diese als völlig eigenständige Getränke und nicht als Kaffee, der etwas eigenartig schmeckt. Sie werden zu der Feststellung kommen, daß diese sogar ganz vorzüglich schmecken.

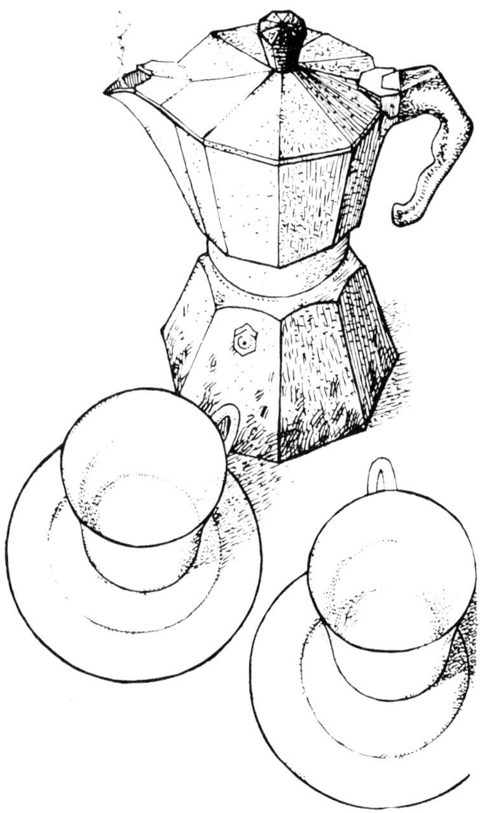

## Koffeinfreier Kaffee

Koffeinfreier Kaffee wird immer beliebter. Man kann ihn sowohl in ganzen Bohnen als auch als Instant-Kaffee bekommen. Er wird tatsächlich aus echten Kaffeebohnen gewonnen, denen das Koffein entzogen wurde. Sie werden mit kochendem Äthylen-Dichlorid oder Methylen-Dichlorid behandelt. Viele Ernährungswissenschaftler sind inzwischen der Meinung, daß durch diesen massiven Einsatz von Chemikalien und ihre möglichen Rückstände koffeinfreier Kaffee ebenso schädlich ist wie der übliche Kaffee. Das konnte allerdings bisher nicht bewiesen werden.

## Kräutertees

Kräutertees enthalten im Gegensatz zum Schwarztee keine Gerbsäure und Koffein (Thein), außerdem sind sie nicht gefärbt. Viele haben zudem heilende Wirkung. Bereiten Sie sie aus frischen Blättern zu, wenn es sie gibt, sonst kaufen Sie getrocknete Kräuter. Es gibt heute sogar schon eine große Auswahl verschiedener Kräutertees in Aufgußbeuteln, einzeln oder als Mischung und häufig mit Gewürzzusätzen. Vergessen Sie nicht, daß Kräuter starke Wirkungen haben können – es ist also besser, nicht ständig die gleiche Teesorte zu trinken, sondern öfter einmal abzuwechseln. Hier sind einige der beliebtesten Teesorten:

Kamille: Antiseptisch, lindernd; ein guter Schlaftrunk.
Löwenzahn: Frische, junge Blätter verwenden.
Holunderblüten: Blutreinigend; schmeckt ein wenig wie Limonade.
Fenchel: Besonders gut nach dem Essen oder bei Magenkrämpfen.
Hibiskus: Köstlich fruchtig im Geschmack.
Zitronenmelisse: Ein frischer, sommerlicher Geschmack; beruhigend.
Eisenkraut: Ein ausgezeichnetes Beruhigungsmittel.
Mu-Tee: Eine klassische Mischung aus Ginseng und anderen orientalischen Kräutern.
Brennessel: Nicht so hart wie ihr Ruf! Enthält viel Eisen und Vitamin C.
Orangenblüten: Ein gutes Schlafmittel.
Pfefferminze: Ein allgemein beliebter guter Durstlöscher.
Himbeerblätter: Wirkt stärkend.
Hagebutten: Ebenfalls sehr beliebt; süßer als die meisten anderen Tees.
Salbei: Ausgezeichnet bei Erkältungen und nervöser Erschöpfung.
Grüne Minze: Gut für die Verdauung.

### Säfte

Obst- und Gemüsesäfte enthalten von dem, aus dem sie bestehen, nur das Beste, und das in konzentrierter Form. Deshalb sind sie eher Nahrungsmittel als nur reines Getränk.

Natürlich kann man sie je nach Geschmack mit etwas Zitronensaft oder mit Eiswürfeln verdünnen. Zu Hause macht man Säfte am besten mit einer Zitruspresse oder einem Entsafter; man sollte sie dann sofort frisch trinken. Sie sind vor allem für Kinder, die ja oft kein Obst und Gemüse mögen, oder für ältere Leute gut geeignet, die nicht mehr richtig beißen können.

Wenn Sie Säfte kaufen, achten Sie auf das Etikett. Diese Säfte sind zwar in jedem Fall schlechter als frisch gepreßte, aber es gibt inzwischen viele Säfte ohne Farbstoffe oder sonstige Zusätze. Hüten Sie sich jedoch vor gezuckerten Säften. Die meisten der angebotenen Säfte bestehen aus Fruchtsaftkonzentrat; kaufen Sie lieber einheimischen, frisch gepreßten Apfelsaft.

### Wasser

Leitungswasser kann heute nicht mehr überall unbedenklich getrunken werden. In einigen Gebieten enthält es natürliches Fluor, in anderen wird es oft im Übermaß künstlich damit angereichert. Außerdem finden sich im Leitungswasser manchmal wegen Überdüngung oder unzureichender Kanalisation schädliche Mengen von Nitraten. Wenn Sie bezüglich Ihres Trinkwassers im Zweifel sind, kochen Sie es am besten ab. Wenn es Sie interessiert, sollten Sie bei Ihrem Wasserwerk eine Analyse Ihres Leitungswassers anfordern. Eine ausgezeichnete Alternative ist Mineralwasser. Der Kauf lohnt sich nicht nur wegen des Geschmacks, sondern auch wegen der Heilwirkung.

Übrigens sind eisgekühlte Getränke ein Schock für Ihren Körper und sollten deshalb gemieden werden; aber auch sehr heiße Getränke sind nicht besonders gut.

## Ghee

**Was es ist:** Ghee entspricht unserem Butterschmalz. Butterschmalz ist preiswerter als Butter und im Lebensmittelhandel erhältlich.
**Herkunft:** Die Heimat des Ghee ist der indische Subkontinent, wo es wegen der langen Haltbarkeit besonders geschätzt wird.
**Nährwert:** Ghee hat einen geringeren Fettgehalt als Butter, da die ungesättigten Fettsäuren herausgefiltert werden, ist aber immer noch ein konzentriertes Fettprodukt. Ghee verbrennt nicht so schnell wie Butter und kann deshalb stärker erhitzt werden; dadurch nimmt das, was Sie anbraten wollen, viel weniger Fett auf.
**Einkauf und Lagerung:** Eingepackt und im Kühlschrank gelagert hält sich Ghee etwa 1 Jahr.
**Verwendung:** Verwenden Sie Ghee beim Kochen genau wie Butter.

# Hefe

**Was es ist:** Hefe ist ein Pilz, der mit Hilfe von Enzymen einen Gärungsvorgang ermöglicht. Sie wird beim Backen, Bierbrauen und Weinkeltern als Treib- und Gärmittel verwendet. Naturbelassene Hefe kann man in Trockenform oder frisch kaufen. Hefe wird auf verschiedene Arten hergestellt. Es gibt heute eine neuartige Trockenhefe mit Vitamin-C-Zusatz, die den Gärprozeß beschleunigt.
**Herkunft:** Hefe wurde bereits von den alten Ägyptern entdeckt.
**Nährwert:** Hefe enthält einige Vitamine des Vitamin-B-Komplexes.
**Einkauf und Lagerung:** Trockenhefe kann man ungeöffnet kühl und trocken sehr lange lagern. Achten Sie auf das Verfalldatum. Frische Hefe sollten Sie nach Bedarf und nur in kleinen Mengen kaufen; sie ist etwa 1 Woche im Kühlschrank haltbar. Wenn sie anfängt, an den Rändern braun zu werden, können Sie sie durchaus noch gebrauchen. Sie sollten dann nur die gefärbten Teile wegschneiden und den Rest sofort verarbeiten.
**Verwendung:** Verwenden Sie Hefe beim Backen von Brot, Brötchen und Pizzaböden. Auch zum Bierbrauen und Weinkeltern brauchen Sie Bierhefe.

# Honig

**Was es ist:** Eine süße, zähe Flüssigkeit, die von Bienen aus dem Blumennektar produziert wird. Es gibt ganz verschiedene Arten von Honig: mehr oder weniger hell, mehr oder weniger süß, mehr oder weniger flüssig.
**Herkunft:** Honig verwendet man schon seit über 15 000 Jahren, und zwar nicht nur als Nahrungsmittel. Der Prophet Mohammed empfahl Honig als Heilmittel gegen alle möglichen Krankheiten, und die alten Ägypter machten sich die antiseptische und antibiotische Wirkung von Honig bei der Behandlung von Wunden und Verbrennungen zunutze. Viele Naturheilkundler empfehlen auch heute wieder Honig bei diesen und vielen anderen Leiden, vor allem aber bei Erkältungen und Erkrankungen der Atemwege.
**Nährwert:** Der Nährstoffgehalt des Honigs hängt von der Blütenart ab, die die Bienen aufgesucht haben, auch vom Wetter und von der Jahreszeit. Allerdings enthalten alle Honigarten etwa 25% Wasser, der Rest besteht aus Traubenzucker und Fruchtzucker im Verhältnis 4:1; damit ist der Fruchtzuckergehalt nur geringfügig höher als im Zucker. Sie sollten wirklich nur kleine Mengen zum Süßen verwenden. Fast alle Honigsorten enthalten die Vitamine B und C sowie geringe Mengen von Mineralstoffen. Viele Menschen reden von bedeutenden Enzymen, die im Honig enthalten sein sollen. Das ist aber nur der Fall, wenn Teile der Bienen darin zurückgelassen sind, was aber nicht die Regel ist. Obwohl eine Nährwertanalyse den Honig nicht gerade als eines der gesundheitsfördernden Nahrungsmittel bezeichnet, schwören viele Menschen auf seine Heilkräfte.
**Einkauf und Lagerung:** Beim Honigkauf lohnt es sich, die teureren Sorten zu nehmen, da sie wirklich besser schmecken. Viele billige Marken enthalten Honig von Bienen, die mit Weißzucker gefüttert wurden. Bewahren Sie Honig in einem Glas mit Schraubverschluß bei Zimmertemperatur auf. Wenn der Honig kristallisiert, dann beeinträchtigt das nicht seine Qualität; er wird wieder flüssig, wenn Sie das Glas einfach in einen Topf mit warmem Wasser stellen.

**Verwendung:** Da Honig sehr konzentriert ist, sollten Sie ihn nur in ganz geringen Mengen und nur dann, wenn Sie wirklich Wert auf seinen Geschmack legen, verwenden. Überhitzen Sie ihn nicht, wenn Sie mit Honig kochen. Honig kann in allen Rezepten den Zucker ersetzen – Sie brauchen jeweils nur drei Viertel der vorgeschriebenen Zukkermenge und müssen nur das entsprechende Flüssigkeitsverhältnis wieder herstellen. Um Honig als Brotaufstrich mehr Nährwert zu geben, mischen Sie ihn doch einmal mit Weizenkeimen, Erdnußbutter, Tahini oder gemahlenen Nüssen.

### Früchte-Honig-Aufstrich

*500 g getrocknete Birnen, über Nacht eingeweicht*
*500 g Honig*
*1 Zitrone*

Die Birnen abtrocknen und pürieren. Honig hineingeben und alles gut verrühren. Zitronensaft und etwas von der fein geriebenen Zitronenschale zugeben. In einem Glas mit Schraubverschluß im Kühlschrank aufbewahren und im Laufe der nächsten Wochen aufbrauchen. Diese Mischung schmeckt gut als Brotaufstrich, zu Joghurt oder Eis. Rühren Sie zur Abwechslung ein Eiweiß unter, füllen es in Glasschalen, streuen Nüsse darüber und servieren es als Nachspeise. Wenn Sie mögen, können Sie auch verschiedene Gewürze hineingeben oder aber andere Trockenfrüchte wie Aprikosen und Pfirsiche verwenden.

## Hülsenfrüchte

**Was sie sind:** Hülsenfrüchte sind die getrockneten Samen bestimmter Gemüsearten. Für viele Menschen sind sie das wichtigste Nahrungsmittel überhaupt, obwohl sie bei uns eher stiefmütterlich behandelt werden. Sie sind nicht nur sehr nahrhaft, ausgesprochen vielseitig verwendbar und leicht zu lagern, sondern wegen der problemlosen Anbaumethoden auch noch viel billiger als die meisten anderen Nahrungsmittel. Vielleicht ist aber gerade der geringe Preis schuld, daß sie gelegentlich für ein minderwertiges Produkt gehalten werden.
**Herkunft:** Schon seit Jahrtausenden ernähren sich die Menschen von Hülsenfrüchten. Weiße Bohnen gab es schon in der Bronzezeit, in Ägypten wuchsen schon zur Zeit der Pharaonen Kichererbsen. In unseren Breiten wurden Bohnen im Mittelalter zu einem Mehl zermahlen und mit Weizen, Roggen oder Gerste zusammen zu einer Art Brot gebacken. Obwohl es damals keine wissenschaftlichen Erkenntnisse über Nährwerte gab, fanden die Menschen doch bald heraus, daß in den Hülsenfrüchten recht viele Nährstoffe stecken und man sie deshalb regelmäßig auf den Speiseplan setzen sollte. Auch heute bauen viele Länder der Dritten Welt, in denen es kaum andere Eiweißlieferanten gibt, die Ernährung ihrer Bevölkerung fast ausschließlich auf Hülsenfrüchte auf. Sogar in unserer Wohlstandsgesellschaft trägt die wachsende Besorgnis über Verschwendung und Gefahren eines zu hohen Konsums tierischer Eiweiße zu einer steigenden Beliebtheit der Hülsenfrüchte bei.
**Nährwert:** Exakte Angaben über Nährwerte sind nur schwer zu machen, da diese sehr stark vom Anbaugebiet und dem Alter der Früchte abhängen. Alle Hülsenfrüchte jedoch sind sehr eiweißreich,

obwohl nur Sojabohnen Eiweiße in perfekter Zusammensetzung haben. Hülsenfrüchte in Verbindung mit Getreide, Nüssen oder Milchprodukten gleichen allerdings jeden möglichen Mangel aus, so daß die Mahlzeit als Ganzes ausgewogen ist. Zudem enthalten Hülsenfrüchte viel Eisen und Mineralsalze sowie die B-Vitamine Riboflavin und Miazin. Gekocht enthalten sie ungefähr 100 Kalorien pro 100 g.

**Einkauf und Lagerung:** In einem verschlossenen Behälter und an einem kühlen Ort sind Hülsenfrüchte zwar fast unbegrenzt haltbar; trotzdem ist es besser, sie innerhalb einer vertretbaren Zeitspanne zu verbrauchen. Frischere Früchte brauchen weniger Zeit zum Garwerden und behalten somit auch mehr Nährstoffe. Da Bohnen recht lange kochen, gewöhnen Sie es sich an, mehr zu kochen, als Sie im Moment brauchen, und verwerten den Rest später. Sie halten sich bis zu einer Woche im Kühlschrank und mehrere Monate in der Gefriertruhe. Weichen Sie die Bohnen über Nacht ein oder bringen Sie sie zum Kochen, lassen sie kurz köcheln und stellen sie dann 1 Stunde beiseite. Danach 10 Minuten kochen lassen, dann köcheln lassen, bis sie durch sind; das kann 1 bis 3 Stunden dauern. Salz erst ganz zum Schluß zugeben, da es den Kochvorgang verlangsamt.

## Ackerbohnen

Ackerbohnen sind kleine braune Bohnen, die auch bei uns wachsen. Sie schmecken etwas fad und müssen daher mit Gewürzen abgeschmeckt werden. Das heißt aber auch, daß sie recht vielseitig zu verwenden sind.

**Verwendung:** Kochen Sie sie etwa 1 Stunde. Sie können Ackerbohnen in Eintöpfe und langbackende Aufläufe geben. Püriert können Sie Pasteten daraus machen oder sie mit Nüssen rösten. Geben Sie sie zur Abwechslung einmal in eine Minestrone.

## Adzukibohnen

Adzukibohnen sind kleine, rotbraune Bohnen von einer Buschpflanze, die in Japan heimisch ist. Sie schmecken süß und sind leichter verdaulich als die meisten anderen Bohnen. Man nimmt an, daß der Bohnensaft bei Nierenbeschwerden helfen kann. Adzukibohnen sind in der makrobiologischen Küche überaus geschätzt.

**Verwendung:** Die Bohnen etwa 1 Stunde lang kochen lassen. Sie schmecken gut in Suppen, Eintöpfen, Salaten und Reisgerichten. Machen Sie es wie die Chinesen und Japaner, pürieren Sie die gekochten Bohnen und verarbeiten sie zu Kuchen. Braten Sie sie wie Frikadellen. Verwenden Sie sie zu Süßspeisen. Adzukibohnen schmecken besonders gut zu Äpfeln.

## Borlottibohnen

Auch diese ungewöhnlichen Bohnen mit ihrer rosagefleckten Haut gehören zu den Kidneybohnen. Sie schmecken ziemlich mild und werden beim Kochen mehlig. Borlottibohnen sind in Italien sehr beliebt, wo sie zu einer ganzen Reihe von Gerichten verwendet werden.

**Verwendung:** Kochen Sie die Borlottibohnen ungefähr 45 Minuten bis 1 Stunde. Sie schmecken besonders gut zu Teigwaren oder Aufläufen. Da sie sich leicht pürieren lassen, versuchen Sie sie als Hackbraten oder Kroketten. Machen Sie aus ihnen eine Suppe, die Sie mit geriebenem Parmesankäse bestreuen.

## Dicke Bohnen (Windsorbohnen)

Dicke Bohnen sind groß und flach. Wenn sie getrocknet sind, haben sie eine bräunliche Farbe. Bei den Ägyptern, Griechen und Römern waren sie ein Hauptnahrungsmittel. Sie werden auch heute noch in vielen Gebieten einschließlich Südamerika angebaut, wo sie geröstet und zu Mehl gemahlen werden.

**Verwendung:** Kochen Sie die dicken Bohnen etwa 1½ Stunden. Möglicherweise ist die Schale sehr hart und muß vor dem Verzehr entfernt werden. Dicke Bohnen sind gut für Eintöpfe und Winteraufläufe. In einer weißen Sauce oder mit Tomaten, Zwiebeln und Knoblauch ergeben sie ein gutes Gemüsegericht.

### Flageoletsalat

*150 g Flageoletbohnen, über Nacht eingeweicht*
*½ kleiner Blumenkohl*
*½ rote Paprikaschote*
*2 Frühlingszwiebeln*
*100 g kleine Pilze*
*Kopfsalat*
*Brunnenkresse*

**Für die Salatsauce:**
*1 kleiner Becher Naturjoghurt*
*1 Spritzer Zitronensaft*
*Gewürze nach Geschmack*
*Brunnenkresse*

Die Bohnen abtropfen lassen und in einem Topf mit frischem Wasser 10 Minuten kochen. Die Hitze reduzieren und weitere 30 Minuten (oder bis sie gar sind) kochen – aber nicht zerkochen lassen! Abspülen und gut abtropfen lassen.

Den Blumenkohl waschen und in kleine Röschen schneiden; mit der in Streifen geschnittenen Paprikaschote und den feingehackten Zwiebeln mischen. Die gewaschenen Pilze in Scheiben schneiden und zugeben.

Für die Salatsauce alle Zutaten vermischen. Etwas feingehackte Kresse zugeben. So viel Salatsauce über die Bohnen und das Gemüse geben, daß sie feucht sind, aber nicht darin schwimmen. Den Rest der Sauce am Tisch reichen. Den Salat auf Kopfsalatblättern anrichten und mit Kresse garnieren.

## Erbsen (grüne und gelbe)

Hier handelt es sich um die gewöhnlichen Gartenerbsen, die getrocknet entweder ganz oder geschält angeboten werden. Geschälte Erbsen sind schneller zubereitet. Schon seit Tausenden von Jahren wird diese Gemüseart verwendet; Spuren von ihr hat man sogar in den Ruinen von Troja und in prädynastischen ägyptischen Gräbern gefunden. Erbsen gibt es heute fast auf der ganzen Welt. Sie sind nicht nur ein außergewöhnlicher Eiweißlieferant, sondern enthalten auch Mineralstoffe, einige Vitamine und reichlich Fruchtzucker.

**Verwendung:** Lassen Sie die ganzen Früchte etwa 1 bis 1½ Stunden, geschälte Erbsen 30 Minuten lang kochen. Gelbe Erbsen eignen sich für Erbsenpüree. Aus pürierten Erbsen können Sie Hackbraten machen oder Suppen damit andicken. Ganze grüne Erbsen verwendet man zu Eintöpfen und Aufläufen.

## Flageoletbohnen (Fisolen)

Diese hübschen, hellgrünen Bohnen heißen Flageolets, weil sie in langen, schlanken, flötenförmigen Schoten wachsen. Sie werden ganz jung gepflückt und schmecken deshalb, ähnlich wie frische Bohnen, sehr zart. Flageolets sind teuer. Sie sind vor allem in Frankreich beliebt.

**Verwendung:** Kochen Sie sie etwa 45 Minuten bis 1 Stunde. Sie passen zu Suppen und Aufläufen, allerdings weniger zu Zutaten mit einem starken Eigengeschmack, da sonst ihr Geschmack verlorengeht. Am besten schmecken sie als Gemüse oder in Salaten.

### Pakora (Fritiertes Gemüse)

*200 g Gram (Kichererbsenmehl)*
*1 Teelöffel gemahlener Koriander*
*½ Teelöffel gemahlener Kümmel*
*½ Teelöffel Piment*
*Kräuter nach Geschmack*
*kaltes Wasser*
*ca. 700 g gemischtes frisches Gemüse*
*Ghee (Butterschmalz) oder Pflanzenöl zum Fritieren*
*Sojasauce*

Das Mehl und alle Gewürze miteinander mischen. So viel Wasser zugeben, daß eine dünne weiße Sauce entsteht, gut verrühren und 1 Stunde kalt stellen. In der Zwischenzeit das Gemüse vorbereiten. Mohrrüben, Pastinaken, Karotten und Zucchini in Streifen, Zwiebel in dünne Ringe schneiden. Blumenkohl und Brokkoli in mundgerechte Stücke brechen. Größere Pilze halbieren.

Das Öl in einer Pfanne so stark erhitzen, daß der Teig darin spritzt. Die Gemüsestückchen nacheinander von allen Seiten im Teig wälzen und in dem Öl knusprig braun fritieren; härtere Gemüsesorten wie z.B. Karotten brauchen 1 bis 2 Minuten länger. Sofort vorsichtig abtropfen lassen und warm stellen, bis alle Zutaten auf dieselbe Weise verarbeitet sind. Auf einer Vorlegeplatte anrichten, mit Sojasauce beträufeln und mit Reis oder anderen Beilagen aus der indischen Küche wie etwa Joghurt und Gurken oder Chutneys servieren.

Wenn es Ihnen lieber ist, können Sie das Gemüse auch kleinschneiden, mit 1 oder 2 Eßlöffel Teig verrühren und portionsweise in dem heißen Öl braten. Zwiebeln schmecken so besonders gut – vielleicht können Sie auch beide Rezepte kombinieren und zusammen servieren.

## Kichererbsen

Diese sandfarbene Erbse hat die Größe und Form einer Haselnuß und steckt in einer kleinen gewundenen Schote. Da sie sehr anspruchslos ist, wird sie fast auf der ganzen Welt angebaut.
**Verwendung:** Kochen Sie sie ungefähr 45 Minuten bis 1 Stunde. Kichererbsen sind sehr vielseitig. Versuchen Sie einmal Falafals, fritierte Bällchen aus gemahlenen Kichererbsen, oder verarbeiten Sie sie püriert und mit Tahini, Knoblauch und Zitronensaft zu Hummous. Reichen Sie sie zu afrikanischem Kuskus.

Gemahlen kann man sie zu einem Teig verarbeiten, in dem Sie Gemüse vor dem Fritieren panieren können; Kichererbsen passen natürlich auch in eine weiße Sahnesauce. Außerdem schmecken sie in Suppen und Eintöpfen oder mit Zwiebeln und Knoblauch in Tomatensauce.

## Limabohnen (Butterbohnen)

Die sehr beliebten Limabohnen stammen aus Peru. Heute werden sie in vielen Tropengebieten, einschließlich Florida, und in Afrika angebaut, wo sie ein bedeutender Eiweißlieferant sind. Es sind flache, weiße Bohnen, die ebenfalls zu den Kidneybohnen gehören, aber viel feiner schmecken; beim Kochen können sie leicht mehlig werden.
**Verwendung:** Kochen Sie sie etwa 45 Minuten bis 1 Stunde. Geben Sie sie in Suppen, Eintöpfe und Gemüseaufläufe. Außerdem schmecken sie in Salaten oder mit reichlich Kräutern in weißen oder Käsesaucen. Zerdrückt und mit Ei vermischt können Sie sie als Frikadellen braten oder Sie können mit pürierten Bohnen eine Tomatensauce dick und sämig machen, die Sie zu Pasta servieren.

## Linsen

Linsen sind kleine Hülsenfrüchte, die etwa halb so dick wie Erbsen sind und die es in verschiedenen Farben gibt. Die Farbe hängt davon ab, woher die Linsen kommen; türkische und ägyptische Linsen sind in der Regel orangerot, chinesische und indische Linsen eher grün oder braun. Im Osten gehörten sie zu den ersten Anbaufrüchten überhaupt; außer Sojabohnen sind sie die eiweißhaltigsten Hülsenfrüchte. Außerdem enthalten sie ziemlich viele Vitamine, viel Eisen und Kalzium. Sie sind sehr schnell zubereitet, leicht verdaulich und deshalb besonders empfehlenswert.
**Verwendung:** Kochen Sie grüne und braune Linsen etwa 30 bis 45 Minuten. Gespaltene rote Linsen

sind schon nach 30 Minuten zu einem Brei gekocht. Linsen schmecken gut in Currygerichten, als Eintopf und als Suppe. Geben Sie Nüsse zu den pürierten Linsen und machen Sie dann Kroketten. Zerstoßene Linsen eignen sich zum Andicken von Saucen. Außerdem können Sie daraus eine Sauce machen, die Sie zu Spaghetti servieren. Mit Essig können Sie saure Linsen machen.

### Spanische Linsensuppe

*200 g ganze Linsen, über Nacht eingeweicht*
*2 Eßlöffel Pflanzenöl*
*1 Zwiebel*
*1 grüne Paprikaschote*
*1 Knoblauchzehe*
*1 Stange Sellerie*
*200 g Tomaten, geschält und kleingeschnitten*
*1 Liter Gemüsebrühe*
*1 bis 2 Teelöffel getrockneter Oregano*
*Gewürze nach Geschmack*
*Petersilie zum Garnieren*

Die Linsen in einem Topf mit frischem Wasser zum Kochen bringen und 10 Minuten kochen. Die Hitze reduzieren und weitere 20 Minuten oder so lange, bis die Linsen weich werden, köcheln lassen.

Das Öl in einer Pfanne erhitzen und die gehackte Zwiebel, Paprikaschote, Knoblauchzehe und Sellerie zugeben. 10 Minuten köcheln lassen. Die Tomaten, die abgetropften Linsen und die Brühe zugeben. Nach Geschmack würzen. 10 bis 20 Minuten (bis alle Zutaten gar sind) weiter köcheln lassen. Durch ein Sieb passieren oder pürieren; 2 bis 3 Eßlöffel Linsen übriglassen, um die Suppe etwas dicker zu machen. Noch einmal erhitzen. Reichlich mit Petersilie garniert servieren.

## Mungbohnen (Mungobohnen)

Mungbohnen sind kleine, ovale Bohnen. Bei uns sind normalerweise nur die grünen Sorten erhältlich. Mungbohnen sind ein fester Bestandteil sowohl der indischen Küche (wo sie zu Mehl verarbeitet werden) als auch der chinesischen Küche (wo sie in der Regel gekeimt werden). Sie sind leicht verdaulich und, gekeimt, eine reiche Nährstoffquelle, besonders für Vitamin C.
**Verwendung:** Kochen Sie sie etwa 30 bis 40 Minuten. Sie eignen sich für Aufläufe, Suppen und Eintöpfe. Wenn Sie die Bohnen mahlen, haben Sie eine einfache und schnelle Möglichkeit, jede Mahlzeit mit Proteinen anzureichern. Mungbohnen passen gut zu Naturreis und zu Currygerichten. Geben Sie gekeimte Mungbohnen in Salate oder geschmortes Gemüse.

## Pintobohnen

Sie ähneln zwar den Borlottibohnen, sind aber eher beigefarben. Pintobohnen wurden schon von den Ureinwohnern Nord- und Südamerikas angebaut. Sie werden dort auch heute noch kultiviert.
**Verwendung:** Kochen Sie die Pintobohnen 45 Minuten bis 1 Stunde. Sie schmecken besonders gut in Hackbraten, Frikadellen, Aufläufen und Eintöpfen. Man kann sie auch einmal in einen Salat geben.

## Rote Bohnen (Kidneybohnen)

Kidneybohnen sind groß, rot, dick und glänzend, sie haben einen vollen Geschmack. In Mexiko wurden sie – laut Ausgrabungen – bereits vor 7000 Jahren gegessen, auch heute sind sie noch in Mittel- und Südamerika sehr beliebt.

**Verwendung:** Kochen Sie sie etwa 1 bis 1¼ Stunden. Diese Bohnen schmecken ausgezeichnet in Chiligerichten, dicken Suppen und Eintöpfen. Außerdem passen sie gut zu Reis und ergeben eine hervorragende Pfannkuchenfüllung. Versuchen Sie sie auch in einer süß-sauren Sauce; Salaten geben die roten Bohnen mehr Farbe und Biß.

### Schwarze Bohnen

Sie gehören zu den Kidneybohnen und werden hauptsächlich in der karibischen, südamerikanischen und afrikanischen Küche verwendet. Sie sind groß und fleischig und werten jede Mahlzeit auf.
**Verwendung:** Kochen Sie die schwarzen Bohnen etwa 1 bis 2 Stunden. Sie sind gut in Eintöpfen und Wintergerichten. Machen Sie einen Hackbraten daraus oder mischen Sie sie mit Zwiebeln und Reis. Schwarze Bohnen passen besonders gut zu würzigen Saucen und Currysaucen.

### Sojabohnen

Heute gibt es verschiedene Sorten von Sojabohnen: Aus einigen macht man Mehl und Öl, andere werden zum Verzehr angebaut. Ausgrabungen zufolge wurden sie bereits vor etwa 4500 Jahren in China verwendet, sie werden dort auch heute noch angebaut. Inzwischen wird diese Bohnenart fast überall kultiviert, da sie von allen Bohnen den höchsten Eiweißgehalt hat. Außerdem enthalten Sojabohnen Eisen in gut verwertbarer Zusammensetzung, Spurenelemente, Vitamine und Linolsäure.
**Verwendung:** Kochen Sie Sojabohnen 1½ bis 3 Stunden. Geben Sie sie zu Eintöpfen, Currygerichten und Aufläufen. Sojaschrot ist einfacher zu verarbeiten und schneller gar. Durch Sojamehl in Suppen und Soßen erhalten Sie zusätzliches Protein. Zur Herstellung von Kuchen und Gebäck können Sie Sojamehl anstelle von Eiern nehmen. Zum Brotbacken nehmen Sie auf 1 Teil Sojamehl 8 Teile Weizenmehl. Sojamehl gibt es in 3 verschiedenen Varianten: mit vollem oder mittlerem Fettgehalt oder ganz ohne Fett.

### Hans Hüpf (Hoppin' John)

*150 g Vignabohnen, über Nacht eingeweicht*
*2 Eßlöffel Pflanzenöl*
*1 Zwiebel*
*2 Eßlöffel frische Petersilie*
*150 g Naturreis*
*1 Liter Gemüsebrühe*
*3 feste Tomaten*
*Gewürze nach Geschmack*
*Petersilie zum Garnieren*

Die Bohnen in frischem Wasser zum Kochen bringen und 10 Minuten kochen. Die Hitze reduzieren, den Topf zudecken und weitere 30 Minuten kochen lassen. Das Öl erhitzen und die Zwiebeln kurz darin anrösten. Petersilie zugeben und 1 Minute weiterkochen, dann die Bohnen mit dem Reis und der Brühe hineinrühren. Das Ganze zum Kochen bringen, dann 30 Minuten oder so lange, bis die Bohnen und der Reis gar sind, köcheln lassen. Die restliche Flüssigkeit abgießen, die geviertelten Tomaten und Gewürze nach Geschmack hineingeben. Mit Petersilie garniert servieren.

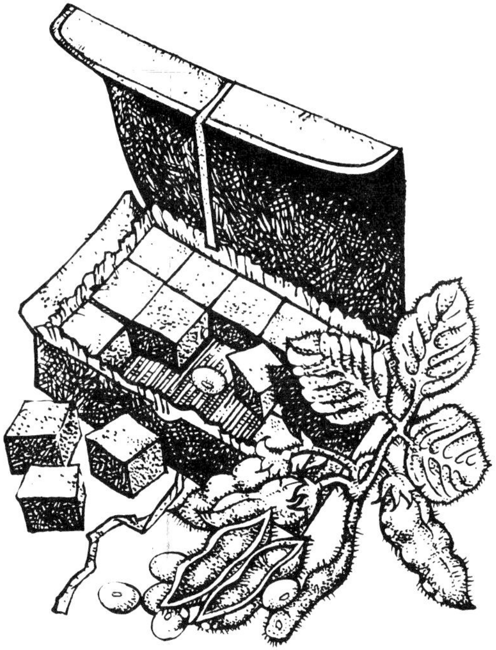

## Sesam-Soja-Bonbons

*100 g Sesamkörner*
*50 g Sojamehl*
*Honig zum Vermischen*
*1 Eßlöffel feingehacktes Orangeat*
*30 g Sonnenblumenkerne*

Die Körner in eine Schüssel geben, das Mehl daruntermischen und so viel Honig dazugeben, daß ein fester Teig entsteht. Das Orangeat und die Sonnenblumenkerne hineingeben und kurz durchkneten, bis die Zutaten gut vermischt sind.

Eine flache Backform leicht einfetten, die Sesam-Soja-Mischung hineingeben und glattstreichen. So lange kalt stellen, bis das Ganze fest wird. In Rechtecke schneiden und innerhalb weniger Tage essen.

Dieses Grundrezept läßt sich auf verschiedene Art abwandeln. Ahornsirup gibt den Bonbons einen völlig anderen Geschmack; mit Tahini und gehackten Weintrauben oder Datteln werden sie süßer. Statt Orangeat können Sie Zitronat nehmen. Außerdem können Sie die Sonnenblumenkerne weglassen und statt dessen Vanilleextrakt zugeben. Andere Variationen sind gemahlene Mandeln und ein paar Tropfen Bittermandelöl oder die Beimischung von etwas Kardamom.

## Vignabohnen, Kuherbsen (Kaffernbohnen)

Diese mittelgroßen weißen Bohnen haben je einen deutlich sichtbaren schwarzen Fleck. Sie kommen ursprünglich aus Afrika, wo sie auch heute noch ein Grundnahrungsmittel sind. Die getrockneten, gemahlenen Bohnen dienen als Kaffee-Ersatz und die grünen Schoten als Gemüse. Die Schoten einer bestimmten Sorte werden bis zu 90 cm lang. Sie werden auch in den USA angebaut und kommen dort in vielen traditionellen Gerichten der Südstaaten vor.

**Verwendung:** Kochen Sie die Vignabohnen etwa 45 Minuten bis 1 Stunde mit Zwiebeln, Knoblauch und Gewürzen. Kalt schmecken sie in Salaten. Mit Gemüse und anderen Hülsenfrüchten ergeben sie einen herzhaften Eintopf.

## Weiße Bohnen

Kleine weiße Bohnenkerne, die es fast überall gibt. Am bekanntesten und beliebtesten sind sie als Fertiggericht: Weiße Bohnen in Tomatensauce.

**Verwendung:** Kochen Sie sie 1 bis 1½ Stunden. Weiße Bohnen schmecken gut zu Gegrilltem und mit wurzigen Saucen. Außerdem passen sie zu Eintöpfen und Aufläufen, auch in Salaten sind sie recht schmackhaft.

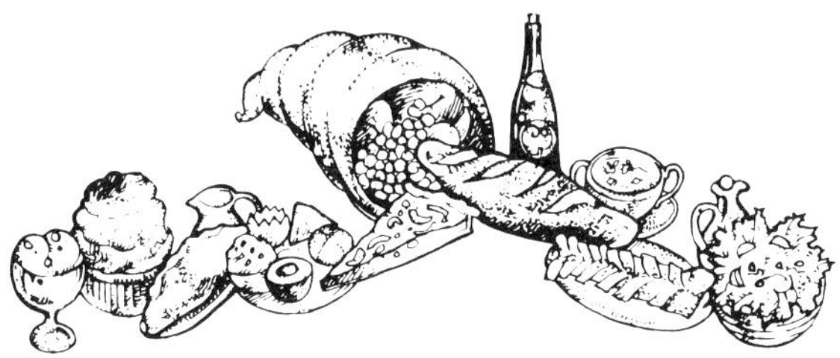

# Joghurt

**Was es ist:** Joghurt ist eine dicke, cremige Masse, die zumeist aus Kuhmilch – entweder Vollmilch oder entrahmter Milch – hergestellt wird. Er gehört zu den wertvollsten natürlichen Nahrungsmitteln, wird aber oft mit künstlichen Farbstoffen, Geschmacks- und Konservierungsmitteln versetzt angeboten. In neuester Zeit erfreut sich Joghurt aus Ziegen- oder Schafsmilch ständig wachsender Beliebtheit. Der Vorteil liegt darin, daß diese Milch nur in verhältnismäßig kleinen Mengen produziert wird und wahrscheinlich weniger mit Antibiotika und Hormonen verunreinigt wird. Joghurt kann aber auch aus Sojamilch hergestellt werden.
**Herkunft:** Die osteuropäischen Nomaden sollen schon vor mehr als tausend Jahren Joghurt hergestellt haben. Eine andere bekannte Joghurtart ist Kefir.
**Nährwert:** Joghurt ist sehr eiweißreich; Magermilchjoghurt kann man fast überall bekommen. Einige Ernährungswissenschaftler sind der Meinung, daß die Joghurtenzyme und -bakterien stabilisierend auf die Darmflora wirken. Sie sollten aber nie vergessen, daß der Joghurt, den Sie kaufen, immer nur so gut wie die Milch ist, aus der er besteht, besonders natürlich, was den Fettgehalt betrifft. Naturbelassene und pasteurisierte Joghurts sind im Nährstoffgehalt gleich; möglicherweise ist Ihnen aber ein bakteriologisch natürlicher Joghurt lieber als ein keimfreies Kunstprodukt.
**Einkauf und Lagerung:** Joghurt wird heute fast überall verkauft; naturbelassene Sorten gibt es jedoch eher in Reformhäusern und Naturkostläden. Kaufen Sie niemals Joghurt mit Geschmack. Sie können einen Naturjoghurt mit natürlichen Zutaten jederzeit selber geschmacklich variieren.

### Bananen-Joghurt-Eis

*3 reife Bananen*
*6 Eßlöffel Honig*
*50 g Rohrzucker*
*½ Teelöffel abgeriebene Zitronenschale*
*½ Liter Naturjoghurt*

Die Bananen zerdrücken und mit Honig, Zucker und Zitronenschale mischen. Den Joghurt unterheben. Die Mischung in eine Schüssel füllen und einfrieren, bis sie fest zu werden beginnt. Die Mischung aufschlagen, abdecken und wieder einfrieren, bis sie fest ist. Die Eiskugeln mit gerösteten Haselnüssen garnieren.

# Johannisbrot(Karoben-)-Pulver

**Was es ist:** Ein dunkelbraunes Pulver, das als Schokoladenersatz verwendet wird. Es wird aus den Schoten eines hohen, immergrünen Baumes (man nennt ihn auch Heuschreckenbaum) hergestellt; die Schoten werden zuerst getrocknet, dann gemahlen.
**Herkunft:** Es heißt, Johannes der Täufer habe in der Wüste von Honig und Heuschrecken gelebt (wohlgemerkt nicht von den Insekten!); Johannisbrot wurde also offensichtlich schon seit Jahrtausenden sehr geschätzt. Oft ist es Nahrung für Tier und Mensch, und früher wurden die Kerne im Vorderen Orient als Zahlungsmittel benutzt.
**Nährwert:** Johannisbrot enthält Eiweiße, Kohlenhydrate, Kalzium und Phosphor und außerdem noch Pektin, von dem angenommen wird, es wirke beruhigend auf den Magen. Anders als Schokolade enthält es kein Koffein und verursacht im allgemeinen keine Allergien.
**Einkauf und Lagerung:** Sie können Johannisbrot in den meisten Naturkostläden und Reformhäusern kaufen. Bewahren Sie das Pulver in einem luftdichten Behälter kühl auf.
**Verwendung:** Johannisbrot kann als Schokoladenersatz verwendet werden. Besonders gut schmeckt das Johannisbrotpulver in Milch-Shakes, Kuchen und Süßigkeiten. Sie können es auch wie Schokolade in Tafeln kaufen, die sich aufgelöst vorzüglich als Glasur für Gebäck eignen.

### Johannisbrotkuchen

*100 g Butter oder Margarine*
*100 g Rohrzucker*
*2 leicht verquirlte Eier*
*100 g Vollkornmehl und die entsprechende Menge Backpulver*
*50 g Johannisbrotpulver*
*2 Teelöffel Gewürzmischung*
*abgeriebene Schale einer halben Orange*

Das geschmeidige Fett und den Zucker verrühren, die Eier zugeben. Das Mehl, das Johannisbrotpulver sowie die Gewürze vermischen und zu den anderen Zutaten hinzugeben. Die Orangenschalen gleichmäßig unterrühren. Die Mischung auf ein gefettetes und bemehltes Kuchenblech geben und glattstreichen. Bei 180 °C (Gas Stufe 4) etwa 20 bis 25 Minuten (oder so lange, bis der Kuchen fest ist) backen. Etwas abkühlen lassen, in kleine Würfel schneiden und auf einem Kuchengitter auskühlen lassen.

# Käse

**Was es ist:** Ein vielseitiges, fett- und eiweißhaltiges Produkt aus der Milch von Kühen, Schafen und Ziegen. Käse kann unterschiedliche Fettgehaltsstufen haben: von der Magerstufe mit 0 bis 9,9% Fett i. Tr. (in Trockenmasse) bis zur Doppelrahmstufe mit 60 bis 85% Fett i. Tr. Außer Weichkäse läßt man alle Käsesorten unter verschiedensten Bedingungen in einer Salzlake reifen und gibt ihnen so einen individuellen Geschmack. Es gibt ungefähr 400 verschiedene Käsesorten.

**Herkunft:** Käse wurde wahrscheinlich zuerst von den Nomadenstämmen in Osteuropa und Westasien hergestellt, die Milch in Beutel abgefüllt und diese auf ihre Kamele geladen haben; den Rest besorgte die gleichmäßige Bewegung der Tiere. Heute wird Käse auf der ganzen Welt produziert.

**Nährwert:** Die Nährstoffe sind von der genauen Zusammensetzung der Milch oder Sahne abhängig, aus denen der Käse hergestellt wurde. Die meisten Käsesorten sind jedoch reich an Eiweiß und enthalten außer Kalzium noch die 8 wichtigsten Aminosäuren. Hartkäse enthalten fast zweimal so viel Eiweiß wie die entsprechende Menge hochwertiges Rindfleisch. Allerdings sollten wir nicht vergessen, daß wir ohnehin schon viel mehr Eiweiß zu uns nehmen, als wir eigentlich brauchen; es liegt also kein ausreichender Grund vor, riesige Mengen Käse zu verzehren. Hüttenkäse, die Lieblingssorte bei Diäten, kann bis zu 80% Wasser enthalten. Unbedingt vermeiden sollte man Streichkäse, der oft künstlich gewürzt wird und Emulgatoren enthält, und stark gefärbte Käsesorten (einige Farbstoffe sind natürlich, viele jedoch sind künstlich). Viele Käsesorten haben einen hohen Salzgehalt. Auch das ist ein Grund, nicht zuviel Käse zu essen. Vegetarier werden Käse aus tierischem Lab (Enzym) meiden; es gibt jetzt immer mehr Käsesorten, die mit pflanzlichem Lab hergestellt werden. Kaufen Sie bevorzugt Ziegen- oder Schafskäse, denn sie enthalten in der Regel weniger künstliche Zusätze.

**Einkauf und Lagerung:** Kaufen Sie nur so viel Käse, wie Sie in einer Woche essen können, wickeln Sie ihn in Folie oder Pergamentpapier und legen ihn in das unterste Fach des Kühlschranks. Nehmen Sie ihn 1 Stunde vor dem Servieren aus dem Kühlschrank, so daß sich sein Geschmack voll entfalten kann. Hartkäse können Sie einfrieren; allerdings wird er unter Umständen krümelig. Alten Käse können Sie reiben und luftdicht verpackt im Kühlschrank aufbewahren und zum Kochen verwenden.

**Verwendung:** Käse ist ein bekanntes und beliebtes Nahrungsmittel, weil er sich so vielseitig verwenden läßt. Wegen seines hohen Eiweißgehaltes sorgt Käse, über Getreide- und Gemüsegerichte gestreut, für eine ausgewogene Ernährung. Versuchen Sie ihn auch einmal zu Süßspeisen. Nehmen Sie statt Rahm etwas Hüttenkäse zum Obstsalat oder zum Apfelkuchen ein Stück Hartkäse.

### Spinatpasteten mit Ricottakäse

**Für den Teig:**
*250 g Vollkornmehl (Vollkornweizen)*
*100 g mehrfach ungesättigte Margarine*
*1 Prise Salz*
*kaltes Wasser zum Anrühren*

**Für die Füllung:**
*250 g Ricottakäse*
*250 g frischer Spinat*
*1 großes Ei*
*1 reichliche Prise Muskat*
*Gewürze nach Geschmack*
*30 g Walnüsse*
*1 Eßlöffel Sesamkörner*

Das Mehl in eine Schüssel geben und das Fett hineinreiben, so daß eine krümelige Mischung entsteht. Zuerst Salz, dann so viel Wasser zufügen, daß ein fester Teig entsteht. In Frischhaltefolie einwickeln und kühl stellen.

In der Zwischenzeit den Ricottakäse zerdrücken. Den grob zerkleinerten Spinat kochen, abseihen und möglichst fein hacken. Mit fast dem ganzen leicht geschlagenen Ei, dem Muskat und den anderen Gewürzen und den gehackten Nüssen in runde Stücke schneiden. Auf die eine Hälfte der Teigstücke ein wenig Füllung geben, zusammenklappen und an den Rändern fest zusammendrücken. Die Pasteten leicht mit dem restlichen Ei bestreichen und mit Sesamkörnern bestreuen. Auf einem gefetteten Backblech bei 190 °C (Gas Stufe 5) 20 bis 30 Minuten (oder so lange, bis die Pasteten durch sind) backen.

## Kerne (Samen)

**Was sie sind:** Kerne sind die reifen, befruchteten und eßbaren Samen bestimmter Blütenpflanzen; sie werden wegen ihres Geschmacks und/oder wegen ihres hohen Nährwerts verwendet. Kerne sind zwar nicht so beliebt wie Nüsse, enthalten aber eine ganze Menge Nährstoffe und können, weil sie so klein sind, zu vielen Gerichten gegeben werden.
**Herkunft:** Kerne werden schon seit vielen Jahrhunderten fast auf der ganzen Welt gegessen. In der hinduistischen Mythologie segnete der Gott Yama den Sesamsamen, der von den Hindus nicht nur als wertvolles Nahrungsmittel, sondern auch als Symbol für die Unsterblichkeit angesehen wird. Alfalfa

wurde im Mittleren Osten zunächst als Futter für die Pferde verwendet, denen es so gut bekam, daß die Araber es schließlich selber aßen, „Vater allen Essens“ nannten und es auf ganz verschiedene Arten verarbeiteten.

**Nährwert:** Die verschiedenen Kerne haben unterschiedlichen Nährwert, aber alle Arten enthalten viel Eiweiß, Kalzium, Mineralstoffe, einige Vitamine und ungesättigte Fettsäuren.

**Einkauf und Lagerung:** Kerne kauft man am besten nur in kleinen Mengen. Bewahren Sie Kerne in einem Glas mit Schraubverschluß an einem kühlen Ort auf. Hacken oder zerstoßen Sie sie erst kurz vor dem Gebrauch.

## Alfalfakerne

Alfalfa ist der Samen einer der ältesten kultivierten Pflanzen. Mit ihren extrem langen Wurzeln entziehen sie dem Boden mehr Mineralstoffe als andere Pflanzen. Alfalfa enthält bis zu 19% Eiweiß, verglichen mit etwa 16% in Rindfleisch; allerdings würde wohl niemand auf die Idee kommen, ein viertel Pfund Alfalfa zu essen! Eine der besten Zubereitungsarten für Alfalfa ist das Ankeimen: der Eiweißgehalt steigt dadurch auf ca. 40%!

**Verwendung:** In der Dritten Welt wird Alfalfa der Nahrung zugegeben. Die Samen können über süße und über pikante Gerichte gestreut werden oder gekeimt Salaten beigemischt werden.

## Bockshornkleesamen

Hierbei handelt es sich um die winzig kleinen dunklen Samen einer Gemüsepflanze, deren Blätter früher als Viehfutter verwendet wurden; daher stammt auch die Bezeichnung „griechisches Heu“. Bockshornkleesamen hat man seit Jahrtausenden in der Medizin und Heilkunde verwendet. Sie enthalten viel Eiweiß, Eisen und Vitamin D.

**Verwendung:** Aus diesen Samen kann man Tee bereiten; man kann sie leicht geröstet auch über viele Gerichte streuen. Am besten schmecken sie gekeimt; sie haben einen würzigen, curryähnlichen Geschmack. Allerdings werden die Keime leicht bitter, wenn man sie länger als 2 bis 3 Minuten kocht.

## Kürbiskerne

Dies sind die grünen Kerne von Kürbissen, die speziell wegen ihrer Samen angebaut werden. Heute baut man Kürbisse vor allem in den USA an, wo man sogar eine Sorte mit schalenlosen Kernen gezüchtet hat. Kürbiskerne enthalten viel Eisen.

**Verwendung:** Kürbiskerne schmecken gut in Salaten, Müsli und Granola oder über süßen und pikanten Gerichten. Zum Knabbern können Sie sie auch einmal mit Sojasauce rösten.

## Sesamkörner

Sesamkörner sind die winzigen Samen einer anspruchslosen einjährigen Pflanze, die vor allem in der Türkei und im Fernen und Mittleren Osten angebaut wird. Die Körner enthalten besonders viel Kalzium (zehnmal soviel wie Milch) und sollten regelmäßig gegessen werden, und zwar vor allem von denen, die keine Milchprodukte mögen.

**Verwendung:** Geben Sie Sesamkörner in alle Backwaren, einschließlich Brot und Gebäck. Wälzen Sie Kroketten vor dem Fritieren in den Körnern. Sie sind ein wertvoller Bestandteil von Süßwaren wie Sesamriegeln und Halva.

## Dreisaatknusper

*150 g Kürbiskerne*
*150 g Sonnenblumenkerne*
*Sojasauce*
*150 g Sesamkörner*

Die Kürbis- und Sonnenblumenkerne mischen, dann gleichmäßig mit Sojasauce befeuchten. Die Mischung auf einer feuerfesten Platte oder einem tiefen Blech verteilen und unter einen heißen Grill stellen. Etwa 5 Minuten darunter lassen und häufig umrühren; dann die Sesamkörner dazugeben und weitergrillen; häufig umrühren, bis die Kerne geröstet sind und die Sojasauce abgetrocknet ist. (Wenn die Kürbiskerne zu stark spritzen, reduzieren Sie einfach die Hitze.) Abkühlen lassen, dann in einem luftdicht verschlossenen Behälter aufbewahren. Eine ungewöhnliche Knabberei, aber auch gut über Reis- und Gemüsegerichten und zu allen möglichen angebratenen Speisen.

## Sesam-Orangen-Kugeln

*80 g Sesamkörner*
*80 g Sojamehl*
*2 bis 3 Eßlöffel Honig*
*2 Eßlöffel feingehacktes Orangeat*
*Orangensaft*
*Sesamkörner zum Bestreuen (nach Belieben)*

Körner und Mehl miteinander mischen, Honig und Orangeat zugeben. Die Mischung ist anfangs sehr fest – es ist deshalb besser, den Honig vorher zu erhitzen. Nach Geschmack 1 bis 2 Eßlöffel Orangensaft zugeben, um die Mischung geschmeidiger zu machen. Die Masse in kleine Stücke teilen und zu Kugeln formen. Sie können diese dann noch in Sesamkörnern wälzen. Danach hart werden lassen.

## Sonnenblumenkerne

Die Indianer Nordamerikas kultivierten schon früh die Sonnenblume. Die Blätter dienten ihnen als Viehfutter, mit den Blütenblättern färbten sie ihre Stoffe, die Kerne aßen sie und gewannen aus ihnen Öl. Neben Nordamerika ist heute die Sowjetunion das Hauptanbaugebiet der Sonnenblume. Auch in Ihrem Garten können Sie Sonnenblumen pflanzen. Allerdings ist das Schälen der Kerne eine ausgesprochen mühselige Beschäftigung, die sich aber lohnt, da ihr Nährstoffgehalt sehr hoch ist. Sonnenblumenkerne enthalten Vitamine aus dem Vitamin-B-Komplex, Vitamin E, viele Mineralstoffe und Eiweiß.

**Verwendung:** Sonnenblumenkerne haben einen süßlichen Geschmack, der gut zu allen möglichen Gerichten paßt. Streuen Sie die Kerne über Aufläufe und Suppen, mischen sie in Teigwaren und Gebäck oder geben sie ins Müsli. Aus gemahlenen Sonnenblumenkernen kann man sehr nahrhafte Kekse herstellen. Versuchen Sie einmal, Sonnenblumenkerne zusammen mit anderen Körnern zu rösten.

## Kleie

**Was es ist:** Die harte äußere Schale eines Getreidekorns, gewöhnlich Weizen. Sie fällt bei der Herstellung von Weißmehl ab. Sehr mild im Geschmack und kernig im Biß; eignet sich als Zugabe für die meisten Gerichte.

**Herkunft:** Als Dr. T.R. Allinson in den achtziger Jahren des 19. Jahrhunderts in London herausfand, daß Kleie seinen Patienten guttat, setzte er sich dafür ein, endlich damit aufzuhören, das Mehl von den Kleieanteilen zu reinigen, aber man hielt ihn allgemein für einen Scharlatan und ignorierte ihn. Er wurde sogar aus dem Ärzteregister gestrichen. Erst Anfang des 20. Jahrhunderts finanzierte in Amerika die Kellogg-Gesellschaft die Erforschung der Wirkung des Vollkornmüslis „All-Bran" und kam in vielem zu genau den gleichen Ergebnissen wie Dr. Allinson. Man erkannte, daß auch die äußeren Bestandteile des Getreides ein wichtiger und notwendiger Bestandteil unserer Ernährung sind und nicht, wie man früher annahm, etwas, das keinerlei Nährwert besitzt und das man deshalb tunlichst meiden sollte.

**Nährwert:** Kleie ist an sich eine schlechte Nährstoffquelle. Unbehandelt verhindert sie sogar die Aufnahme von Mineralstoffen wie Eisen, Kalzium und Zink durch den Dünndarm. In Form von Brot oder Backwaren hingegen liefert sie eine Menge Eisen, Vitamin B und Phosphor. Wenn man das Getreide im Naturzustand beläßt oder Weißmehl mit Kleie mischt, sollen dadurch Beschwerden wie Verstopfung, Divertkulose, Krampfadern, Fettsucht, Hämorrhoiden und möglicherweise auch ernstere Krankheiten gelindert werden können. Kleie ist sehr sättigend, hat aber sehr wenig Kalorien; sie eignet sich also auch gut zum Abnehmen.

**Einkauf und Lagerung:** Kleie gibt es grob oder fein gemahlen. Wenn Sie Vollkornkost nicht gewohnt sind, ist es vielleicht besser, erst einmal die leichter verdauliche, fein gemahlene Kleie zu versuchen. Sie können sie in Naturkostläden, Reformhäusern, Drogerien und Supermärkten bekommen. Achten Sie darauf, daß Sie naturbelassene Kleie nehmen.

**Verwendung:** Sie sollten Ihrer Nahrung pro Tag zwei Eßlöffel Kleie zufügen. Das ist jedoch nicht erforderlich, wenn Sie ohnehin schon Vollkornbrot und andere Vollkornprodukte zu sich nehmen. Kleie sollte nicht roh gegessen werden, sondern Sie sollten sie zum Brot- und Kuchenbacken verwenden oder zu Eintöpfen und Aufläufen geben. Wenn Sie Kleie zum Backen verwenden, müssen Sie vielleicht etwas mehr Wasser hinzugeben, da Kleie mehr Flüssigkeit aufnimmt als weißes Mehl. Streuen Sie Kleie auf Pfannkuchen oder rühren Sie sie in Saucen.

## Körner (Getreide)

**Was sie sind:** Körner sind die Samen von bestimmten Getreidearten. Obwohl sie klein und unscheinbar sind, so stellen sie doch winzige Nahrungsspeicher dar und enthalten eine Menge Nährstoffe. Im Nährwert sind sie einander sehr ähnlich: sie enthalten alle Eiweiß, Kohlenhydrate, Mineralstoffe wie Kalzium, Phosphor, Eisen, Kalium, Vitamin B und manchmal Fette. Am wichtigsten ist jedoch für uns ihr hoher Gehalt an Ballaststoffen.

**Herkunft:** Getreide wird seit etwa 15 000 Jahren angebaut und ist seitdem für beinahe die gesamte Weltbevölkerung ein Grundnahrungsmittel. In den Körnern steckt alles, was eine Pflanze zum Wachsen braucht; sie sind also äußerst nahrhaft und wegen ihrer harten Schale auch sehr gut zu lagern. Sie werden in verschiedenen Formen angeboten: man kann sie ganz, als Flocken oder in Form von Mehl bekommen. In der Vergangenheit hing das Getreideangebot in den einzelnen Ländern von den jeweiligen klimatischen Bedingungen ab. Heute ist die Versorgung durch die Züchtung neuer Arten und durch die besseren Transportmöglichkeiten wesentlich einfacher geworden.

**Einkauf und Lagerung:** Kaufen Sie nur naturbelassene ganze Körner in Naturkostläden und Reformhäusern oder direkt bei einem Erzeuger, der für biologischen Anbau garantiert. Die Körner, die Sie in Supermärkten bekommen, sind oft chemisch behandelt. Kaufen Sie ruhig Großpackungen, sie halten sich, kühl und trocken gelagert, recht lange. Mehl sollten Sie allerdings nicht in allzu großen Mengen kaufen – es verdirbt ziemlich schnell. Lagern Sie Mehl wenn möglich in luftdichten Behältern im Kühlschrank.

## Buchweizen

Eigentlich ist Buchweizen keine Getreideart, sondern mit Sauerampfer und Rhabarber verwandt. Die Buchweizenpflanze hat herzförmige Blätter und hübsche rosafarbene Blüten. Buchweizen wird aber wie Getreide verwendet und enthält etwa dieselben Nährstoffe. Er wurde von den Kreuzrittern aus dem Orient nach Europa gebracht. Heute wird er in vielen Ländern, vor allem aber in der Sowjetunion angebaut, wo er auf sehr vielfältige Weise verarbeitet wird. Auch Buchweizenhonig ist eine russische Spezialität. Buchweizengrütze besteht aus den zerstoßenen, geschälten Körnern. Aus geröstetem Buchweizen macht man Kascha.

**Verwendung:** Kascha können Sie selber machen: Erhitzen Sie die Körner in einer trockenen Pfanne bei mittlerer Hitze und unter häufigem Schütteln so lange, bis sie glasig werden. Geben Sie Wasser oder Fleischbrühe dazu und kochen das Ganze, bis es dick wird. Aus Kascha können Sie Pudding machen, Sie können es als Grundlage für Gemüsegerichte nehmen oder mit Ei einen Hackbraten oder Klopse daraus machen. Kochen und verarbeiten Sie Buchweizengrütze wie Reis. Aus Buchweizenmehl können Sie Blinis, Brötchen und Plätzchen machen (am besten mischen Sie es mit Weizenmehl). Buchweizenspaghetti gibt es inzwischen in vielen Geschäften; natürlich können Sie sie auch selber machen.

## Bulgur (Burghul)

Bulgur ist zerstoßener Weizen, den es früher vor allem in Osteuropa gab. Bei uns wird er in Geschäften, die ausländische Spezialitäten führen, angeboten. Man sagt, Dschingis-Khan habe seine Siege so gefeiert, daß er die Tafeln mit Bulgurgerichten belud, einschließlich einer vergorenen Version zum Trinken. Bulgur hat einen hohen Vitamingehalt und verkocht ausgesprochen schnell.

**Verwendung:** Man kann dieses wohlschmeckende Getreideprodukt als Grundlage für Pilaws und Risottos nehmen; besonders gut schmeckt es zu in Butter geschwenktem Gemüse. Versuchen Sie es auch einmal zu Bazargan, einer Salatvariante aus dem Osten, bei der das Korn nicht gekocht, sondern nur eingeweicht wird. Bulgurmehl schmeckt recht interessant, ist aber ziemlich schwer verdaulich.

**Bazargan**

*200 g Bulgur*
*Sojasauce*
*½ kleine Zwiebel*
*frische Petersilie*
*frische Minze*
*2 Eßlöffel Olivenöl*
*2 Eßlöffel Zitronensaft*
*etwas Senf*
*Gewürze nach Geschmack*
*50 g Walnüsse*
*4 Tomaten*
*Kopfsalat zum Anrichten*

Bulgur in eine Schüssel geben und mit kochendem Wasser bedecken. Sojasauce hinzugeben, abdecken und erkalten lassen; das Bulgur sollte jetzt weich sein. In der Zwischenzeit Zwiebel, Petersilie und Minze fein hacken und zu der Bulgurmischung geben. Öl, Zitronensaft, Senf und Gewürze vermischen und über das Ganze gießen. Gut durchrühren, die zerkleinerten Nüsse und die geviertelten Tomaten zugeben. Die Mischung zudecken und über Nacht kühl stellen. Auf Kopfsalatblättern anrichten.

## Gerste

Dieses Getreide wurde schon vor etwa 5000 Jahren von den Ägyptern zum Bierbrauen verwendet. Auch heute wird Gerste hauptsächlich zu diesem Zweck angebaut. Gerste ist sehr nahrhaft, hat aber von allen Getreidesorten die wenigsten Kalorien, eignet sich also hervorragend zur Gewichtsreduktion. Achten Sie aber darauf, daß Sie ganze Körner bekommen, die noch Kleie und den Keim enthalten. Gerste gibt es auch in Form von Graupen zu kaufen, bei denen die äußeren Schichten entfernt wurden. Graupen werden beim Kochen schneller weich, enthalten aber auch weniger Nährstoffe.
**Verwendung:** Gerste ist leicht verdaulich und kann gut als Kranken- oder Babynahrung genommen werden. Graupen eignen sich für Suppen, Eintöpfe, Fleischbrühe, Bohnengerichte oder Gerstenschleim. Feine Gerstenflocken können Sie in Pudding oder Müsli geben. Gerstenmehl aus Perlgraupen ist fein und süß, als Vollkornmehl ist es dunkler und gröber. Mischen Sie es in Brotteig.

## Hafer

Hafer ist anspruchslos und wächst fast überall, sogar in kälteren Gegenden. Hafer ist außergewöhnlich nahrhaft, enthält viele Mineralstoffe, Vitamine (einschließlich Vitamin E) und mehrfach ungesättigte Fettsäuren. Hafer hat von allen Getreidearten den höchsten Fettgehalt. Hafer gibt es als ganze Körner, Haferflocken oder Haferschrot zu kaufen. Instant-Haferflocken sind schon vorgekocht. Große Haferflocken kochen zwar langsamer, haben aber eine größere Festigkeit.
**Verwendung:** Gut für Müsli, Granola (versuchen Sie eine Mischung mit anderen Körnern), Kuchen, Brot, Porridge, außerdem für süßes und salziges Gebäck wie Haferkuchen oder Pfannkuchen. Nehmen Sie Haferflocken für Kuchenstreusel oder zum Andicken von Saucen oder rühren Sie sie in Gemüseaufläufe.

## Hirse

Hirse ist ein ganz kleines, sandfarbenes Korn, das es wegen seiner äußerst harten Schale nur geschält zu kaufen gibt. Bevor in China der Reis eingeführt wurde, war Hirse dort Hauptnahrungsmittel. Heute wird sie vor allem in Teilen Afrikas, Asiens und Indien und in der Sowjetunion gegessen. Auch für das Volk der Hunza im Himalajagebiet ist Hirse das wichtigste Nahrungsmittel. Der ausgezeichnete Gesundheitszustand dieses Volkes ist auf diese Ernährung zurückzuführen. In Hirse sind die wichtigsten Aminosäuren in einem sehr ausgewogenen Verhältnis vorhanden, und sie enthält mehr Eisen als jedes andere Getreide.

Außerdem enthält sie kein Gluten (Kleber) und ist somit für alle diejenigen geeignet, die Gluten in ihrer Ernährung meiden sollten.

**Verwendung:** Zunächst sollten Sie die Hirse rösten: sie bekommt so einen kräftigeren Geschmack. Kochen Sie 1 Teil Hirse in 4 Teilen Wasser – schon kleine Mengen machen viele satt. Nehmen Sie Hirse als Grundlage für Bohnen- oder Gemüseeintöpfe, oder machen Sie Hirsekroketten. Formen Sie Bällchen und fritieren Sie diese. Hirse schmeckt auch gut als Nachspeise zu frischem oder gekochtem Obst, mit Nüssen und Joghurt.

## Mais

Dieses bekannte gelbe Getreide wurde vor etwa 10 000 Jahren zuerst von den Inkas und Azteken in Mittelamerika angebaut. Die Indianer in beiden Teilen Amerikas verehrten dieses Getreide mit verschiedenen Fruchtbarkeitstänzen. Obwohl sich der Mais, der heute angebaut wird, von dem wilden Mais jener Zeit stark unterscheidet, ist er für viele Menschen in Süd- und Mittelamerika und in Teilen Süd- und Ostafrikas noch das Grundnahrungsmittel. Heute sind die USA der größte Maisproduzent, obwohl Mais dort wie auch bei uns hauptsächlich als Viehfutter verwendet wird. Wenn Sie Maismehl kaufen, nehmen Sie Vollkornmehl und nicht Auszugsmehl, das zwar fein und weiß, aber ohne jeglichen Nährwert ist.

**Verwendung:** Sie können mit Maismehl Saucen andicken oder Tortillas (mexikanische Pfannkuchen), Fladenbrot oder Brötchen daraus machen. Polenta ist ein italienisches Maisgericht. Maisflocken kann man in Eintöpfe, Aufläufe und Suppen einrühren. Popcorn ist weniger wertvoll, ist aber für Kinder eine beliebte und doch recht nahrhafte Zwischenmahlzeit; runden Sie selbstgemachtes Popcorn mit Honig oder etwas Salz geschmacklich ab.

## Reis

Reis ist die wohl bekannteste Getreideart. Er ist seit Jahrtausenden ein Grundnahrungsmittel in Asien, Afrika, Südamerika, Spanien und Italien. Dieses kleine Korn gibt es in verschiedenen Formen wie Lang- und Rundkornreis oder Milchreis zu kaufen (dieser ist weiß und besonders klebrig), und es gibt ihn auch als Naturreis. Bei allen Reisarten ist die äußerste, nicht eßbare Schale entfernt. Allerdings ist fast der gesamte Reis, der bei uns verkauft wird, weißer Reis, bei dem auch die nächste Schicht entfernt wurde. Das ist nicht besonders schlimm, wenn Ihr Speisezettel abwechslungsreich ist. Allein schon wegen seiner wertvollen Stärke ist es besser, geschälten Reis zu essen als überhaupt keinen. Wer sich jedoch fast ausschließlich von Reis ernährt, könnte mit diesem geschälten Reis allein nicht überleben.

## Hirseplätzchen

*1 Eßlöffel Pflanzenöl*
*1 kleine Zwiebel*
*200 g Hirse*
*½ Liter Gemüsebrühe*
*1 Eßlöffel frischgehackte Kräuter*
*Gewürze nach Geschmack*
*100 g geriebener Emmentaler*
*Sesamkörner zum Bestreuen*
*Pflanzenöl zum Braten*

Das Pflanzenöl erhitzen und die feingehackte Zwiebel ein paar Minuten darin anrösten. Hirse zugeben und kurz mitrösten, dann die Brühe einrühren. Zum Kochen bringen, zudecken, die Hitze reduzieren und 20 Minuten oder so lange, bis die Hirse weich und klebrig und die Brühe verdampft ist, köcheln lassen. Kräuter, Gewürze und geriebenen Käse zugeben. Die Mischung mit bemehlten Händen in 8 Portionen teilen und zu Küchlein formen. In Sesamkörnern wälzen, die Körner fest andrücken, dann in heißem Öl unter häufigem Wenden goldgelb braten. Auf Küchenkrepp abtropfen lassen.

## Polenta

*1 Liter Wasser*
*1 Prise Salz*
*250 g Polenta (Maisgrieß)*
*60 g Margarine*
*40 g Vollkornmehl*
*½ Liter Milch*
*Gewürze nach Geschmack*
*1 Prise Muskat*
*1 große Karotte*
*200 g Pilze*
*50 g geriebener Parmesan*

Das Wasser zum Kochen bringen, Salz zugeben, den Maisgrieß darüberstreuen und unter ständigem Rühren dick werden lassen. In eine flache, leicht gefettete Form geben und abkühlen lassen. 50 g der Margarine erhitzen und das Mehl hineinrühren. Kurz kochen lassen, dann die Milch und die Gewürze zugeben. Das übrige Fett in einer anderen Pfanne erhitzen und die geriebene Karotte ein paar Minuten darin schwenken; die kleingeschnittenen Pilze hineingeben und so lange kochen, bis sie weich sind. In die weiße Sauce rühren.

Aus der Polenta mit einem Glas runde Plätzchen ausstechen und die Hälfte davon in eine gefettete, feuerfeste Form legen. Mit der Hälfte der Sauce bestreichen. Mit den übrigen Zutaten ebenso verfahren und die letzte Schicht mit dem geriebenen Käse bestreuen. Bei 180 °C (Gas Stufe 4) 20 bis 30 Minuten backen.

Naturreis nennt man auch „braunen Reis“. Verglichen mit den anderen Getreidearten, enthält Reis nur sehr wenig Ballaststoffe: Brauner Reis hat etwa 1,5%, weißer Reis ungefähr 0,5% Ballaststoffe. Reisflocken sind weniger nährstoffhaltig als ganze Körner, werden beim Kochen aber schneller weich. Reismehl ist reich an Vitamin B. Die nordamerikanischen Indianer aßen jahrhundertelang den besonders nahrhaften wilden Reis, der heute mit Hilfe von Düngern kommerziell angebaut wird; dadurch ist er zwar leichter erhältlich und viel billiger, aber auch längst nicht mehr so wertvoll.
**Verwendung:** Nehmen Sie Vollkornreis als Grundlage für indische und chinesische Gerichte, für Risotto, Pilaws oder Reisbrot. Füllen Sie Reisbällchen mit Käse und fritieren Sie diese. Reis eignet sich auch für Süßspeisen. Mit Reisflocken können Sie Suppen und Eintöpfe eindicken. Wilder Reis reicht länger, wenn Sie ihn mit Naturreis mischen.

## Roggen

Roggen gedeiht auch unter schwierigsten Verhältnissen und wurde deshalb in fast ganz Europa angebaut, wo er Grundnahrungsmittel war. Roggen wurde früher häufig von einem Pilz befallen (Mutterkorn), der das Zentralnervensystem angreift und Halluzinationen und Trancezustände hervorrufen kann. Heute wird Roggen nicht mehr in dem Maße wie früher angebaut; er ist außer in Deutschland noch in Skandinavien und der Sowjetunion sehr beliebt; in den USA wird aus Roggen Whisky hergestellt.
**Verwendung:** Kochen Sie die würzigen Körner wie Reis und machen Sie sie zur Grundlage von Gemüse und Bohnengerichten. Sie können die Kochzeit wesentlich verkürzen, wenn Sie die Körner vorher mit einem Nudelholz zerkleinern. Roggen läßt sich mit anderen Getreidearten wie Gerste und Weizenkörnern kombinieren. Pumpernickel und anderes Schwarzbrot besteht aus Roggenmehl; manchmal sind auch andere Mehlsorten wie Gerste dabei, da Roggen nur wenig Gluten (Kleber) enthält und reines Roggenbrot deshalb sehr schwer verdaulich ist. Wenn Sie mit Roggenmehl backen wollen, nehmen Sie das feinere Mehl, bei dem einige der äußeren Schichten der Körner entfernt wurden. Sollten Sie Roggenflocken im Laden sehen, kaufen Sie sie und geben sie in Suppen und Gemüseeintöpfe.

### Finnisches Knäckebrot

*250 g Roggenmehl*
*1 kräftige Prise Salz*
*2 Teelöffel Backpulver*
*30 g Rohrzucker*
*¼ Liter Milch*
*30 g zerlassene Butter*

Mehl, Salz und Backpulver mischen. Zucker dazugeben. Die Milch hineinrühren und zu einem glatten Teig verkneten. Ein großes Backblech einfetten. Den Teig mit bemehlten Händen zu einer großen, runden, etwa 12 mm dicken Platte ausziehen und auf das Backblech legen. Mit einer Gabel einstechen. Bei 220 °C (Gas Stufe 7) 10 Minuten oder so lange, bis das Brot leicht gebräunt ist, backen. Dieses traditionelle Brot schmeckt am besten frisch. Zum Servieren in kleine Stücke schneiden. Dieses Brot wird leichter und bekömmlicher, wenn Sie einen Teil des Roggenmehls durch Vollkornmehl ersetzen.

### Vielkorn-Granola

*100 g Haferflocken*
*100 g Gerstenflocken*
*100 g Weizenflocken*
*100 g Roggenflocken*
*60 g Honig*
*3 Eßlöffel Pflanzenöl*
*50 g Kokosraspel*
*100 g gehackte Nüsse, gemischt oder nur eine Sorte*
*100 g kleingeschnittene Datteln*

Die Getreideflocken miteinander vermischen. Honig und Öl in einer großen Pfanne leicht erhitzen und gut vermischen, dann die Flocken zugeben und alles durchrühren. Bei niedriger Hitze etwa 30 Minuten unter ständigem Rühren rösten. Kokosflocken und Nüsse zugeben und das Ganze weitere 15 Minuten rösten, bis die Flocken und Nüsse geröstet sind (wenn Sie es gern knusprig mögen, rühren Sie einfach länger). Vom Herd nehmen und die Datteln unterheben. Abkühlen lassen, dann in ein großes Glas mit Schraubverschluß füllen. Sie können das Granola mit Milch oder Obstsaft vermischt zum Frühstück essen oder pürierte Früchte, Eis oder Joghurt damit bestreuen.

## Sorghum

Dieses großkörnige, harte Getreide ist eigentlich eine Hirseart. Es braucht nur ganz wenig Wasser und wird deshalb vor allem in Trockengebieten angebaut. In weiten Teilen Afrikas ist es auch heute noch ein wichtiges Grundnahrungsmittel; das weiße Korn wird gegessen, aus dem bitteren roten wird Bier hergestellt, und aus den zerstoßenen süßen Sorghumstengeln macht man Sirup. Obwohl Sorghum nach Weizen und Reis den dritten Platz im Getreideverbrauch der Welt einnimmt, ist es hier kaum bekannt; aber auch bei uns wird Sorghum jetzt im Handel angeboten.
**Verwendung:** Dieses Korn kann man wie Reis kochen oder zu Eintöpfen, Suppen und Aufläufen verarbeiten. Außerdem kann man es zu Mehl mahlen und ein recht schweres Brot daraus backen beziehungsweise für süßen oder salzigen Brei verwenden. Sorghum enthält kein Gluten (Kleber) und ist somit für glutenfreie Diät geeignet.

## Triticale

Triticale ist ein Korn, das zum ersten Mal in den dreißiger Jahren gezüchtet wurde: Man hat Weizen und Roggen miteinander gekreuzt. Daraus entstand ein Korn, das 2% mehr Eiweiß enthält als Weizen oder Roggen für sich; außerdem stehen die Aminosäuren in einem günstigeren Verhältnis zueinander. Heute baut man es vor allem in Amerika und in der Sowjetunion an.
**Verwendung:** Man kann die ganzen Körner verwenden oder sie für Brot zu Mehl mahlen; dann sollte man es aber mit Weizenmehl mischen. Es eignet sich hervorragend zum Keimen und schmeckt gut in Salaten, Gemüsegerichten und Suppen.

### Weizen

Weizen ist für die Hälfte der Weltbevölkerung ein Hauptnahrungsmittel, und auch bei uns ist er die wichtigste Getreideart: Wir decken etwa ein Viertel unseres Eiweißbedarfs mit Weizen. Weizen ist anspruchslos und gedeiht in verschiedenen Sorten in beinahe jedem Klima – das erklärt auch seine Beliebtheit. In der Regel wird aus Weizen Brot gemacht, und zwar so, wie es die Ägypter schon um 4000 v. Chr. taten: sie fanden heraus, daß Hefe die Backwaren lockerer macht. Um ein möglichst lockeres Brot zu bekommen, wird bei uns meistens eine Mischung aus einheimischem Weizen und dem Hartweizen aus den USA, Kanada und der Sowjetunion verwendet. Wenn Sie Mehl kaufen, bevorzugen Sie Vollkornmehl, das alle wichtigen Nährstoffe des Getreides enthält und außerdem so schonend gemahlen wird, daß die Nährstoffe erhalten bleiben. Es wird gröberes und feineres Vollkornmehl angeboten. Weizenmehl (und Roggenmehl) gibt es in verschiedenen „Typen" zu kaufen. Bevorzugen Sie die Typen mit den höheren Ziffern.
**Verwendung:** Weizenkörner sind hart und erfordern lange Kochzeiten. Sie passen gut zu Eiern und allen möglichen Gemüsearten, besonders aber zu Paprika. Trocknen Sie einmal die gekochten Körner und braten Sie sie dann an. Frumentum ist ein süßes Gericht, das von den Römern stammt: dazu kocht man Weizen in Milch und fügt Zimt und Honig (oder Rohrzucker) hinzu. Weizenschrot ist gut zum Brotbacken, Weizenflocken schmecken im Müsli, gemahlene Weizenkörner kommen in Nachspeisen oder sie ergeben gute Käsepfannkuchen. Die wichtigsten Brotrezepte finden Sie im Kapitel: Die Herstellung eigener Nahrungsmittel.

## Margarine

**Was es ist:** Heute können Sie unter vielen verschiedenen Margarinesorten auswählen. Es gibt sie hart oder weich, in Bechern oder quadratisch verpackt, aus tierischen Fetten oder aus einer Mischung aus tierischen und pflanzlichen Fetten oder nur aus Pflanzenfett. Weiche, streichfeste Margarine aus Soja- oder Sonnenblumenöl gibt es noch nicht so lange; sie enthält oft, jedoch nicht immer, weniger Cholesterin und mehrfach ungesättigte Fettsäuren.
**Herkunft:** Margarine wurde 1869 von dem Franzosen Mège-Mouries als Butterersatz erfunden. Sie wurde aus tierischen Fetten hergestellt. Obwohl sie bald überall – vor allem aber in Holland, wo das Produkt entwickelt worden ist – akzeptiert wurde, behielt die Margarine bis heute den Ruf als minderwertiger Butterersatz.
**Nährwert:** Die meisten Margarinesorten enthalten Salz, einige Farbstoffe und die gesetzlich geforderten Zusätze an Vitamin A und D. Margarine mit einem hohen Anteil an mehrfach ungesättigten Fettsäuren sollte bevorzugt werden, da diese nicht wie die gesättigten Fettsäuren die Arterien verstopfen, sondern dazu beitragen, das Cholesterin abzubauen. Trotzdem enthält jede Margarine gesättigte Fettsäuren, und der Verzicht auf Butter zugunsten von Margarine wird Sie nicht automatisch vor einer Überdosis gesättigter Fettsäuren schützen.
**Einkauf und Lagerung:** Kaufen Sie Margarine stets frisch in kleineren Mengen. Bewahren Sie Margarine kühl auf, am besten im Kühlschrank.
**Verwendung:** Margarine eignet sich als Brotaufstrich, sie kann zum Backen und Braten verwendet werden und statt Butter auf Gemüse und Pellkartoffeln gegeben werden. Aber nicht jede Margarine eignet sich zum Backen und Braten.

# Marmelade, Konfitüre und Eingemachtes

**Was es ist:** Marmeladen, Konfitüren und Eingemachtes werden in der Regel aus Früchten und Zucker, manchmal auch unter Zugabe von Pektin gemacht. Als Marmelade dürfen heute nur Produkte aus Zitrusfrüchten bezeichnet werden. Obst enthält natürliches Pektin, das zusammen mit dem Zucker die Konfitüre verfestigt; allerdings enthalten die verschiedenen Obstsorten unterschiedliche Mengen Pektin, so daß manchmal einfach mehr Pektin zugegeben werden muß. Obst vor der Vollreife hat einen höheren Pektingehalt.

**Herkunft:** Schon seit Jahrhunderten kennt man in vielen Teilen der Welt Einmachmethoden. Ursprünglich war es auf diese Weise möglich geworden, große Mengen überreifer Früchte zu verwerten und Obst zu konservieren, das dann gegessen werden konnte, wenn es kein frisches Obst mehr gab.

**Nährwert:** Industriell hergestellte Konfitüre besteht aus zerkochten Früchten, Weißzucker sowie Farb- und Konservierungsstoffen. Allmählich kommen aber immer mehr gesündere Konfitüren auf den Markt. Achten Sie also bei Ihrem Einkauf auf den reduzierten Zuckergehalt. Denken Sie auch daran, daß Konfitüre, die mit Rohrzucker oder Honig gemacht ist, zwar besser schmeckt, aber nicht unbedingt gesünder ist. Inzwischen gibt es Brotaufstriche, die ausschließlich aus Früchten bestehen. Konfitüren und Eingemachtes haben zwar nur einen geringen Nährwert und sind kein unbedingt notwendiger Teil Ihres Speiseplans, aber sie sind doch ein angenehmer Luxus. Wichtig ist nur, die Produkte mit schädlichen Zusätzen zu meiden.

**Einkauf und Lagerung:** Natürlich hergestellte Marmeladen, Konfitüren und Eingemachtes gibt es in den meisten Naturkostläden und Reformhäusern; Konfitüren mit weniger – aber eben doch weißem – Zucker bekommen Sie auch in Supermärkten. Jede Konfitüre sollte in einem verschlossenen Glas im Kühlschrank aufbewahrt werden.

**Verwendung:** Marmelade und Konfitüre eignen sich selbstverständlich nicht nur als Brotaufstrich, man kann sie auch in Joghurt, Grieß- oder Reispudding rühren, zu Eis reichen, gekochtes Obst damit süßen, Kuchen verzieren und Pasteten damit füllen oder Frischkäse, Quark und Hüttenkäse geschmacklich verfeinern.

# Melasse

**Was es ist:** Dieser dickflüssige, dunkelbraune Sirup ist ein Nebenprodukt bei der industriellen Zuckerherstellung. Wenn das Zuckerrohr zerstoßen und weiterverarbeitet wird, gehen alle wertvollen Mineralstoffe und Vitamine verloren, und eben diese machen aus der Melasse ein so nährstoffreiches Süßmittel.
**Herkunft:** Melasse gibt es erst seit dem Beginn der kommerziellen Zuckerraffinierung vor etwa 200 Jahren. Ihre Beliebtheit schwand, als der weiße Zucker billiger wurde, und auch heute noch wird die Melasse manchmal als minderwertiger Zuckerersatz angesehen. In Amerika wird sie immer noch häufig verwendet, vor allem in Gebieten mit Zuckerrohrplantagen.
**Nährwert:** Melasse ist sehr nährstoffreich; die dunkleren Sorten sind am besten. Nach Hefe enthält Melasse am meisten Vitamine aus der Vitamin-B-Gruppe, vor allem aber Vitamin $B_6$. Außerdem hat sie mehr Eisen als die gleiche Menge Leber, und beträchtliche Mengen Kupfer, Kalzium, Phosphor und Kalium. Melasse hat weniger Kalorien als andere natürliche Süßstoffe – etwa 240 pro 100 g; Honig hat ungefähr 320 bis 360 pro 100 g, und Zucker etwa 490 pro 100 g.
**Einkauf und Lagerung:** Wenn Melasse in einem verschlossenen Glas kühl gelagert wird, hält sie sich sehr lange.
**Verwendung:** Melasse paßt gut zu Bohnengerichten und zu süß-sauren Saucen. Man kann sie als Brotaufstrich nehmen und in Getränke rühren. Beim Backen können Sie Melasse für Pfannkuchen und Ingwergebäck verwenden. Dosieren Sie Melasse anfangs eher etwas vorsichtig, da sie einen sehr starken Eigengeschmack hat.

**Bananenmilch**

*1 Liter Milch (tierische oder Sojamilch)*
*3 große, reife Bananen*
*1 Spritzer Zitronensaft*
*3 Eßlöffel (oder je nach Geschmack) Melasse*

Milch, Bananen und Zitronensaft mixen. Wenn die Mischung dick und sämig ist, Melasse zugeben. Vor dem Servieren kurz in den Kühlschrank stellen.

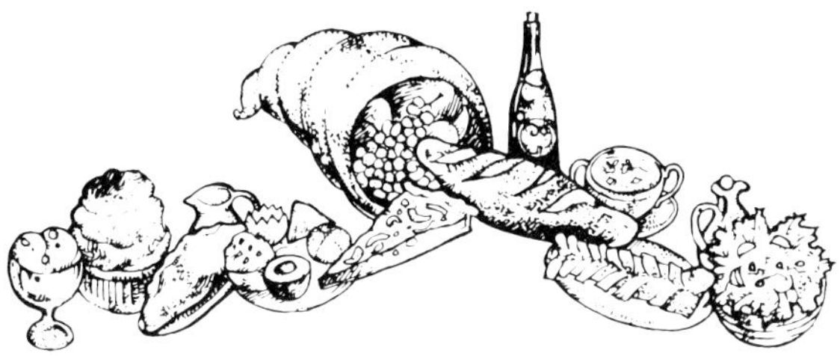

# Milch

**Was es ist:** Milch ist eine höchst konzentrierte Flüssigkeit, die von Säugetieren für ihre Jungen produziert wird und die deshalb viele Nährstoffe enthält.
**Herkunft:** Milch war schon immer Teil der menschlichen Ernährung. Für den Säugling ist die Muttermilch das erste Nahrungsmittel. In vielen Teilen der Welt ist Milch auch heute noch zusammen mit Getreide und Gemüse der Haupteiweißlieferant.
**Nährwert:** Milch enthält viel Eiweiß und Kalzium. Außerdem ist sie reich an gesättigten Fettsäuren, von denen man annimmt, sie seien schuld an vielen Zivilisationskrankheiten. Viele Ernährungswissenschaftler sind der Meinung, wir würden zuviel

Milch trinken; sie vertreten die Auffassung, wir sollten sie nicht als ein Getränk, sondern eher als ein hochkonzentriertes flüssiges Nahrungsmittel betrachten.

Es ist zwar richtig, daß durch die Pasteurisierung Bakterien abgetötet und die Milch haltbarer gemacht wird, gleichzeitig werden dadurch aber auch wertvolle Nährstoffe zerstört. Durch die Verabreichung von Hormonen und künstlichen Futterzusätzen steigt der Anteil der Stoffe, die Milch auch gesundheitsschädlich machen können.

**Einkauf und Lagerung:** Kuhmilch gibt es täglich frisch; sie ist als Vollmilch, teilentrahmte oder entrahmte Milch im Handel erhältlich. Dabei wird das Fett teilweise oder ganz entfernt. H-Milch wird stark erhitzt, damit sie 3 bis 6 Monate haltbar bleibt. In ländlichen Gebieten gibt es immer noch frische Milch beim Bauern, Sie sollten sie versuchen. Immer mehr Reformhäuser, Naturkost- und Delikateßläden verkaufen heute Ziegen- oder Schafsmilch, die in der Regel nur in geringen Mengen gewonnen werden. Diese Milchsorten sind leichter verdaulich und verursachen weit weniger Allergien als Kuhmilch. Milch sollte man immer so schnell wie möglich nach dem Einkauf trinken. Sie hält sich am besten im Kühlschrank.

**Verwendung:** Sehen Sie Milch als ein Nahrungsmittel an. Wenn Sie eine weiße Soße zu Gemüse machen, haben Sie eine ausgewogene Mahlzeit. Kochen Sie Eiermilch oder süßen Pudding. Milch ist gut für Kinder, Kranke und ältere Menschen – aber auch für alle, die nicht gern essen. Anstatt Milchreste nur deshalb zu trinken, weil sie sonst verderben würden, machen Sie doch einmal Joghurt daraus: er hält länger und ist bekömmlicher. Wichtig ist aber vor allem, daß Sie insgesamt nicht zuviel Milch verbrauchen.

## Nüsse

**Was sie sind:** Nüsse sind die Früchte bestimmter Baum- und Straucharten. Die meisten sind von einer schützenden, harten Schale umgeben.

**Herkunft:** Nüsse gehören zu den ersten Nahrungsmitteln, die von den Menschen gegessen wurden. Nüsse wachsen fast überall, und da sie leicht zu sammeln und zu lagern sind, sind sie das perfekte Nahrungsmittel überhaupt.

**Nährwert:** Nüsse gehören zu den konzentriertesten Eiweißlieferanten; bestimmte Sorten enthalten mehr Eiweiß als Fleisch und sind zudem noch viel billiger. Außerdem stecken in Nüssen viele andere Nährstoffe wie z.B. Vitamin $B_1$, $B_2$ und $B_6$, Vitamin E, Nikotinsäure und verschiedene Mineralstoffe. Auch ihr Ballaststoffgehalt ist hoch. Allerdings enthalten sie viel Fett, das aber kaum gesundheitsschädigend ist, da es sich fast ausschließlich um mehrfach ungesättigte Fettsäuren handelt (außer bei Kokos- und Paranüssen). Leider hat der erhöhte Bedarf dazu geführt, daß viele Nüsse von der Industrie mit Konservierungs- und Farbstoffen behandelt werden; außerdem werden viele Nüsse gesalzen und geröstet angeboten. Erst durch diese Behandlung werden sie ungesund, da hierdurch fast alle Nährstoffe verlorengehen.

**Einkauf und Lagerung:** Alle Nußsorten sollten so frisch wie möglich und am besten noch in der Schale gekauft werden. Um unbehandelte Nüsse zu bekommen, kaufen Sie nur in Geschäften, die Sie kennen und in denen Sie fragen können. Wenn Sie geschälte Nüsse nehmen, kaufen Sie nur geringe Mengen und bewahren sie luftdicht verschlossen und am besten im Dunkeln auf. Es ist besser, Nüsse erst dann zu mahlen oder zu hacken, wenn Sie sie verbrauchen wollen.

## Cashewnüsse

Diese weiche, weiße nierenförmige Nuß ist strenggenommen gar keine Nuß, sondern eine Hülsenfrucht, die am Ende einer birnenförmigen Frucht sitzt. Sie stammt aus Brasilien, wird heute aber auch in anderen Ländern einschließlich Indien angebaut, das eines der wichtigsten Exportländer ist. Cashewnüsse sind süß und sehr aromatisch, aber leider auch teuer.

**Verwendung:** Cashewnüsse sind geröstet und gesalzen eine köstliche Zwischenmahlzeit. Außerdem passen sie gut zu Mischungen aus Trockenfrüchten, Körnern und Kokosflocken. Geben Sie die Nüsse in Currygerichte, oder backen Sie Cashewpfannkuchen. Mahlen Sie sie ganz fein für Nußbutter oder machen Sie mit etwas Wasser eine sämige Sauce für Obstsalate.

### Cashewnußbutter

*220 g rohe Cashewnüsse*
*2 bis 3 Eßlöffel Pflanzenöl*
*1 Prise Salz (nach Belieben)*
*Honig (nach Belieben)*

Die Nüsse sehr fein mahlen. So viel Öl zugeben, daß eine geschmeidige Masse entsteht. Gut mischen. Cashewnußbutter hat einen süßlichen, sehr aromatischen Geschmack. Wenn Sie sie etwas pikanter möchten, fügen Sie Salz hinzu, und wenn Sie sie lieber süß mögen, geben Sie etwas Honig hinein.

Auf diese Weise kann man auch andere Arten von Nußbutter herstellen. Man nimmt einfach verschiedene Nußsorten und kombiniert sie mit den diversen Zutaten. Versuchen Sie auch einmal geröstete Nüsse dazu. Erdnußbutter aus einer Mischung von rohen und gerösteten Erdnüssen schmeckt vorzüglich.

## Erdnüsse

Die Erdnuß ist eine der bekanntesten Nüsse der Welt, aber sie ist eigentlich überhaupt keine Nuß, sondern der Samen einer Hülsenfrucht, die an langen Stielen unter der Erde wächst. Erdnüsse wurden schon um 950 v.Chr. gegessen, wie uns Gräberfunde in Südamerika beweisen. Heute sind die USA die wichtigsten Erdnußproduzenten. Erdnüsse haben, neben Mandeln, den höchsten Eiweißgehalt. Außerdem enthalten sie die 8 wichtigsten Aminosäuren und sind reich an Linolsäure. Wegen ihres hohen Kaloriengehalts sollten Sie nicht zuviel davon essen; wenn Sie sie jedoch nicht als Zwischenmahlzeit, sondern in Verbindung mit den Hauptmahlzeiten essen, setzen Sie auch nicht mehr an, als wenn Sie Fleisch essen.

**Verwendung:** Erdnüsse gibt es als ganze Früchte zu kaufen, die meist geröstet sind. Mischen Sie gemahlene, rohe Erdnüsse und geröstete Erdnüsse zu gleichen Teilen und machen daraus eine pikante Paste. Geben Sie sie zu Curry- und chinesischen Gerichten und zu Salaten. Machen Sie Frikadellen oder, mit Spinat und Ei vermischt, einen Hackbraten daraus. Erdnüsse schmecken auch gut zu Süßspeisen.

## Haselnüsse

Haselnüsse gehören zu den wenigen Nüssen, die auch bei uns wachsen. „Haesil“ ist das angelsächsische Wort für „Kopfbedeckung“, und damit ist beschrieben, wie die Nuß in ihre grüne Hülle paßt. Haselnüsse werden heute auf der ganzen Welt angebaut. Sie enthalten besonders viel Vitamin E und haben ungefähr 660 Kalorien pro 100 g.

**Verwendung:** Haselnüsse sind vor allem bei der

Süßwarenindustrie beliebt. Versuchen Sie ruhig einmal, Ihre eigenen Pralinen herzustellen, aber nehmen Sie Rohrzucker und Johannisbrotpulver statt Schokolade. Da Haselnüsse so gut zu Süßwaren passen, verwenden Sie sie zum Backen, streuen sie über Eis, rühren sie in Joghurt oder gehackt in Obstsalat. Ihren vollen Geschmack erreichen sie, wenn Sie die Haselnüsse bei geringer Hitze im Backofen rösten (so lassen sie sich auch ganz leicht schälen). Gemahlene und geröstete Haselnüsse, mit etwas Öl vermischt, ergeben einen schmackhaften Brotaufstrich.

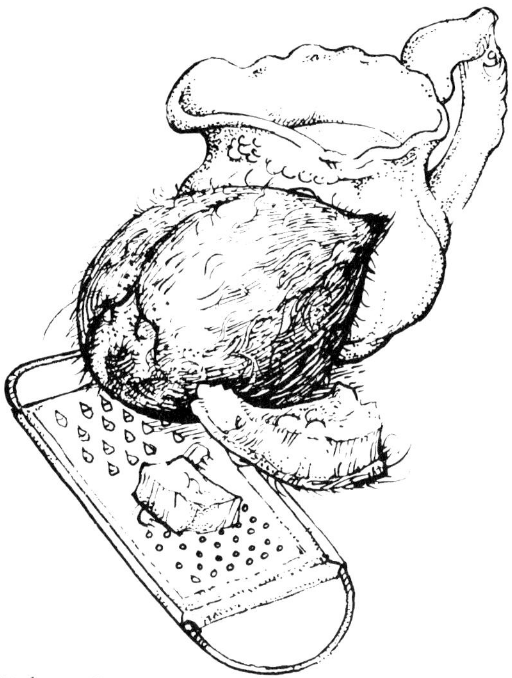

## Kokosnüsse

Kokosnüsse kommen ursprünglich aus Malaysia, werden heute aber in allen tropischen Ländern angebaut. Das Fruchtfleisch der Kokosnuß wird von einer harten, faserigen Schale umhüllt, und die hohle Frucht enthält gewöhnlich eine milchige Flüssigkeit. Kokosnüsse sind eiweißarm, aber sehr ballaststoffreich. Wegen ihres Anteils an gesättigten Fettsäuren sollte man sie nur sparsam verwenden; allerdings genügen bereits sehr geringe Mengen zur geschmacklichen Verfeinerung. Bewahren Sie frisches Kokosnußfleisch mit Wasser bedeckt im Kühlschrank auf und wechseln Sie das Wasser häufig. Angeschnittene Nüsse bleiben noch bis zu 4 Tagen frisch.

**Verwendung:** Kokosmilch schmeckt ausgezeichnet zu Currygerichten oder als Ersatz für Wasser oder Milch in pikanten Saucen oder in süßen Gerichten, besonders in Verbindung mit Reis. Frische Kokosraspel passen in Obstsalate oder Müsli oder zu Granola. Geröstete Kokosflocken kann man zum Knabbern hinstellen oder über manche Gerichte streuen. Es gibt getrocknete Kokosraspel im Handel – achten Sie aber darauf, daß Sie diese ungesüßt bekommen. Verwenden Sie sie zu Kuchen und anderem Gebäck.

## Mandeln

Die schönen Mandelbäumchen mit ihren rosafarbenen Blüten wachsen auch bei uns, tragen aber zumeist nur Bittermandeln, die nicht eßbar sind; nur ihr Öl kann ausgepreßt und als Backzutat verwendet werden. Süße Mandeln werden vor allem aus Südeuropa und Amerika importiert. Mandeln gehören zu den eiweißreichsten Nüssen und enthalten außerdem viel Kalzium.

**Verwendung:** Mandeln gibt es ganz, geschält, gehackt oder gemahlen. Verwenden Sie sie in Backwaren und zu Nachspeisen. Streuen Sie geröstete Mandelblättchen über Eis. Ganze Mandeln können Sie in Salate und Gemüsegerichte geben.

### Mandelgebäck

*80 g gemahlene Mandeln*
*30 g Sesamkörner*
*100 g Reismehl*
*einige Tropfen Vanilleextrakt*
*2 Eiweiß*
*1 Prise Salz*
*100 g Rohrzucker*
*geschälte Mandeln (nach Belieben)*

Die gemahlenen Mandeln, die Sesamkörner, das Mehl und den Vanilleextrakt in einer Schüssel verrühren. Das Eiweiß mit dem Salz leicht schlagen, den Zucker einrühren und das Ganze zu den anderen Zutaten geben und gut verrühren. Kleine Häufchen auf ein gefettetes oder mit Backpapier ausgelegtes Blech setzen. Leicht andrücken. In die Mitte je eine Mandel setzen. Bei 180 °C (Gas Stufe 4) etwa 20 Minuten backen. Die Plätzchen sollten goldgelb sein. Abkühlen lassen und dann vorsichtig vom Blech nehmen.

### Maronensuppe

*350 g Maronen*
*2 Eßlöffel Pflanzenöl*
*1 große Lauchstange*
*1 große grüne Paprikaschote*
*1 Stange Sellerie*
*1 Liter Gemüsebrühe*
*Gewürze nach Geschmack*
*1 gute Prise Muskatblüte*
*1/8 Liter saure Sahne*

Die Früchte einschneiden und in einem Topf mit Wasser zum Kochen bringen. Nach etwa 10 Minuten vom Feuer nehmen und etwas abkühlen lassen, dann mit einem scharfen Messer die äußere Schale und die innere Haut abziehen. Das Öl erhitzen und den kleingeschnittenen Lauch, Paprika und Sellerie kurz darin anrösten. Die Brühe und die halbierten Maronen hineingeben. 10 Minuten (oder so lange, bis die Zutaten weich sind) kochen. Nüsse und Gemüse pürieren und nach Geschmack würzen. Das Ganze noch einmal leicht erhitzen und die saure Sahne unterrühren. 1 bis 2 Minuten bei ganz geringer Hitze stehen lassen. Mit gehacktem Selleriegrün oder ein paar rohen Lauchringen garnieren.

## Maronen (Eßkastanien)

Diese großen, braunen Früchte der Edelkastanie reifen auch bei uns, aber meistens sind sie nur sehr schwer schälbar und haben wenig Fleisch. Fast alle der bei uns im Winter erhältlichen Maronen kommen aus Frankreich oder Italien. Anders als die meisten Nüsse enthalten Maronen kaum Fett und haben wenig Kalorien (etwa 200 Kalorien pro 100 g), auch nur 3% Eiweiß; allerdings haben sie ziemlich viele Kohlenhydrate. Maronen können in einem luftdurchlässigen Behälter im Kühlschrank bis zu 2 Monaten aufbewahrt werden; ganze, geschälte Früchte kann man blanchieren und einfrieren.

**Verwendung:** Um Maronen zu schälen, ritzt man sie am spitzen Ende ein und kocht sie etwa 10 Minuten (so lange, bis sich die dünne Schale abziehen läßt) in Wasser; die Kochzeit hängt davon ab, wie frisch die Maronen sind. Gekocht schmecken sie süß und mehlig und ergeben eine gute Füllung. Ganze Maronen passen ausgezeichnet zu Rosenkohl – versuchen Sie einmal einen Auflauf und überbacken ihn mit Käse. Maronenpüree eignet sich sehr gut für Süßspeisen.

## Paranüsse

Die großen, weißen Nüsse stecken in einer dreieckigen harten Schale; diese Einzelfrüchte befinden sich in einer größeren Schale, die einer Kokosnuß ähnlich sieht. Jedes dieser Büschel kann bis zu 1,5 kg wiegen. Sie wachsen im Amazonasgebiet in Brasilien auf Bäumen, die bis zu 45 m hoch werden. Heute werden sie auch in anderen Teilen Südamerikas und in Afrika angebaut. Obwohl sie viel Eiweiß, Zink und Vitamin $B_1$ enthalten, gehören Paranüsse zu den wenigen Nußarten, die gesättigte Fettsäuren enthalten.
**Verwendung:** Versuchen Sie einmal einen Paranußrollbraten. Machen Sie aus gemahlenen Paranüssen Pralinen, oder mischen Sie sie in Gebäckteig. Grob gehackt können Sie die Nüsse über Obstsalat, Müsli oder Obstkuchen streuen.

## Pecannüsse

Diese Nüsse aus den südlichen Regionen Nordamerikas waren früher ein Grundnahrungsmittel der Indianer. Sie sind weich und zart und stecken in einer glatten, länglichen Schale. Die geschälten Pecannüsse sehen wie längliche Walnüsse aus.

**Verwendung:** Pecannüsse schmecken besonders gut zu süßen Gerichten. Versuchen Sie sie in Gebäck, Früchtebrot, Obstkuchen oder mit Schlagsahne in Biskuittorten. In den USA gibt es zwei besonders beliebte Pecanrezepte: das eine ist eine Pecannußtorte mit einer Eier-Sirup-Nuß-Füllung, das andere sind Pecannußbonbons aus Ahornsirup. Versuchen Sie die Nüsse auch einmal zu pikanten Salaten und Gemüsegerichten.

### Pestosauce

*1 bis 2 geschälte und kleingeschnittene Knoblauchzehen*
*1 gehäufter Eßlöffel frische Basilikumblätter*
*Salz nach Geschmack*
*100 g geriebener Parmesankäse*
*100 g Pinienkerne*
*1 Eßlöffel Zitronensaft*
*$\frac{1}{8}$ Liter Olivenöl*

Knoblauch, Basilikum und Salz in einem Mörser zu einer feinen Paste verarbeiten. Nach und nach den Käse und die Pinienkerne hinzugeben, den Zitronensaft unterrühren. Die Mischung sollte geschmeidig und dickflüssig sein. Das Öl unter ständigem Rühren tropfenweise zugeben, so daß die Sauce eine sahnige Konsistenz bekommt. Nach Geschmack würzen. Zu Teigwaren reichen oder in Gemüsesuppen einrühren. Diese Sauce ist auch eine interessante Alternative zu dem üblichen Kräuterquark zu Pellkartoffeln.

### Pinienkerne, Piniennüsse (Pignolen)

Pinienkerne sind winzig kleine, weiße, ölige Samen von bestimmten Pinienarten; die meisten werden aus Italien importiert. Da sie nur schwer aus ihrer harten Schale zu lösen sind, sind sie nicht ganz billig. Sie sind eiweißreich und verleihen auch in kleinen Mengen vielen Gerichten eine ganz besondere Note.
**Verwendung:** Sie schmecken ausgezeichnet in Gerichten aus dem Mittleren Osten, besonders zu solchen, die aus Auberginen und Tomaten bestehen. Auch zu süß-sauren Saucen, Reisgerichten und italienischer Pestosauce passen sie sehr gut. Streuen Sie auch ein paar leicht geröstete Pinienkerne über Obstsalate oder verwenden Sie sie für Süßigkeiten.

### Pistazien

Die kleinen grünen Pistazienkerne kamen ursprünglich aus Syrien. Heute werden Pistazien auch in der Türkei, in Israel, Griechenland und Italien angebaut und vor allem auch in Kalifornien und Texas. Pistazien sind verhältnismäßig teuer und selten zu haben; sie gelten bei uns eher als Luxus.
**Verwendung:** Pistazien passen gut zu süßen Zutaten und werden für traditionelle Süßigkeiten wie Halwa, türkischen Honig und Pistazieneis verwendet. Streuen Sie gehackte Pistazien auch einmal über Obstsalat oder Sorbet, oder geben Sie Honig und Pistazien zu kalorienarmem Ricottakäse, den Sie dann für ein einfaches Dessert mit Schokoladenraspeln garnieren. Geröstete und gesalzene Pistazien sind eine wohlschmeckende Knabberei zu Getränken.

### Walnüsse

Walnüsse stammen wahrscheinlich aus dem alten Persien; heute wachsen jedoch eine ganze Reihe verschiedener Walnußarten in der gesamten nördlichen Hemisphäre. Frische (grüne) Walnüsse gibt es nur im Herbst; sie schmecken süß und mild. Die meisten Walnüsse werden schon in getrocknetem Zustand importiert. Von allen Nüssen enthalten sie die meisten mehrfach ungesättigten Fettsäuren.
**Verwendung:** Walnüsse schmecken pikant-herb und können unterschiedlich verwendet werden. Versuchen Sie sie in Waldorfsalat oder zu Gemüsegerichten. Mit leicht gerösteten Zwiebeln und Pilzen ergeben sie eine Pfannkuchenfüllung, oder Sie können sie in eine Käsesauce rühren. Auch zu Gerichten aus dem Mittleren Osten passen sie recht gut und können die teureren Pinienkerne und Pistazien ersetzen. Süßspeisen und Kuchen schmekken gut mit Walnüssen, besonders wenn sie mit Datteln oder Bananen kombiniert werden.

## Öle

**Was sie sind:** Öle sind geschmeidige, zähflüssige Substanzen, die leichter als Wasser und wasserunlöslich sind; im allgemeinen verflüssigen sie sich bei Zimmertemperatur. Öle, mit denen man kocht, sind in der Regel pflanzlichen Ursprungs; die meisten tierischen Produkte, die bei hohen Temperaturen zu Ölen werden, sind bei Zimmertemperatur Fette. Obwohl einige Pflanzenöle viele gesättigte Fettsäuren enthalten, gibt es auch einige reine Pflanzenöle, die reich an mehrfach ungesättigten Fettsäuren sind, die dazu beitragen, die Arterien von Fetten zu befreien anstatt sie zu verstopfen.

Öl wird auf drei verschiedene Arten gewonnen:
*Kaltgepreßte Öle:* Die Samen werden ohne chemische Zusätze in hydraulischen Pressen kalt ausgepreßt.
*Halbraffinierte Öle:* Die Samen werden erhitzt und gleichzeitig gepreßt.
*Raffinierte Öle:* Das Pflanzenöl wird in verschiedenen Prozessen raffiniert. Der bekannteste besteht darin, die Samen in einer Substanz auf Petroleumbasis zu lösen, und das Öl dann einer Laugeraffination und Blankfiltration zu unterwerfen. Diese Verfahren bringen die größte Ausnutzung.
**Nährwert:** Außer Fetten enthalten Pflanzenöle Vitamine, vor allem Vitamin A, D und E, sowie Mineralstoffe.
**Einkauf und Lagerung:** Wenn Sie es sich leisten können, kaufen Sie nur kaltgepreßte Öle, die viel mehr Nährstoffe enthalten. Alle Öle sollten kühl, trocken und in einem verschlossenen Behälter aufbewahrt werden.
**Verwendung:** Alle Pflanzenöle können für Salatsaucen, zum Braten oder zum Fritieren verwendet werden. Geben Sie einen Tropfen Öl ins Wasser, wenn Sie Teigwaren oder Reis kochen, dadurch wird das Zusammenkleben verhindert.

**Distelöl**

Es wird aus den stark ölhaltigen Samen einer großen, distelähnlichen Pflanze, die in warmen Ländern wächst, gewonnen. Es enthält von allen Ölen am meisten Linolsäure – bis zu 80%.

**Erdnußöl**

Es wird in der Regel aus den USA importiert und kann auf verschiedene Weise hergestellt sein – einschließlich der Kaltpressung; achten Sie deshalb auf das Etikett. Dieses Öl wird nicht, wie die anderen, trüb und kann also gefiltert und wiederverwendet werden. Allerdings beeinträchtigt dieses Verfahren die Oxidationsfähigkeit des Öls.

**Maiskeimöl**

Maiskeimöl wird aus dem relativ weichen Maiskorn gewonnen, und da dies nicht besonders schwierig ist, ist es eines der billigeren Öle. Es enthält Phosphor und reichlich Vitamin A, D und E. Maiskeimöl ist leicht verdaulich.

**Olivenöl**

Olivenöl wird aus den Mittelmeerländern importiert, wo Oliven zu den Grundnahrungsmitteln gehören. Es ist ein einfach gesättigtes Öl, das zwar die Arterien nicht verstopft, aber anders als die mehrfach ungesättigten Öle den Cholesterinspiegel auch nicht senken kann. Olivenöl der ersten Pressung ist am besten und am teuersten, es schmeckt ausgezeichnet zu Salaten. Allerdings lassen sich aus allen Olivenölen gute Salatsaucen herstellen. Zum Kochen mischt man es am besten mit anderen Ölen, z.B. Distelöl.

**Sesamöl**

Es wird aus den winzigen Sesamsamen gewonnen und wird in Afrika und im Fernen Osten schon seit Jahrhunderten zum Kochen verwendet. Es ist besonders beliebt, weil es unter Hitzeeinwirkung nicht wie andere Öle ranzig wird. Sesamöl enthält beträchtliche Mengen Lezithin und Linolsäure.

**Sojaöl**

Das billige und gesunde Sojaöl wird aus der extrem nährstoffreichen Sojabohne gewonnen; es enthält ungesättigte Fettsäuren und fast alle Nährstoffe, die sich auch in den Bohnen finden.

**Mayonnaise**

*2 Eigelb*
*etwas Senf*
*Gewürze nach Geschmack*
*½ Teelöffel Rohrzucker*
*knapp ¼ Liter Sonnenblumenöl*
*ca. 2 Eßlöffel Essig oder Zitronensaft*

Die Eigelb sollten Zimmertemperatur haben. Eigelb zusammen mit dem Senf und den Gewürzen in einer Schüssel mit einem Schneebesen gut verrühren. Den Zucker zugeben. Unter ständigem Schlagen ganz langsam das Öl unterrühren, bis die Mischung dickflüssig wird. Dann das Öl etwas schneller zugeben, so daß eine dicke, geschmeidige Mayonnaise entsteht. Essig oder Zitronensaft zurühren. Nach Geschmack würzen. Sie können die Konsistenz jetzt noch verändern: Mit 1 oder 2 Eßlöffel heißem Wasser wird die Mayonnaise flüssiger, und dadurch wird auch ihre Haltbarkeit größer. An einem kühlen Platz hält sie sich etwa 1 Woche. Mayonnaise kann auch mit einer Küchenmaschine hergestellt werden.

**Sonnenblumenöl**
Dieses Öl wird aus den Samen der bekannten Sonnenblume gewonnen und ist reich an den Vitaminen A, D und E. Meistens wird es importiert. Sein Linolsäuregehalt variiert je nachdem, wo die Pflanze wächst: in kälteren Ländern wie in der Sowjetunion ist er höher als in wärmeren Ländern wie Afrika oder Amerika. Dem Sonnenblumenöl wird eine entwässernde Wirkung zugeschrieben, und man empfiehlt es vor allem Nierenkranken.

# Pasta

**Was es ist:** Paste sind Teigwaren aus Durumweizen, einer ganz besonders harten Weizenart, die hauptsächlich in Italien und Nordamerika angebaut wird. Der Weizen wird fein gemahlen; manchmal gibt man Spinat oder Eier hinzu. Aus diesem Nudelteig werden etwa 150 verschiedene Pastavarianten hergestellt; die bekanntesten sind Spaghetti und Makkaroni. Die meisten getrockneten Teigwaren, die man im Supermarkt bekommt, sind aus raffiniertem Weißmehl; allerdings werden wegen der steigenden Nachfrage mehr und mehr Vollkornteigwaren angeboten. In Delikateßläden werden bereits frisch hergestellte Teigwaren verkauft. Sie können Nudeln auch ohne allzu großen Aufwand selber machen!
**Herkunft:** Es heißt, Marco Polo habe sie nach seiner Reise nach China in Italien bekanntgemacht. Im Mittelalter haben italienische Köche dann bereits eine ganze Reihe verschiedener Teigwaren gemacht, und bis heute ist Pasta ein Hauptbestandteil der italienischen Küche, vor allem in Süditalien, wo man mindestens einmal pro Tag Pasta ißt.
**Nährwert:** Vollkornteigwaren enthalten viele Ballaststoffe (sie sind dreimal so ballaststoffreich wie Weißmehlprodukte). Außerdem enthalten sie relativ viel Eiweiß, verschiedene Mineralstoffe und Vitamine der Vitamin-B-Gruppe, und sie sind mit weniger als 400 Kalorien pro 100 g Trockengewicht alles andere als Dickmacher, vorausgesetzt, man ist mit den Saucen etwas vorsichtig.
**Einkauf und Lagerung:** Frische Teigwaren sollten noch am gleichen Tag gegessen werden. Getrocknete Teigwaren sind an einem kühlen, trockenen Ort lange haltbar. Für Spaghetti gibt es sogar spezielle Gläser zum Aufbewahren.

**Selbstgemachte Pasta**

*200 g Vollkornmehl (Vollkornweizen)*
*1 Prise Salz*
*2 Eier*
*1 Eßlöffel Pflanzenöl*
*kaltes Wasser*

Mehl und Salz mischen. In die Mitte eine Mulde drücken und die mit dem Öl leicht geschlagenen Eier hineingeben. Gut miteinander mischen und viel Wasser dazugeben, bis alles Mehl gebunden ist. So lange leicht kneten, bis der Teig weich und glänzend ist. In Haushaltsfolie einwickeln und 30 Minuten kühl stellen. Den Teig in 2 Stücke teilen und auf einem bemehlten Backbrett so dünn wie möglich ausrollen. Für Tagliatelle in dünne Streifen, für Lasagne und Cannelloni in rechteckige Flecken schneiden. Selbstgemachte Teigwaren sollten eigentlich noch am gleichen Tag gegessen werden; in einem luftdicht verschlossenen Behälter halten sie im Kühlschrank noch 1 bis 2 Tage.

Wenn Sie sie kochen, versuchen Sie sie schon nach etwa 2 bis 3 Minuten – sie sind fertig, wenn sie weich, aber bißfest sind!

**Verwendung:** Teigwaren sind schnell zubereitet und sättigen gut, sie sind somit ein ausgezeichnetes Nahrungsmittel. Sie sind sowohl in süßen als auch in pikanten Gerichten äußerst vielseitig verwendbar. Experimentieren Sie doch einmal mit Saucen zu den verschiedenen Nudelarten. Servieren Sie zu chinesischen Gerichten ruhig auch einmal zur Abwechslung Nudeln statt Reis. Man rechnet 55 bis 80 g Teigwaren pro Person für eine Mahlzeit.

## Rohrzucker

**Was es ist:** Zucker wird aus Zuckerrohr, einer mehrjährigen Pflanze, die vor allem auf den Westindischen Inseln angebaut wird, gewonnen. Obwohl der weiße wie auch der braune Zucker aus Zuckerrohr gewonnen werden, ist der Weißzucker so stark raffiniert, daß er fast nur noch ein chemisches Produkt ohne jeglichen Nährwert ist. Brauner Rohrzucker hingegen ist nicht raffiniert und enthält ein paar wertvolle Stoffe der natürlichen Melasse und einige Nährstoffe. Er ist vor allem frei von Chemikalien.

**Herkunft:** Die Verwendung von Zuckerrohr geht bis auf etwa 300 v.Chr. zurück. Lange Zeit hindurch wurde Zucker eher als Nahrungsmittel und weniger als Süßmittel angesehen. Die Feldarbeiter kauten Zuckerrohr als Energiespender und gegen den Hunger. Der überhöhte Konsum von Weißzukker begann erst, als es gelang, den Zucker zu raffinieren. Als dann noch die Zuckerpreise fielen, da der Zucker aus Zuckerrüben noch billiger herzustellen war, konnte sich bald jeder Weißzucker leisten. Erst in der letzten Zeit sieht man im braunen Rohrzucker eine echte Alternative zum weißen Zucker.

**Nährwert:** Alle Zuckerarten, auch Honig und Ahornsirup, wirken, im Übermaß genossen, auf Appetit und Geschmacksnerven. Außerdem sind sie schlecht für die Zähne und sollten sehr sparsam verwendet werden. Immerhin stecken im braunen Rohrzucker noch ein paar Nährstoffe wie Kalzium, Phosphor, Magnesium, Natrium, Kalium und Eisen. Dazu gibt er den Speisen einen besseren Geschmack als weißer Zucker. Je dunkler der Zukker ist, um so mehr Nährstoffe hat er und um so kräftiger schmeckt er.
**Einkauf und Lagerung:** Viele Menschen haben Schwierigkeiten, die verschiedenen Zuckerarten auseinanderzuhalten. Es gibt nämlich auch braunen Zucker, der einfach nur gefärbter Weißzucker ist und der folglich überhaupt keinen Nährwert hat. Achten Sie auf die Bezeichnung „naturbelassen"; außerdem sollte das Herkunftsland angegeben sein. Der Zucker selber ist leicht klebrig, da er nach der Kristallisation nicht mehr gereinigt wurde. Vier Sorten stehen Ihnen zur Auswahl: Demerara, heller Muscovado, Muscovado und Melasse.
**Verwendung:** Nehmen Sie Rohrzucker zur Herstellung von Back- und Süßwaren. Auch einige pikante Gerichte können Sie mit etwas Rohrzucker verfeinern. Er ist ideal für Kuchen, Gebäck und Eis. Überlegen Sie auch immer, ob Zucker in einem Rezept wirklich nötig ist, und nehmen Sie stets so wenig wie möglich – denken Sie daran, daß wir alle mehr oder weniger zuckersüchtig sind! Wenn wir „nach Geschmack" süßen, nehmen wir meistens viel mehr Zucker als eigentlich nötig oder gesund wäre.

## Sahne (Rahm)

**Was es ist:** Sahne besteht aus Milchfett, einer geringen Wassermenge und den übrigen Bestandteilen der Milch. Sie wird durch Zentrifugieren von der Milch getrennt. Schlagsahne enthält unter Umständen Zucker und Stabilisatoren. Ultrahocherhitzte und pasteurisierte Sahne kann Emulgatoren enthalten. In der Bundesrepublik muß nach dem Lebensmittelgesetz in Schlagsahne mindestens 30% Fett sein.
**Herkunft:** Sahne ist seit jeher in den nördlichen Ländern am verbreitetsten. Für warme Länder ist sie durch die schlechte Haltbarkeit kaum geeignet. Fast die ganze bei uns erhältliche Sahne wird auch hier hergestellt; allerdings gibt es bisweilen auch Sahne aus anderen europäischen Ländern.
**Nährwert:** Er entspricht dem von Milch; jedoch ist Sahne reich an gesättigten Fettsäuren und sollte deshalb nur sehr sparsam verwendet werden. Sahne hat etwa 300 Kalorien pro 100 g. Saure Sahne, der eine Bakterienkultur zugefügt wird, hat einen frischen Geschmack, ist leicht verdaulich und enthält weniger Fett. Am besten ist immer noch naturbelassene Sahne, die Sie direkt beim Bauern kaufen können.
**Einkauf und Lagerung:** Bewahren Sie Sahne kühl auf. Achten Sie darauf, daß sie zugedeckt und nicht zu nahe bei stark riechenden Lebensmitteln lagert, da sie deren Geruch leicht annimmt.
**Verwendung:** Nehmen Sie Sahne, so wie Butter, nur dann, wenn Sie ihren Geschmack wirklich herausschmecken wollen. Es gibt zwei Möglichkeiten, wie Sie den Fettgehalt verringern können, ohne den Geschmack zu beeinträchtigen: Mischen Sie sie mit Joghurt oder geben Sie ein steif geschlagenes Eiweiß hinzu.

# Samen-, Körner- und Bohnensprossen

**Was sie sind:** Samen können mit Hilfe von Wärme und Feuchtigkeit zum Keimen gebracht werden und entwickeln dann Vitamine und Elemente, die für die Entstehung einer neuen Pflanze nötig ist. In diesem höchst aktiven Zustand erhöht sich die Menge ihrer Nährstoffe innerhalb weniger Tage.

**Herkunft:** Bei uns in westlichen Ländern werden Sprossen noch nicht so lange verwendet. Im Osten hingegen sind sie schon seit mindestens 5000 Jahren ein wichtiger Bestandteil der jeweiligen nationalen Küchen.

**Nährwert:** Sprossen haben nur wenig Kalorien, viel Eiweiß, Vitamin A, einige Vitamine aus dem Vitamin-B-Komplex und besonders viel Vitamin C. Bestimmte Sprossenarten enthalten sogar das wichtige Vitamin $B_{12}$.

**Einkauf und Lagerung:** Viele Reformhäuser, Naturkost- und Delikatessenläden bieten heute Bohnensprossen an. Achten Sie darauf, daß Sie nur frische Ware bekommen. Oder noch besser: Keimen Sie Ihre Sprossen selbst! Ein paar Tage halten sie sich in einem Glas oder einer luftdicht verschlossenen Tüte im Kühlschrank. Sogar unter solchen Bedingungen kann ihr Vitamin-C-Gehalt noch steigen!

**Verwendung:** Sprossen kann man wie Frischgemüse verwenden. Sie schmecken gut in Salaten oder in gedünstetem Gemüse. Streuen Sie sie unmittelbar vor dem Servieren über Suppen oder Eintöpfe; Sprossen dürfen unter keinen Umständen zu lange gekocht werden. Geben Sie Sprossen in Rollbraten, Frikadellen und Omeletts.

## Chinesische Frühlingsrollen

**Für den Teig:**
*200 g Vollkornmehl (Vollkornweizen)*
*1 Ei*
*kaltes Wasser*

**Für die Füllung:**
*2 Eßlöffel Pflanzenöl*
*2 Frühlingszwiebeln*
*50 g Pilze*
*100 g Bohnensprossen*
*2 Eßlöffel gekochter Zuckermais*
*1 Stück frischer Ingwer*
*1 Bund Kresse*
*Gewürze nach Geschmack*
*Sojasauce*
*Pflanzenöl zum Braten*

Das Mehl in eine Schüssel geben, fast das ganze Ei und genügend kaltes Wasser hineinrühren, so daß ein fester Teig entsteht. Kurz durchkneten, in Haushaltsfolie wickeln und 30 Minuten kalt stellen.

In der Zwischenzeit das Öl erhitzen und die feingeschnittenen Zwiebeln ein paar Minuten darin anbraten. Die kleingeschnittenen Pilze zugeben und ein paar Minuten weiterdünsten. Den Topf vom Herd nehmen und den abgetropften Zuckermais, den zerstoßenen Ingwer und die kleingehackte Kresse hineinrühren. Gewürze und etwas Sojasauce zugeben. Den Teig so dünn wie möglich ausrollen und in 12 Rechtecke schneiden, die Füllung gleichmäßig darauf verteilen. Die Rechtecke ausrollen und die Seiten einschlagen, damit die Füllung nicht herausläuft. Die Ränder mit dem restlichen geschlagenen Ei einstreichen und fest aufeinanderpressen. Etwas Pflanzenöl erhitzen und die Frühlingsrollen von allen Seiten etwa 5 Minuten darin anbraten. Sobald sie knusprig sind, abtropfen lassen und sofort servieren.

**Moussaka**

*250 g gehacktes Sojafleisch*
*3 bis 4 Eßlöffel Pflanzenöl*
*1 Stange Lauch*
*2 Teelöffel getrocknete gemischte Kräuter*
*Gewürze nach Geschmack*
*kaltes Wasser*
*2 Auberginen*
*100 g geriebener Emmentaler*
*250 g weiße Sauce*
*Tomaten und Petersilie zum Garnieren*

Das Sojafleisch laut Gebrauchsanweisung wässern. Die Hälfte des Öls erhitzen und den sehr fein geschnittenen Lauch kurz darin weichdünsten. Das Sojafleisch zugeben und ein paar Minuten weiterdünsten. Die Kräuter, Gewürze und einige Eßlöffel Wasser unterrühren. Zugedeckt etwa 20 Minuten kochen lassen. In der Zwischenzeit die Auberginen schälen, in dünne Scheiben schneiden und in dem restlichen Öl auf beiden Seiten anbraten. Gut abtropfen lassen. ⅓ der Auberginen in eine feuerfeste Form schichten, mit der Hälfte der Sojamischung und etwas Käse bedecken. Das Ganze wiederholen; mit einer Auberginenschicht aufhören. Die helle Sauce gleichmäßig über der Moussaka verteilen. Darüber den restlichen Käse streuen und bei 190 °C (Gas Stufe 5) etwa 30 Minuten backen. Mit Tomatenscheiben und Petersilie garniert servieren.

## Sojafleisch

**Was es ist:** Sojafleisch ist ein fleischähnliches Produkt, das vielseitig verwendbar und einfach zuzubereiten ist. Wegen seines hohen Proteingehalts braucht es den Vergleich mit Fleisch nicht zu scheuen.

**Nährwert:** Sojafleisch ist eine gute Eiweiß-, Mineralstoff- und Vitaminquelle, hat einen sehr hohen Nährstoffgehalt und nur wenige Kalorien.

**Einkauf und Lagerung:** Sie bekommen Sojafleisch im Reformhaus. Es ist ein Trockenprodukt – Sie müssen also vor der Zubereitung Wasser oder Gemüsebrühe zugeben. In einem verschlossenen Gefäß ist es an einem kühlen und trockenen Ort lange haltbar. Geschmacksneutrales Sojafleisch ist am besten, weil Sie es selbst würzen können. Sojafleisch mit Geschmack enthält unter Umständen Mononatrium-Glutamat-Zusätze, die für manchen vielleicht problematisch sind; außerdem ist es möglicherweise gefärbt.

**Verwendung:** Sojafleisch kann zu Eintöpfen und Aufläufen verarbeitet werden. Experimentieren Sie ruhig mit Saucen.

## Sojamilch

**Was es ist:** Sojamilch stellt eine hervorragende Alternative zur Kuhmilch dar. Sie wird aus Sojabohnen, Öl und unter Zusatz von Rohrzucker hergestellt. Sojamilch ist ideal, wenn Sie keine Kuhmilch mögen; sie verursacht auch keinerlei Allergien. Aber seien Sie nicht enttäuscht: Mit Kuhmilch hat die Sojamilch überhaupt nichts gemein; sie schmeckt völlig anders, besonders, wenn man sie roh trinkt.

**Herkunft:** Bei uns ist die Sojamilch noch nicht lange bekannt. Interessant ist sie vor allem für alle, die den Konsum von tierischen Produkten einschränken wollen.

**Nährwert:** Wie die Sojabohnen, so enthält auch die Sojamilch viel Eiweiß und alle wesentlichen Aminosäuren. Sie kann also tierische Milch gut ersetzen. Allerdings beeinflußt sie manchmal die Schilddrüsenfunktion und sollte deshalb Kleinkindern nicht allzu häufig gegeben werden.

**Verwendung:** Sojamilch kann genau wie andere Milch verwendet werden. Machen Sie doch einmal Milch-Shakes, Saucen, süßen Reispudding und andere Gerichte mit Sojamilch. Auch zu Müsli oder in Kaffee oder Tee können Sie sie nehmen. Sogar Joghurt gelingt mit Sojamilch.

## Tahini

**Was es ist:** Tahini ist eine helle Cremepaste aus zerstoßenen Sesamkörnern und etwas Sesamöl. Wenn es aus gerösteten Körnern hergestellt wird, ist es etwas dunkler und schmeckt kräftiger.

**Herkunft:** In der Türkei, in Griechenland und auf Zypern ist Tahini schon seit Jahrhunderten ein wichtiges Nahrungsmittel. Auch in der arabischen Küche wird es viel verwendet.

**Nährwert:** Tahini enthält in konzentrierter Form alle Nährstoffe der Sesamkörner, einschließlich der Vitamine und Mineralstoffe, Kalzium, Eiweiß und Eisen. Es ist sehr leicht verdaulich und magenfreundlich. Allerdings ist es ziemlich fettreich und sollte deshalb nur sparsam verwendet werden.

**Einkauf und Lagerung:** Tahini gibt es in verschraubten Gläsern in Reformhäusern, Naturkostläden und in einigen Delikatessengeschäften. Bewahren Sie es gut verschlossen an einem kühlen Ort auf.

**Verwendung:** Tahini ist recht vielseitig und hat einen ganz eigenen, sehr zarten Geschmack. Geben Sie es in eine Sauce zu Gemüse- und Reisgerichten. Mit Öl, Zitronensaft und Knoblauch oder Kräutern können Sie einen Tahini-Dip machen. Mit Wasser und Zitrone vermischt können Sie es statt Milch in Kaffee oder Tee geben. Es paßt auch gut zu süßen Gerichten. Machen Sie mit etwas Honig eine Creme für Obstsalate und -kuchen. Mit Semmel- oder Kuchenbröseln, Orangeat oder Zitronat und Gewürzen vermischt und zu Kugeln geformt, ergibt Tahini eine schnell zubereitete nahrhafte Nachspeise.

**Blumenkohlpastete**

*1 Eßlöffel Pflanzenöl*
*½ bis 1 Zwiebel*
*1 mittelgroßer Blumenkohl*
*4 Eßlöffel Tahini*
*50 g Weizenkeime*
*Sojasauce nach Geschmack*
*Gewürze nach Geschmack*
*Frischer Schnittlauch zum Garnieren*

Das Öl erhitzen und die gehackte Zwiebel darin weichdünsten. Den Blumenkohl in einem zweiten Topf garkochen. Den Blumenkohl pürieren, die Zwiebeln unterrühren und mit Tahini zu einer geschmeidigen Masse verarbeiten. Mit Weizenkeimen andrücken, dann mit Sojasauce und Gewürzen abschmecken. In eine Schüssel füllen und kalt stellen. Mit frisch geschnittenem Schnittlauch garnieren und mit Rohkost, Toast und Kartoffelchips servieren.

# Tofu

**Was es ist:** Tofu ist eine Paste aus gemahlenen und emulgierten Sojabohnen, die mit Salz oder einer milden Säure zum Gerinnen gebracht werden. Das ergibt eine feste, weiße Masse, die gewöhnlich in dicken Scheiben verkauft wird. Tofu schmeckt sehr mild und paßt deshalb sowohl zu süßen als auch zu pikanten Gerichten.

**Herkunft:** Tofu kommt angeblich aus China, wo man ihn schon seit über 2000 Jahren kennt und wo er auch heute noch zu den Grundnahrungsmitteln gehört. Tofu wurde erst in den letzten Jahren bei uns im Westen bekannt. In China und Japan gehört er noch heute zur ersten festen Säuglingsnahrung.

**Nährwert:** Wie die Sojabohnen, aus denen er ja hergestellt wird, ist Tofu ein ausgezeichneter, kalorienarmer Eiweißlieferant. Er enthält wie die Bohnen die 8 wesentlichen Aminosäuren und ist leicht verdaulich.

**Einkauf und Lagerung:** Achten Sie darauf, daß Sie nur frischen Tofu bekommen. Geöffnete Packungen bewahren Sie in kaltem Wasser im Kühlschrank auf und wechseln das Wasser täglich. So müßte er sich normalerweise 1 Woche halten.

**Verwendung:** Tofu gibt es sowohl in fester als auch in etwas weicher Form; beide Arten können Sie für alle möglichen Gerichte verwenden. Der feste Tofu schmeckt am besten fritiert oder in Torten und Quiches oder roh mit etwas Sojasauce. Mit weichem Tofu kann man Käsekuchen und Schaumspeisen herstellen. Außerdem können Sie statt Hüttenkäse immer Tofu nehmen. Machen Sie auch einmal eine Tofu-Mayonnaise.

## Gebratener Tofu

*500 g Tofu*
*Vollkornmehl (Vollkornweizen)*
*Gewürze nach Geschmack*
*1 bis 2 Eier*
*ca. 50 g Semmelbrösel*
*Pflanzenöl zum Braten*
*Tomatensauce*

Den Tofu gut abtropfen lassen. Das ist ganz einfach, wenn Sie ihn in ein sauberes Küchentuch einschlagen, das Ganze beschweren und 1 Stunde stehen lassen. Dann den Tofu in 4 gleich große Stücke schneiden, würzen und mit Mehl bestäuben. Die Eier schlagen und die Tofustücke darin wälzen; dann mit Semmelbröseln dick und gleichmäßig panieren. Kurz ruhen lassen. Das Öl erhitzen und den Tofu darin knusprig goldbraun braten. Mit Küchenkrepp vorsichtig abtupfen. Mit heißer Tomatensauce servieren.

## Trockenobstmus

*500 g gemischte Trockenfrüchte*
*1 großer säuerlicher Apfel*
*100 g Rohrzucker*
*abgeriebene Schale einer Orange*
*abgeriebene Schale einer Zitrone*
*2 Teelöffel Gewürzmischung*
*100 g Paranüsse*
*100 g Pflanzenfett*
*2 bis 4 Eßlöffel Weinbrand*

Die Trockenfrüchte zerkleinern, den Apfel reiben und mit der Orangen- und Zitronenschale und den Gewürzen mischen. Die Nüsse grob hacken oder mahlen, das Fett hineinreiben und zu den anderen Zutaten und dem Weinbrand geben. Alles gut mischen. In gereinigte, trockene, gut schließende Gläser füllen und an einem kühlen Platz (am besten im Kühlschrank) aufbewahren.

## Trockenfrüchte (Dörrobst)

**Was es ist:** Man kann die verschiedensten Früchte trocknen, um so ihre Süße zu konzentrieren und sie haltbar zu machen. Die einfachste und beste Methode ist, sie in die Sonne zu legen, aber heute werden viele Früchte künstlich getrocknet. Einige Sorten, vor allem die hellen wie Apfelringe oder Sultaninen, werden mit Schwefeldioxid behandelt. Andere werden mit Öl besprüht, damit sie nicht zusammenkleben und appetitlicher aussehen. Da solche Zusätze gesundheitsschädlich sein können und Öl mit Sicherheit verhindert, daß der Körper die fettlöslichen Vitamine der Früchte aufnimmt, ist es sicher empfehlenswert, sie vor dem Verzehr in heißem Wasser zu waschen.
**Herkunft:** Nahrungsmittel zu trocknen war eine der frühesten Möglichkeiten, sie haltbar zu machen. Heute produzieren die meisten Länder irgendwelche getrockneten Früchte.

**Nährwert:** Außer wertvollen Ballaststoffen enthalten Trockenfrüchte viele Mineralstoffe, vor allem Eisen und Vitamine; die genaue Menge hängt jeweils von der Art der Früchte und ihrem Herkunftsland ab. Der Zucker in Trockenfrüchten ist zwar weitaus besser für uns als raffinierter Zucker, aber wirklich gesund ist auch er keineswegs: Eine neuere Studie über Kariesbefall hat gezeigt, daß ein Marsriegel weniger schädlich ist als die gleiche Menge Rosinen.
**Einkauf und Lagerung:** Naturbelassene Trockenfrüchte aus biologischem Anbau bekommen Sie am ehesten in Reformhäusern und Naturkostläden. Wenn Sie sie im Supermarkt kaufen, prüfen Sie nach, ob sie Zusätze enthalten. Trockenfrüchte aus Kalifornien und Australien sind in der Regel sonnengetrocknet. Lagern Sie sie luftdicht verpackt an einem kühlen, trockenen Ort.
**Verwendung:** Trockenfrüchte werden hauptsächlich zu Süßspeisen wie Müsli, Kompotten, Kuchen und Konfitüre verwendet; man kann sie aber auch durchaus in einer Reihe von pikanten Gerichten verwenden. Versuchen Sie es einmal in Salaten, in Reisgerichten, auf Pizzas oder in Gemüsegerichten.

### Getrocknete Äpfel

Anders als man allgemein annimmt, enthalten die getrockneten Äpfel nur sehr wenig Vitamin C (selbst frische Äpfel haben pro 100 g nur etwa 10 mg Vitamin C), und sie sind weniger nährstoffreich als die meisten anderen Trockenfrüchte.
**Verwendung:** Mit reichlich Zitrone und Gewürzen gekocht, schmecken sie gut. Kleingeschnitten kann man sie auch zum Plätzchenbacken verwenden (sie passen gut zu Sonnenblumenkernen), ins Müsli rühren oder mit anderen Trockenfrüchten in ein

Kompott mischen. Als Knabberei bilden sie einen gesunden Ersatz für Süßigkeiten.

## Getrocknete Aprikosen

Aprikosen stammen aus China. Heute werden sie jedoch vor allem in Australien, im Iran, in der Türkei und in Kalifornien angebaut. Aprikosen enthalten mehr Nährstoffe und Eiweiß als alle anderen Trockenobstarten, und sie sind ein ausgezeichneter Vitamin-A-Lieferant (das Vitamin C in den frischen Früchten geht beim Trocknen verloren). Tests haben erwiesen, daß auch der Eisengehalt besonders gut ausgewogen ist. Es gibt sie als ganze Früchte, halbiert und in kleineren Stücken.
**Verwendung:** Püriert, mit steifgeschlagenem Eiweiß und Joghurt oder Sahne vermischt geben sie einen schmackhaften Nachtisch; mit zusätzlicher Flüssigkeit (z.B. mit Orangensaft) und Minze vermischen. Grob gehackt schmecken sie in Kraut- oder Waldorfsalat. Mit Reis, Sellerie und Kräutern ergeben sie eine gute Füllung. Wilde Aprikosen (auch Hunza genannt) schmecken am besten, wenn man sie mit Zitronensaft und eventuell etwas Honig kurz aufkocht und noch warm, mit Walnüssen bestreut, serviert. Getrocknete Aprikosen eignen sich hervorragend zum Zwischendurchknabbern.

## Getrocknete Bananen

Bananen werden der Länge nach halbiert, in der Sonne getrocknet und dann in Cellophan verpackt. Weil sie so dunkel und klebrig sind, nennt man sie manchmal auch Bananenfeigen. Für Kinder sind sie eine beliebte Alternative zu den üblichen Süßigkeiten, und sie sind ausgezeichnete Energiespender, da sie sehr viel Zucker und Stärke enthalten.

Bananenscheiben sind heute fast überall erhältlich; allerdings werden sie gezuckert und fritiert angeboten. Nehmen Sie lieber solche, die mit Honig gesüßt sind.
**Verwendung:** Getrocknete Bananen ergeben einen einfachen Nachtisch, wenn Sie sie in einer Zitronen- und Honigsauce im Backofen erhitzen und dann mit Nüssen, Joghurt oder Sahne garnieren; kleingeschnitten schmecken sie auch zu Reissalat oder grünem Salat. In Obst- und Nußmischungen sind häufig Bananenscheiben, die dem Ganzen Süße und Biß geben. Versuchen Sie sie einmal zu Ihrem Frühstücksmüsli (gut mit Granola), oder mischen Sie sie zerdrückt unter die Streusel für einen Kuchen oder streuen sie über einen Schokoladen- (oder Johannisbrot-)Biskuitboden.

## Getrocknete Birnen

Sie sind nicht überall erhältlich, aber Sie sollten sie auf jeden Fall einmal probieren. Sie haben einen sehr milden, süßen Geschmack und enthalten reichlich Ballaststoffe. Man bekommt sie auch halbiert.
**Verwendung:** Getrocknete Birnen ergeben eine ungewöhnliche Füllung für einen köstlichen Obstkuchen, den Sie mit geriebener Schokolade oder Johannisbrotpulver bestreuen und mit Rahmtupfern verzieren können. Einfacher Joghurt schmeckt mit kleingeschnittenen Trockenbirnen und kleinen Stückchen kristallisiertem Ingwer sehr gut. Außerdem ergeben sie zusammen mit Nüssen und Rosinen eine schmackhafte Pfannkuchenfüllung. Getrocknete Birnen passen gut zu Pflaumen.

## Getrocknete Datteln

Datteln gehören zu den ältesten Früchten, die angebaut werden. In Arabien wurden sie schon vor 7000 Jahren gegessen. Für die Beduinen sind sie auch heute noch genauso wichtig wie früher, da sie in einem Klima gedeihen, das für jeden anderen Baum zu trocken ist. Dattelpalmen können 100 Jahre alt werden, und viele Palmen tragen jährlich bis zu 50 kg Datteln. Heute werden Dattelpalmen auch in Kalifornien angebaut. Datteln haben den höchsten Fruchtzuckergehalt im Vergleich zu anderem Trockenobst, und sie enthalten eine beträchtliche Menge an Kalium und Kalzium. Die besten Früchte werden ganz, in länglichen Schachteln verpackt, verkauft. Datteln von geringerer Qualität werden entsteint, in Tafeln gepreßt und zum Backen verwendet. In vielen Naturkostläden gibt es Datteln sogar offen. Gleichgültig, welche Art Sie nehmen, Sie sollten sie auf jeden Fall nur sehr sparsam verwenden, da sie ziemlich kalorienreich sind (etwa 300 Kalorien in 100 g).

**Verwendung:** Datteln eignen sich hervorragend zum Backen, da Sie so den Zucker reduzieren oder sogar völlig weglassen können. Versuchen Sie einmal Dattelschnitten aus einem Püree aus Datteln, ein wenig Wasser und Zitronensaft, das Sie auf das Gebäck streichen, oder verwenden Sie dieses Püree anstelle von Marmelade. Mit dem Püree lassen sich auch Gerichte wie z.B. Apfelmus süßen. Machen Sie Dattelpralinen, oder geben Sie die Früchte zu Gemüse und Salaten. Walnüsse lassen sich gut mit Datteln kombinieren und passen auch wegen der Zusammensetzung ihrer Nährstoffe ausgezeichnet zusammen.

## Getrocknete Feigen

Feigen sind in der Regel sonnengetrocknet. Auf ihrer Haut gibt es natürliche Zuckerablagerungen, die man essen oder abspülen kann. Feigen kommen ursprünglich aus Asien, werden heute aber auf der ganzen Welt angebaut. Da sie frisch nur schwer transportiert werden können, kommen sie meist getrocknet auf den Markt.

**Verwendung:** Feigen passen geschmacklich gut zu Anissamen – kombinieren Sie also beide zu einem Früchtekuchen. Oder weichen Sie Feigen in Fruchtsaft ein, schneiden Sie sie dann klein und rühren sie in einen Obstsalat – das schmeckt besonders gut zu Melonen und Orangen. Geben Sie sie zur Abwechslung einmal ins Müsli oder zu Äpfeln auf einem Apfelstreuselkuchen. Da Feigen für ihre abführende Wirkung bekannt sind, können Sie sie ruhig einmal leicht gekocht, mit abgeriebener Zitronenschale gewürzt und mit Joghurt und vielleicht etwas Weizenkleie vermischt zu einem besonders gesunden Frühstück servieren.

## Korinthen

Korinthen sind getrocknete Weintrauben, die in der Regel von den winzigen, kernlosen, dunkelroten Korinthentrauben aus Griechenland stammen. Sie sind zwar die kleinsten von allen Weintrauben, enthalten aber sehr viele Mineralstoffe – vor allem Kalium. Kaufen Sie nur die sehr dunklen Korinthen, und vermeiden Sie die ganz kleinen.

**Verwendung:** Korinthen brauchen Sie für eine ganze Reihe traditioneller Rezepte, wie z.B. Gugelhupf, Osterzöpfe und englischen Kuchen. Wegen ihrer geringen Größe sind sie besonders gut für Plätzchen und Kuchen geeignet.

## Getrocknete Pfirsische

Sie sind mit die größten Trockenfrüchte und nicht überall erhältlich. Sie schmecken fast ebenso wie getrocknete Aprikosen. Getrocknete Pfirsiche enthalten viel Kalium, Phosphor und Vitamin $B_3$.
**Verwendung:** Trockenpfirsiche sind in der Regel nur halbiert erhältlich; sie sehen besonders appetitlich auf Obstkuchen aus. Versuchen Sie sie in Obstsalat und in Chutneys, oder machen Sie mit Pfirsichen und Mandeln eine süß-saure Sauce, die Sie dann zu Körnergerichten (wie etwa Reis) servieren.

## Getrocknete Pflaumen (Backpflaumen)

Trockenpflaumen sind das bekannteste Dörrobst überhaupt. Sie werden aus eigens gezüchteten Pflaumen hergestellt. Die Früchte werden in der Regel ganz und nicht entsteint angeboten. Backpflaumen enthalten viel Vitamin A und Eisen. Jeder kennt ihre abführende Wirkung.
**Verwendung:** Mischen Sie sie in Chinakohl-, Gurken- oder Tomatensalat. Pürieren Sie gekochte Pflaumen (oder schneiden Sie sie ganz klein) und rühren Sie sie in Naturjoghurt. Pflaumensaft schmeckt mit etwas Zitronen- oder Orangensaft ausgezeichnet. In Melasse eingeweichte Backpflaumen können Sie mit Joghurt oder Sahne mischen. Kurz aufgekochte (oder gut eingeweichte) Pflaumen können Sie mit Nüssen (ganzen oder gehackten, am besten mit etwas Honig vermischt), Marzipan, Frischkäse oder Quark füllen.

## Rosinen

Auch Rosinen sind sehr beliebt. Diese großen, süßen und gut zu kauenden Früchte werden aus verschiedenen Weintraubensorten hergestellt; die besten stammen von den Muskatellertrauben. Rosinen werden für den Export im östlichen Mittelmeerraum, in Australien, Südafrika und den USA produziert. Sie enthalten viel Kalzium, Phosphor und Kalium, einige Sorten haben auch Vitamin $B_6$ und Eisen.
**Verwendung:** Rosinen gehören zu den vielseitigsten Trockenfrüchten: Sie passen zu vielen Gerichten und können auch einfach so gegessen werden. Versuchen Sie sie in Currysaucen, in Füllungen für Paprika oder Auberginen oder auch nur mit Käse. Sehr gut schmecken sie zu Wurzelgemüse, da dieses durch die Rosinen süßer und saftiger wird. Mit ein paar Löffeln Rosinen, die in Fruchtsaft eingeweicht werden, vermischt mit Weizenkleie und Joghurt, bekommen Sie ein nahrhaftes Frühstück.

## Sultaninen

Die weichen, süßen Sultaninen werden aus weißen, kernlosen Trauben hergestellt. Sie werden vor allem im östlichen Mittelmeerraum, Australien und Südafrika angebaut; die besten kommen allerdings aus der Türkei. Sultaninen enthalten Kalzium und Vitamin $B_6$.
**Verwendung:** Sultaninen gehören in die Apfelstrudelfüllung. Geben Sie sie zusammen mit Cashewnüssen in einen Plätzchenteig. Sultaninen schmekken gut in Currysaucen, besonders wenn es dazu Eier gibt. In nicht zu großen Mengen (denken Sie an die Zähne!) sind sie für Kinder zwischendurch eine gesunde Knabberei.

# Weizenkeime

**Was es ist:** Dies sind winzig kleine Bestandteile der Weizenkörner, die nur 1/40 des ganzen Korns wiegen, aber schon alle Nährstoffe enthalten, die für das Wachstum einer neuen Pflanze gebraucht werden. Da Weizenkeime sehr schnell verderben, werden sie dem Weißmehl entzogen, um es länger haltbar zu machen.

**Herkunft:** Als man um das Jahr 1870 ernsthaft begann, Mehl zu raffinieren, wurden die Weizenkeime „entdeckt". Vorher waren sie selbstverständlich in jedem Mehl enthalten, und das Brot, das aus diesem Mehl gebacken wurde, enthielt eine ganze Menge Nährstoffe. Ernährungsfachleute kämpften zwar immer darum, den Keimling im Mehl zu belassen, hatten aber im frühen 20. Jahrhundert nur wenig Erfolg. Erst durch das neuerwachte Interesse an Vollkornprodukten haben Weizenkeime wieder an Beliebtheit gewonnen.

**Nährwert:** Weizenkeimöl enthält von allen Nahrungsmitteln am meisten Vitamin $B_6$ und E. Außerdem ist es reich an Vitamin A, Eisen, Kalzium und hat 12 Aminosäuren.

**Einkauf und Lagerung:** Halten Sie Ausschau nach naturbelassenen Weizenkeimen. Stabilisierte Weizenkeime enthalten Zusätze, die verhindern, daß das Produkt ranzig wird. Sie haben durch diesen Prozeß einige Nährstoffe verloren; allerdings sind sie sogar in diesem Zustand noch ein wertvolles Nahrungsmittel. Kaufen Sie Weizenkeime nur in kleinen Mengen – Sie bekommen sie in Reformhäusern, Naturkost- und Delikatessengeschäften sowie in Drogerien und auch in Mühlen. Bewahren Sie sie in einem Glas mit Schraubdeckel im Kühlschrank auf, und werfen Sie sie sofort weg, wenn Sie glauben, sie seien schlecht geworden.

**Verwendung:** Weizenkeime passen zu allem – sie schmecken mild und sind leicht verdaulich. Sie schmecken in Corn-flakes und Müsli zum Frühstück, in Soßen, Füllungen, Backwaren, Rührei, Joghurt, Honig und Erdnußbutter. Beim Backen können Sie zum Ausrollen des Teigs statt Mehl Weizenkeime nehmen – dadurch wird der Teig leicht nussig. Panieren Sie Frikadellen und Kroketten vor dem Fritieren mit Weizenkeimen oder nehmen Sie sie zum Andicken von Saucen.

### Weizenkeimbrot

*14 g Trockenhefe (2 Tüten)*
*1 Teelöffel Honig oder Rohrzucker*
*3/8 Liter warmes Wasser*
*600 g Vollkornmehl (Vollkornweizen)*
*100 g Weizenkeime*
*1 Prise Salz*

Hefe, Zucker oder Honig und etwas warmes Wasser zusammenrühren und etwa 10 Minuten an einem zugfreien Platz gehen lassen. Mehl, Weizenkeime und Salz in eine Schüssel sieben, in die Mitte eine Vertiefung drücken, die Hefe und das restliche Wasser hineingeben. Mit den Händen gut durchmischen. Den Teig auf einem bemehlten Backbrett glattkneten und dann so lange an einem warmen Platz gehen lassen, bis er doppelt so groß geworden ist. Den Teig nochmals kurz durchkneten und mit bemehlten Händen zu einem Laib formen. In eine gut gefettete Form geben und noch einmal gehen lassen. Bei 190 °C (Gas Stufe 5) etwa 35 bis 40 Minuten oder so lange, bis das Brot hohl klingt, backen. Auf einem Kuchengitter auskühlen lassen.

# Gewürze

# Kräuter

*Knoblauch ist für den Salat,*
*was Wahnsinn für die Kunst ist.*

Augustus Saint-Gaudens

Kräuter kann man frisch oder getrocknet verwenden. Mit frischen Kräutern können Sie ruhig freizügig umgehen, bei getrockneten sollten Sie nur etwa ein Drittel bis die Hälfte verwenden, da sie viel intensiver schmecken. Kaufen Sie Kräuter nur in kleinen Mengen und verbrauchen Sie sie rasch: sie verlieren nämlich schnell ihren Geschmack.

**Wie man Kräuter trocknet:** Pflücken Sie die Kräuter, wenn sie noch ganz jung sind, und zwar am besten frühmorgens, bevor der Tau abgetrocknet ist. Waschen Sie sie, wenn nötig, mit kaltem Wasser und schütteln oder tupfen Sie sie vorsichtig trokken. Dann hängen Sie die Kräuter, zu Sträußen gebunden, mit dem Kopf nach unten an einem trokkenen, warmen, aber schattigen Platz zum Trocknen auf. Wenn sie getrocknet sind, brechen Sie die Blätter ab und bewahren diese in lichtundurchlässigen, luftdicht verschlossenen Gläsern auf. Zerreiben Sie sie erst unmittelbar vor dem Gebrauch.

## Angelika (Engelwurz)

**Was es ist:** Eine weißblühende Pflanze, die aus Nordeuropa stammt und am besten in einem kühleren Klima gedeiht. Sie kann bis zu 2 m hoch werden.

**Geschmacksrichtung:** Lieblich, aromatisch.

**Verwendung:** Mit den Angelikawurzeln würzt man in der Regel Gin, Wermut und Liköre wie z. B. den berühmten Benediktinerlikör. Die kandierten Stengel benutzt man als Kuchen- oder Süßwarendekoration. Versuchen Sie Angelika einmal zu Apfel-, Birnen- oder Rhabarbermus. Auch Marmeladen und Konfitüren bekommen mit Angelika einen interessanten Geschmack.

## Basilikum

**Was es ist:** Basilikum ist ein Gartenkraut, das bei sorgfältiger Pflege recht gut gedeiht. Es soll seine Heimat in Indien haben. Basilikum wird vor allem in den Mittelmeerländern, besonders in Italien verwendet.

**Geschmacksrichtung:** Zart und leicht süßlich.

**Verwendung:** Basilikum paßt besonders gut zu Tomaten und Zucchini. Versuchen Sie es mit Rührei, Reis- und Getreidegerichten. Gut für Salate und Saucen. Machen Sie zur Abwechslung einmal Streichkäse oder Dips mit Basilikum an.

### Basilikumtomaten mit Mozzarella

*500 g große Tomaten*
*250 g Mozzarella*
*Olivenöl*
*Gewürze nach Geschmack*
*frisches Basilikum*

Die Tomaten sollten zwar reif, aber noch fest sein. Die Tomaten waschen und vierteln. Den Mozzarella in Scheiben schneiden. Auf einer Vorlegeplatte die Tomaten mit dem Käse appetitlich anrichten. Olivenöl, Gewürze und reichlich frisches geschnittenes Basilikum mischen und diese Sauce über die anderen Zutaten gießen. Vor dem Servieren kalt stellen; mit etwas größeren Basilikumzweiglein garnieren.

## Bohnenkraut

**Was es ist:** Von diesem Küchenkraut gibt es zwei Arten. Dem Sommerbohnenkraut sagt man größere Heilkraft nach: Es wird oft in Hustensäften verwendet. Winterbohnenkraut wirkt angenehm verdauungsfördernd.

**Geschmacksrichtung:** Mild und leicht würzig; Winterbohnenkraut schmeckt kräftiger als Sommerbohnenkraut.

**Verwendung:** Bohnenkraut schmeckt besonders gut zu Bohnen-, Erbsen- und Linsengerichten. Geben Sie es zu Salaten, Eiergerichten, Gemüse und Tomatensauce. Mischen Sie es in Kräuterbutter. Auch zu Reis schmeckt es sehr gut.

## Dill

**Was es ist:** Dill wurde ursprünglich im Mittelmeerraum angebaut; heute wächst er auch bei uns. Man sagt ihm eine beruhigende Wirkung nach, und er wird deswegen oft in der Kinderheilkunde verwendet.

**Geschmacksrichtung:** Zarter, kümmelähnlicher Geschmack (er enthält dieselben Öle in anderer Zusammensetzung).

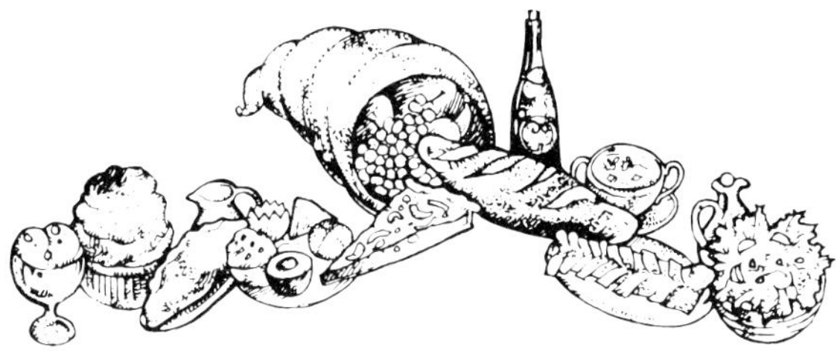

### Gurken-Dill-Kaltschale

*1 Zwiebel*
*1 Liter Gemüsebrühe*
*2 Gurken*
*1 zerstoßene Knoblauchzehe*
*1 Bund Dill, gehackt*
*Gewürze nach Geschmack*
*1 Prise Muskat*
*Paprika nach Geschmack*
*⅛ Liter Naturjoghurt*

Die Zwiebelringe etwa 5 Minuten in der Brühe dünsten. Die Gurke würfeln und mit dem Knoblauch in die Brühe geben; 10 Minuten weiterkochen. Den gehackten Dill hineinrühren, zum Kochen bringen, dann 15 Minuten oder so lange, bis die Gurken weich sind, köcheln lassen. Erkalten lassen.

Die festen Zutaten pürieren oder durch ein Sieb streichen. Gewürze, Muskat und Paprika hineinrühren, dann vorsichtig den Joghurt unterheben. Alles gut vermischen. Die Suppe kalt stellen. Nach Geschmack mit etwas Dill garnieren.

**Verwendung:** Die feingehackten, milden, fedrigen Dillblättchen kann man in Salate und Saucen geben. Die Samen passen gut zu eingelegtem Gemüse. Auch in Krautsalat, Sauerkraut und Kartoffelsalat schmeckt Dill sehr gut. Einen ganz besonders feinen Apfelkuchen erhalten Sie, wenn Sie ein paar Dillsamen unter die Früchte mischen.

### Kräuteromelett

*8 Eier*
*4 Eßlöffel frische gemischte Kräuter*
*Gewürze nach Geschmack*
*50 g Butter oder Margarine*

2 Eier in eine Schüssel schlagen und mit dem Schneebesen leicht aufschlagen. ½ Teelöffel Kräuter, Salz und frisch gemahlenen Pfeffer zugeben. 15 g Fett in einer Pfanne erhitzen, die Eiermasse hineingeben und 2 Minuten bei geringer Hitze backen. Die Pfanne schräg halten und mit einem Spachtel das Omelett auf einer Seite anheben, so daß sich die Eiermasse gleichmäßig darunter verteilt. So lange wiederholen, bis das Omelett stockt. ½ Teelöffel Kräuter darüberstreuen, zusammenklappen und sofort servieren. 3 weitere Omeletts auf die gleiche Weise backen.

„Omelette aux fines herbes" wird traditionell auf diese Weise zubereitet und serviert. Man nimmt dazu Eier von frei laufenden Hühnern und würzige Kräuter wie Estragon, Petersilie, Schnittlauch und Kerbel, um den Eiern einen ganz besonderen Geschmack zu verleihen. Natürlich können Sie auch Paprika, Käse, Mais oder Sahne in die Eimasse rühren.

## Estragon

**Was es ist:** Estragon ist ein kleines buschiges Kraut mit langen, spitzen, schmalen Blättern.
**Geschmacksrichtung:** Sehr charakteristisch.
**Verwendung:** Am beliebtesten ist Estragonessig; dafür läßt man 50 g Estragonblätter etwa 4 Wochen in ½ Liter Weinessig ziehen und seiht das Ganze dann durch. Estragon verfeinert mit seinem charakteristischen Aroma auch Saucen wie Sauce hollandaise und Sauce béarnaise. Er schmeckt auch in Mayonnaise sehr gut. Versuchen Sie einmal Estragonbutter mit jungem Spargel oder mit Brokkoli: diese Gemüsearten werden Ihnen dann noch besser schmecken. Kleingeschnittene Blätter kann man zu Eiergerichten und Salaten geben.

## Fenchel

**Was es ist:** Fenchel ist eine hohe, buschige Pflanze, die von den Römern eingeführt wurde. Sie soll die Verdauung fördern. Die Italiener essen auch heute noch nach einer üppigen Mahlzeit rohen Fenchel.
**Geschmacksrichtung:** Mild und süßlich mit einem Hauch von Lakritze.
**Verwendung:** Die zerstoßenen Samen ergeben einen köstlichen Tee. Man kann sie auch als Zutat in verschiedenen Teigen verwenden und über Kuchen, Brot und Gebäck streuen. Mit den kleingehackten Blättern können Sie Salate und Suppen garnieren. Fenchel schmeckt besonders gut in reichhaltigen Gerichten.

## Kerbel

**Was es ist:** Kerbel ist eine Gartenpflanze mit glatten oder gekräuselten Blättern.
**Geschmacksrichtung:** Anisähnlich; er soll von allen Kräutern den feinsten Geschmack haben.
**Verwendung:** Kerbel schmeckt gut in Salaten und Eiergerichten – versuchen Sie Kerbel einmal in Omeletts und Soufflés, am besten zusammen mit anderen Kräutern. Kerbel kann auch zum Garnieren verwendet werden.

## Knoblauch

**Was es ist:** Knoblauch ist eines der ältesten Küchengewürze. Er wird schon seit mindestens 5000 Jahren verwendet. Er gehört zu den Zwiebelgewächsen. Die Zehen oder Zwiebeln variieren in Größe und Form und können weiß, rosa- oder malvenfarben sein. Knoblauch wird fast auf der ganzen Welt entweder als Heilmittel oder wegen seines Geschmacks angebaut und gegessen; der beste Knoblauch kommt aus wärmeren Gegenden.
**Geschmacksrichtung:** Scharf und streng oder süßlich und mild; roséfarbener Knoblauch schmeckt gewöhnlich feiner.
**Verwendung:** Wenn Sie nur einen Hauch Knoblauch schmecken wollen, etwa in Salaten oder Fondues, dann reiben Sie die Schüssel mit einer aufgeschnittenen Knoblauchzehe aus.

Geschälter und feingehackter oder durch eine Knoblauchpresse gedrückter Knoblauch ergibt einen kräftigeren Geschmack. Knoblauch paßt zu fast allen Gerichten. Versuchen Sie ihn mit Gemüse, in Käse- und Eiergerichten, Suppen und Eintöpfen, zu Pizzas, Teigwaren und in Saucen. Auch Knoblauchbutter ist eine beliebte Variante.

## Liebstöckel („Maggikraut“)

**Was es ist:** Liebstöckel ist eine Gartenpflanze mit hellgelben Blüten, die bis zu 2 m hoch werden kann. Eine früher sehr beliebte Gewürzpflanze, die etwas in Vergessenheit geraten war. Mit dem neuerwachten Interesse an Kräutern hat man Liebstökkel wiederentdeckt und pflanzt ihn heute wieder in stärkerem Maße an.
**Geschmacksrichtung:** Sellerieähnlich, allerdings etwas schärfer und aromatischer.
**Verwendung:** Er paßt gut in Gewürzmischungen. Kleingeschnittenen Liebstöckel können Sie über Salate streuen. Besonders gut schmeckt er zu Tomaten und Kartoffeln.

## Löwenzahn

**Was es ist:** Löwenzahn ist die bekannte Pflanze mit den gelben Blüten, die überall wild wächst und fast schon lästig ist. Löwenzahn enthält Vitamin A und Vitamin C, Eisen und Kalium. Löwenzahntee ist gut gegen Leberbeschwerden; dieses milde Abführmittel heißt in Frankreich „pis en lit“.
**Geschmacksrichtung:** Die jungen Blätter haben einen frischen, leicht bitteren Geschmack.
**Verwendung:** Aus den Blättern können Sie Tee, aus den gemahlenen Wurzeln Kaffee machen. Außerdem rundet Löwenzahn viele Gerichte geschmacklich ab und gibt ihnen mehr Nährstoffe. Pflücken Sie junge und makellose Blätter, waschen Sie sie sorgfältig und kochen Sie sie wie Spinat. Kleingeschnitten können Sie die Blätter zu Salaten, Käse- oder Eiergerichten und Hülsenfrüchten geben oder Aufläufe, Gebratenes u.ä. damit garnieren.

## Lorbeer

**Was es ist:** Ein bekanntes Gewürz, hier meist als getrocknete Blätter verkauft.
**Geschmacksrichtung:** Starker Eigengeschmack; läßt sich gut mit anderen Geschmacksrichtungen kombinieren.
**Verwendung:** Lorbeer darf in Gewürzmischungen nicht fehlen. Geben Sie ein ganzes Lorbeerblatt in Suppen, Aufläufe und Eintöpfe und nehmen Sie es vor dem Servieren heraus. Oder würzen Sie die Milch für eine helle Sauce damit. Gerieben können Sie Lorbeer in Gemüsegerichte geben – er paßt besonders gut zu Sauerkraut.

## Majoran

**Was es ist:** Es gibt verschiedene Arten von Majoran. Süßer Majoran, der vor allem in der südländischen Küche verwendet wird, gedeiht auch bei uns. Man nimmt ihn gern wegen seines Geschmacks.
**Geschmacksrichtung:** Zart und leicht bitter.
**Verwendung:** Geben Sie Majoran in Suppen, Aufläufe und Füllungen. Er paßt gut zu Eiergerichten: Versuchen Sie ihn einmal in einem Soufflé. Würzen Sie zur Abwechslung auch einmal Brot mit Majoran. Obstsalat verleiht er ebenfalls einen ganz besonderen Geschmack. Majoran läßt sich gut mit anderen Kräutern kombinieren.

# Meerrettich

**Was es ist:** Auch Meerrettich wird schon sehr lange verwendet. Die Pflanze wird bis zu 80 cm hoch, und ihre Blätter ähneln Ampferblättern. Verwendet wird nur die Meerrettichwurzel. Meerrettich ist ein natürliches Antibiotikum, hat außerdem noch antiseptische und leicht abführende Wirkung.
**Geschmacksrichtung:** Sehr scharf!
**Verwendung:** Aus den geriebenen Wurzeln macht man die traditionelle Meerrettichcreme. Man kann ihn aber auch für Saucen und Dips verwenden. Gehen Sie eher sparsam mit Meerrettich um!

# Minze

**Was es ist:** Es gibt verschiedene Minzearten, die alle zur selben Familie gehören. Die bekanntesten sind die Pfefferminze, die grüne Minze und die Poleiminze. Man schätzt die Minze zum einen wegen ihres feinen Aromas und zum anderen wegen ihrer verdauungsfördernden Wirkung. Minze hilft auch gegen Übelkeit.
**Geschmacksrichtung:** Frisch und scharf; es gibt auch süßliche Minzearten.
**Verwendung:** Ganze oder gehackte Blätter schmekken gut zu neuen Kartoffeln, in Kräutersauce oder zu jungen Erbsen. Garnieren Sie Kaltschalen und kühle Drinks mit Minze. Minztee ist leicht zuzubereiten und schmeckt köstlich. Kleingehackte Minze in Joghurt mit Zwiebeln oder Knoblauch ergibt ein feines Dressing für einen Gurkensalat. Auch Waldorfsalat oder Obstsalat können Sie mit Minze abrunden. Sie schmeckt auch in Körnergerichten, besonders wenn diese kalt serviert werden.

**Pizza**

*25 g frische Hefe oder 7 g Trockenhefe*
*1 Prise Rohrzucker*
*1/8 Liter warmes Wasser*
*250 g Vollkornmehl (Vollkornweizen)*
*1 Prise Salz*
*3 Eßlöffel Olivenöl*

**Für den Belag:**
*350 g Tomaten*
*200 g Edamer Käse*
*1 kleine grüne Paprikaschote*
*100 g Pilze*
*12 schwarze Oliven*
*2 Teelöffel Oregano*
*Gewürze nach Geschmack*
*Olivenöl*

Die Hefe und den Zucker in der halben Menge Wasser auflösen und etwa 10 Minuten an einem warmen Platz gehen lassen. Das Mehl mit dem Salz in eine vorgewärmte Schüssel sieben, die Hefemischung, das restliche Wasser und das Öl zugeben. Gut vermischen; der Teig sollte sich vom Schüsselrand lösen. Gegebenenfalls etwas mehr Wasser zum Binden zugeben. Auf einem bemehlten Backblech etwa 5 Minuten kneten. Dann den Teig in eine saubere bemehlte Schüssel geben und mit einem feuchten Küchentuch abdecken. So lange an einem warmen Ort gehen lassen, bis sich die Teigmasse verdoppelt hat. Den Teig in 4 Teile teilen und zu 4 runden, ca. 1/2 cm dicken Böden ausrollen. Auf ein gefettetes, bemehltes Backblech legen und mit etwas Öl bestreichen. Die Tomaten in Scheiben schneiden und auf die Pizzas legen. Mit den Käsescheiben bedecken. Paprikaringe und die in Scheiben geschnittenen Pilze auf den Pizzas verteilen. Oliven, Oregano und Gewürze darüberstreuen und auf jede Pizza etwas Olivenöl träufeln. Bei 200 °C (Gas Stufe 6) 20 bis 30 Minuten, oder bis der Teig knusprig ist, backen.

## Oregano

**Was es ist:** Oregano gehört zu den Majorangewächsen und wird auch „Wilder Majoran" genannt.
**Geschmacksrichtung:** Wie Majoran, aber kräftiger und mit einem bitteren Beigeschmack.
**Verwendung:** Oregano wird von jeher in der italienischen Küche für Pizzas oder Pasta verwendet, aber er schmeckt auch zu etwas schärferen mexikanischen Gerichten oder z. B. zu einem spanischen Tomaten-Zwiebel-Gericht. Geben Sie Oregano auch einmal zu Pilzen oder Linsen. Gehen Sie aber eher sparsam damit um!

## Petersilie

**Was es ist:** Petersilie ist eines der beliebtesten Küchenkräuter, das schon seit Jahrhunderten verwendet wird. Es gibt zwei Arten: die krausblättrige Petersilie und die mit glatten Blättern. Petersilie kommt in vielen Legenden und Volksmärchen vor. Sie enthält besonders viel Vitamin A und Vitamin C, außerdem Eisen und Kalzium.
**Geschmacksrichtung:** Mild, aromatisch, ein unverkennbarer Geschmack.
**Verwendung:** Petersilie wird vor allem zum Garnieren verwendet, und das heißt dann, daß sie auf dem Teller liegen bleibt. Fügen Sie also lieber kleingehackte Petersilie den Eintöpfen, Saucen und Aufläufen zu. Versuchen Sie auch ein Petersilien-Soufflé oder würzen Sie Rühreier mit einer guten Handvoll Petersilie. Petersilienbutter schmeckt herrlich zu neuen Kartoffeln. Schmecken Sie Körnergerichte mit Petersilie ab.

## Rosmarin

**Was es ist:** Ein buschiger, intensiv duftender Gartenstrauch mit nadelähnlichen Blättern, der bis zu 180 cm hoch werden kann. Rosmarin wird auch in der Medizin verwendet, und zwar als anregendes, blutdrucksteigerndes Mittel.
**Geschmacksrichtung:** Stark würzig und etwas harzig.
**Verwendung:** Verwenden Sie die Blätter frisch oder getrocknet, zerrieben oder feingehackt. Rosmarin paßt gut zu Gemüseaufläufen und Suppen, besonders mit Erbsen und Kartoffeln. Würzen Sie zur Abwechslung auch einmal Teigwaren, Klöße oder Gebäck mit Rosmarin. Traditionsgemäß schmeckt man reichhaltige Fleischgerichte damit ab. Sie können die Blätter, anstatt sie lose mitzukochen, in einen Musselinbeutel füllen und diesen dann vor

dem Servieren entfernen – das verfeinert das Aroma und verhindert, daß Sie auf die scharfen Rosmarinnadeln beißen.

### Gemüsekebab mit Kräutern

*1 grüne Paprikaschote*
*12 Champignons*
*2 schlanke Zucchini*
*8 Kirsch-Tomaten*
*6 kleine Pellkartoffeln*
*1 große Zwiebel*
*8 gefüllte Oliven*
*Lorbeerblätter*

**Für die Marinade:**
*3 Eßlöffel Pflanzenöl*
*1 Eßlöffel Weinessig*
*1 Prise Knoblauchsalz*
*1 Teelöffel getrocknetes Basilikum*
*1 Teelöffel getrockneter, zerriebener Rosmarin*
*1 Teelöffel getrockneter Oregano*
*Gewürze nach Geschmack*

Paprika entstielen, entkernen und in große Stücke schneiden. Pilze säubern. Zucchini in dicke Scheiben schneiden. Tomaten waschen und abtropfen lassen. Die ungeschälten Kartoffeln halbieren. Zwiebel in dicke Stücke schneiden und die einzelnen Schichten ablösen. Alles Gemüse in eine Schüssel geben und mit Marinade übergießen. Über Nacht in den Kühlschrank stellen. Alle Zutaten einschließlich der Oliven und der Lorbeerblätter auf Spießen hübsch arrangieren und auf ein Backblech legen. Etwa 15 bis 20 Minuten oder so lange, bis alle Zutaten durch sind, grillen. Die Spieße häufig wenden und mit übriggebliebener Marinade bestreichen. Mit Reis servieren.

### Kleie-Rosmarin-Gebäck

*150 g Vollkornmehl (Vollkornweizen)*
*150 g Kleie*
*100 g Butter oder Margarine*
*kaltes Wasser*
*1 bis 2 Teelöffel getrockneter, zerriebener Rosmarin*
*50 g Sonnenblumenkerne*

Mehl und Kleie in eine Schüssel sieben. Mit den Fingern das Fett hineinreiben, so daß eine bröselige Mischung entsteht. Genügend kaltes Wasser zum Binden zugeben, den Teig kurz durchkneten, dann in Haushaltsfolie wickeln und 30 Minuten kalt stellen. Wenn der Teig zu trocken ist, etwas mehr Wasser zugeben. Rosmarin und grob gehackte Körner in den Teig kneten. Auf einem bemehlten Backblech ausrollen und zu runden Plätzchen ausstechen.

Die Plätzchen auf einem leicht gefetteten Backblech bei 180 °C (Gas Stufe 4) etwa 20 Minuten goldgelb und knusprig backen. Das erkaltete Gebäck luftdicht verschlossen aufbewahren. Mit Butter zu Suppen oder mit Quark oder Hüttenkäse als Zwischenmahlzeit reichen.

## Salbei

**Was es ist:** Salbei ist eine zähe, immergrüne Pflanze mit breiten, flachen Blättern, die seit der römischen Antike in ganz Europa angebaut und verwendet wird. Salbei wurde schon immer wegen seines Aromas und wegen seiner verdauungsfördernden Wirkung geschätzt.
**Geschmacksrichtung:** Würzig und streng; ähnlich Eukalyptus.

**Verwendung:** Salbei paßt gut zu Käsegerichten und Hülsenfrüchten. Geben Sie frische, gehackte Salbeiblätter zu Tomaten oder machen Sie Kräuterbutter. Aus Quark oder Hüttenkäse können Sie mit etwas Zitronensaft und Salbei einen wohlschmeckenden Brotaufstrich machen. Salbei und Zwiebeln eignen sich gut als Gemüsefüllung. Verwenden Sie Salbei aber eher sparsam.

## Schnittlauch

**Was es ist:** Schnittlauch ist ein grasähnliches Gartenkraut mit hohlen Stengeln. Er gehört zu der Familie der Zwiebelgewächse.
**Geschmacksrichtung:** Wild und zwiebelähnlich, obwohl er ganz ähnliche Öle wie der Knoblauch enthält.
**Verwendung:** Frische Schnittlauchröllchen kann man über verschiedene Gerichte wie Omeletts, Salate, Aufläufe und pikante Pfannkuchen streuen. Schnittlauch paßt auch gut zu Hüttenkäse und Quark. Würzen Sie einmal Kartoffelpüree mit Schnittlauch.

## Thymian

**Was es ist:** Thymian ist ein kleines Gartenkraut mit winzigen Blättern. Sein Duft zieht Bienen an. Thymian sagt man sehr starke antibiotische und antiseptische Wirkung nach.
**Geschmacksrichtung:** Etwas scharf und würzig, mit einem süßlichen Hauch.
**Verwendung:** Sahnesaucen schmecken mit etwas Thymian besonders fein. Auch für Suppen, Füllungen, Rollbraten und Salate kann man Thymian verwenden. Auberginen mit Paprika und Zucchini ist eine Gemüsekombination, die man mit etwas Thymian verfeinern kann.

## Ysop (Eisenkraut)

**Was es ist:** Ysop ist eine sehr schöne Pflanze mit blauen Blüten. Die alten Griechen nannten ihn auch „das heilige Kraut" und schätzten ihn wegen seiner reinigenden Wirkung.
**Geschmacksrichtung:** Aromatisch, mit einem bitteren Nachgeschmack.
**Verwendung:** Geben Sie die gehackten Blätter in Salate, Saucen und Backwaren. Besonders gut schmeckt er zu Hülsenfrüchten.

## Zitronenmelisse

**Was es ist:** Zitronenmelisse ist eine anspruchslose Pflanze mit sehr intensiv duftenden Blättern. Sie enthält Öle, die gut gegen Blähungen sind. Manche Kräuterspezialisten glauben, sie könne Depressionen lindern helfen.
**Geschmacksrichtung:** Ein feines Zitronenaroma.
**Verwendung:** Machen Sie Tee nur aus frischen Blättern (das Zitronenaroma verfliegt nämlich beim Trocknen). Tee oder Fruchtsaftgetränke bekommen mit 1 bis 2 zerstoßenen Melisseblättern einen angenehm frischen Geschmack. Zitronenmelisse paßt auch gut zu Eiern, pikanten Reisgerichten und Salaten.

# Gewürze

Alle Gewürze sollte man möglichst unzerteilt aufbewahren und erst unmittelbar vor dem Gebrauch zerkleinern. Wenn Sie Gewürzpulver kaufen, nehmen Sie nur ganz kleine Mengen, da sie sehr schnell ausduften und recht bald ihr Aroma einbüßen. Bewahren Sie Gewürze in luftdicht verschlossenen Gläsern auf.

## Anis

**Was es ist:** Anis ist eine dekorative einjährige Pflanze, die auch bei uns wächst, aber einen warmen und trockenen Sommer braucht, wenn ihre Samen reifen sollen. Der bei uns erhältliche Anis kommt aus Spanien, wo er kommerziell angebaut wird.
**Geschmacksrichtung:** Süßlich, lakritzähnlich.
**Verwendung:** Mit Anis kann man einen köstlichen Tee zubereiten, dem man allgemein verdauungsfördende Wirkung nachsagt. Geben Sie Anis in den Teig bestimmter Backwaren und bestreuen Sie Gebäck mit Anis. Zerstoßene Anissamen passen gut zu Gemüse, besonders zu Butterkarotten.

## Bockshornklee

**Was es ist:** Dies ist ein Gewürz, das viel in der indischen Küche verwendet wird (siehe auch S. 142).
**Geschmacksrichtung:** Scharf und würzig, mit einem bitteren Nachgeschmack und einem Hauch Selleriegeschmack.
**Verwendung:** Zum Würzen wird Bockshornklee gewöhnlich gemahlen – er ist meistens in kommerziell hergestelltem Currypulver enthalten. Würzen Sie Reis, Gemüse und Aufläufe damit, aber nehmen Sie nicht zuviel. Die leicht gerösteten Samen kann man über Gebackenes, Käsedips und Omeletts streuen.

## Cayennepfeffer

**Was es ist:** Ein Pulver aus einer Mischung verschiedener spanischer Pfeffersorten. Er wird sowohl aus den Samen als auch aus den Schoten gewonnen. Seine Heimat ist Cayenne in Südamerika.
**Geschmacksrichtung:** Sehr scharf und würzig.
**Verwendung:** Er schmeckt gut in Käsegerichten und zu Spiegeleiern. Mit etwas Cayennepfeffer können Sie Eintöpfe und Aufläufe verfeinern. Gehen Sie aber sparsam damit um.

## Chilipfeffer

**Was es ist:** Chilipfeffer ist ein Pulver aus den getrockneten kleinen roten Schoten einer besonderen Paprikaart. Chilipulver aber ist eine Gewürzmischung!
**Geschmacksrichtung:** Sehr scharf.
**Verwendung:** Gut zu mexikanischen Gerichten. Verwenden Sie Chilipfeffer aber nur sparsam.

**Chili-Kidney-Bohnen**

*350 g rote Kidneybohnen, über Nacht eingeweicht*
*1 kleine Zwiebel*
*1 kleine grüne Paprikaschote*
*1 bis 2 Eßlöffel Pflanzenöl*
*200 g Tomaten, enthäutet und kleingeschnitten*
*2 Eßlöffel Tomatenmark*
*2 Teelöffel getrocknete gemischte Kräuter*
*1 bis 2 Teelöffel Chilipulver (oder nach Belieben)*
*Gewürze nach Geschmack*

Die Bohnen in frischem Wasser kochen: zunächst 10 Minuten kochen lassen, dann die Hitze reduzieren und 50 Minuten weichköcheln lassen. Die feingehackte Zwiebel und Paprikaschote in Öl kurz weichdünsten. Tomaten, Tomatenmark, Kräuter, Chilipulver und Gewürze zugeben. Den größten Teil der Bohnen pürieren und in die Gemüsemischung rühren. Bei geschlossenem Deckel etwa 15 Minuten weiterköcheln lassen. Die restlichen Bohnen ganz hinzugeben und noch einmal erhitzen. Dieses Chilibohnengericht kann man mit geriebenem Käse bestreuen. Mit Maisbrot und Salat reichen.

# Ingwer

**Was es ist:** Ingwerpulver wird aus der Wurzel einer tropischen Pflanze gewonnen. Es gibt auch frischen Ingwer zu kaufen, den man schälen und zerstoßen kann – er schmeckt dann voller und süßer. Kaufen Sie nur kleine Mengen und lassen Sie ihn nicht alt werden. Ingwer soll Blähungen lindern.
**Geschmacksrichtung:** Voll, scharf und würzig.

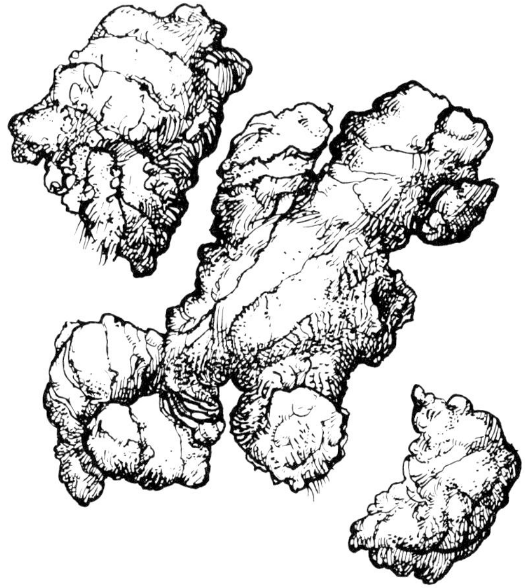

**Verwendung:** Ingwer paßt sowohl zu indischen Currygerichten als auch zu chinesischen Gerichten – versuchen Sie ihn zu Schmorgemüse oder zu Eierbrötchen. Ingwer wird auch für Ginger Ale und zur Herstellung von Kräuterlikören verwendet, außerdem braucht man ihn für Sirup- und Ingwerkuchen. Streuen Sie doch einmal etwas Ingwerpulver auf Melonenscheiben. Kandierte Ingwerstückchen sind zwar teuer, schmecken aber köstlich als Knabberei oder in Obstsalat. Gehen Sie immer sparsam mit Ingwer um.

# Kardamom

**Was es ist:** Kardamom ist eine Pflanze, die in Ländern mit tropischem Klima wächst. Kardamom sollte man erst unmittelbar vor dem Gebrauch mahlen, da sein Aroma sehr schnell verfliegt. Kardamom fördert die Verdauung.

**Geschmacksrichtung:** Aromatisch und sehr charakteristisch; er schmeckt ganz zart nach Zitrone.
**Verwendung:** Kardamom ist nicht nur in der indischen, sondern auch in der skandinavischen Küche sehr beliebt. Im Mittleren Osten nimmt man Kardamom, um Kaffee geschmacklich abzurunden. Er schmeckt gut zu Bratäpfeln. Geben Sie auch einmal 1 bis 2 Schoten in Ihren Tee – mit oder ohne Milch.

## Koriander

**Was es ist:** Koriander ist eine einjährige Pflanze, die meistens in Kräutergärten gezogen wird. Die reifen Samen sind ganz oder gemahlen im Handel.
**Geschmacksrichtung:** Mild, süß und ganz leicht modrig.
**Verwendung:** Koriander paßt zu Aufläufen, ist ein recht interessantes Brotgewürz und schmeckt angenehm in Streuseln für Obstspeisen. Außerdem ist er besonders für Gerichte aus dem Mittleren Osten geeignet – versuchen Sie ihn in Pilaws, über gefülltes Gemüse oder auch über eine Mischung aus schwarzen Oliven und Kartoffeln. Koriander schmeckt auch in Erbsensuppen. Die Blätter kann man kleingeschnitten in Salate und Currygerichte geben.

## Kreuzkümmel

**Was es ist:** Die Samen einer fenchelähnlichen Pflanze. Er wird oft in Pulverform verwendet, ist aber auch ganz im Handel.
**Geschmacksrichtung:** Kümmelähnlich.
**Verwendung:** Würzen Sie mit dem Pulver Frischkäsedips. Er paßt auch zu Eiergerichten, Linsen und anderen Hülsenfrüchten, zu Gemüse wie Kohl und zu Sauerkraut. Auch die Körner kann man verwenden – zerstoßen Sie sie ein wenig. Geben Sie sie in Currygerichte oder streuen Sie sie über eine Pizza.

## Kümmel

**Was es ist:** Kümmel sind die Samen einer Pflanze, die in der Regel kultiviert wird, aber in Europa auch wild wächst. Mit dem Öl der Samen werden verschiedene Schnäpse (Kümmelbranntwein und Kümmelliköre) aromatisiert.
**Geschmacksrichtung:** Etwas streng.
**Verwendung:** Kümmel kann man in Roggenbrot, Körnerkuchen oder in Brötchen verwenden. Auch zu Saucen, Weichkäse und verschiedenen Gemüsearten, besonders Kohl, schmeckt er sehr gut. Die Blätter der Kümmelpflanze kann man gehackt in Salate geben.

## Kurkuma (Gelbwurz)

**Was es ist:** Kurkuma ist die gemahlene Wurzel einer indischen Pflanze. Dieses Pulver hat eine ganz charakteristische hellgelbe Farbe.
**Geschmacksrichtung:** Fein und aromatisch.
**Verwendung:** Kurkuma gehört zu den wichtigsten Zutaten für kommerziell hergestelltes Curry. Er macht helle Soßen interessanter und schmeckt gut in Reis- und Gemüsegerichten und ungewöhnlich in Salatsaucen. Mit Kurkuma kann man zum Färben der Gerichte den teureren Safran ersetzen.

## Kümmel-Rote-Bete-Pfannkuchen

**Für den Teig:**
*100 g Vollkornmehl (Vollkornweizen)*
*1 Prise Salz*
*1 Ei*
*¼ Liter halb Milch/halb Wasser*

**Für die Füllung:**
*500 g eingelegte rote Bete*
*1 kleiner Becher Naturjoghurt oder saure Sahne*
*Gewürze nach Geschmack*
*1 bis 2 Teelöffel Kümmel*
*Joghurt oder saure Sahne*
*frischer Dill oder Petersilie zum Garnieren*

Mehl und Salz zusammensieben. Das geschlagene Ei zugeben, dann nach und nach die Flüssigkeit hineinrühren. Das Ganze gut durchschlagen, damit Luft darankommt. 30 Minuten in den Kühlschrank stellen. Vor dem Backen den Teig nochmals leicht schlagen. Etwas Öl in einer schweren Pfanne erhitzen, ein paar Löffel Teig hineingeben und gleichmäßig in der Pfanne verteilen. Bei geringer Hitze backen, dann wenden, so daß die Pfannkuchen auf beiden Seiten goldbraun gebacken sind. Die fertigen Pfannkuchen warm stellen und den gesamten Teig auf dieselbe Weise verarbeiten.

In der Zwischenzeit die roten Bete kleinschneiden, in einen kleinen Topf geben, den Joghurt oder Sauerrahm hineinrühren und ganz vorsichtig erhitzen. Gewürze und Kümmel nach Geschmack zugeben. Die Pfannkuchen mit der Roten-Bete-Mischung füllen und vorsichtig zusammenklappen. Dann 2 bis 3 Eßlöffel Joghurt oder saure Sahne und reichlich Kräuter darübergeben. Heiß servieren.

## Gebackene Birnen

*4 große Birnen*
*Zitronensaft*
*30 g Rohrzucker*
*30 g Vollkornmehl (Vollkornweizen)*
*30 g Margarine*
*½ Teelöffel gemahlener Zimt*
*¼ Teelöffel gemahlene Muskatnuß*
*¼ Teelöffel gemahlener Ingwer*
*abgeriebene Zitronenschale*

Die Birnen halbieren, entkernen und die Schnittflächen mit Zitronensaft beträufeln. Birnen mit der Schnittfläche nach oben in eine feuerfeste Form legen. Zucker, Mehl und Margarine zu Streuseln verarbeiten. Die Gewürze und die Zitronenschale dazugeben und die Birnen damit bestreuen. Bei 190 °C (Gas Stufe 5) 30 bis 40 Minuten backen. Mit Joghurt oder Sahne servieren.

### Pastinakencurry

*500 g Pastinaken*
*250 g Lauch*
*2 große Karotten*
*80 g Cashewnüsse*

**Für die Sauce:**
*2 Eßlöffel Pflanzenöl*
*1 Zwiebel*
*1 zerdrückte Knoblauchzehe*
*1 Teelöffel gemahlener Kurkuma*
*1 Teelöffel gemahlener Kümmel*
*2 Teelöffel gemahlener Koriander*
*½ Teelöffel gemahlener Ingwer*
*1 Teelöffel Senfkörner*
*Gewürze nach Geschmack*

Die Pastinaken schälen und würfeln, den Lauch putzen und kleinschneiden, die Karotten in Scheiben schneiden. Das Gemüse 5 Minuten weichdünsten. Abtropfen lassen, das Wasser aufbewahren. Das Öl erhitzen, die kleingehackte Zwiebel und den Knoblauch hineingeben. Etwa 5 Minuten anbraten, bis sie etwas Farbe bekommen, dann alle Gewürze zugeben und wenige Minuten weiterbraten. Nach Geschmack würzen, dann etwa ¼ Liter des Gemüsewassers zugeben, zum Kochen bringen und dann mit geschlossenem Deckel 15 Minuten köcheln lassen. Den Deckel abnehmen und so lange weiterkochen, bis die Sauce dick wird. Gemüse und Nüsse hineinrühren und 5 bis 10 Minuten weiterkochen. Die Currysauce wird geschmacklich besser, wenn Sie sie 1 bis 2 Tage, bevor Sie sie brauchen, zubereiten.

## Mohnsamen

**Was sie sind:** Mohnsamen sind die winzig kleinen blauen Samen des orientalischen Schlafmohns, die in der ungarischen und polnischen Küche sehr häufig verwendet werden. Obwohl viele Teile der Mohnpflanze narkotisierend wirken, sind die Samen drogenfrei.
**Geschmacksrichtung:** Mild und nussig.
**Verwendung:** Streuen Sie Mohnsamen auf Brot, Brötchen und Kuchen. Rühren Sie gemahlenen Mohn in Hüttenkäse oder andere Frischkäsearten oder in Kartoffelbrei. Er schmeckt auch in Salatdressings. Geben Sie ihn auch an Teigwaren, wenn Sie eine Sahnesauce dazu reichen.

## Muskatblüte

**Was es ist:** Die Muskatblüte ist die äußere, netzartige Schale der Muskatnuß. Sie wird getrocknet und zu Pulver gemahlen. Muskatblüte ist teurer als Muskatnuß.
**Geschmacksrichtung:** Ähnlich wie Muskatnuß, aber intensiver und süßer.
**Verwendung:** Verwenden Sie sie wie Muskatnuß. Muskatblüte schmeckt in Früchtebrot und Schlagsahne, außerdem zu Obstkompotten, besonders aus Pflaumen und Kirschen.

## Muskatnuß

**Was es ist:** Die Muskatnuß ist der innere Teil der Frucht des Muskatnußbaumes; sie sieht wie eine kleine Walnuß aus.
**Geschmacksrichtung:** Süß und würzig.

**Verwendung:** Muskatnuß paßt gut zu süßen Gerichten wie Vanillesauce, Reispudding und Kompott, und auch im Glühwein darf sie auf keinen Fall fehlen. Geben Sie auch einmal eine Prise Muskatnuß in pikante Gerichte wie Käsesaucen, Reisspeisen und Gemüseaufläufe. In Italien nimmt man Muskatnuß zu Ricottakäse und Spinat oder für Ravioli- und Pfannkuchenfüllungen. Verwenden Sie von diesem Gewürz aber nicht allzuviel.

## Nelken

**Was sie sind:** Nelken sind die getrockneten Knospen des Gewürznelkenbaums. Nelken enthalten Öle, die antiseptisch wirken.
**Geschmacksrichtung:** Sehr stark und würzig.
**Verwendung:** Nelken gibt man in bestimmte Süßspeisen. Man kann auch Gemüsegerichte damit würzen – geben Sie einmal eine mit Nelken gespickte Zwiebel in einen Eintopf. Nelken verleihen Glühwein und heißer Schokolade einen ganz besonderen Geschmack. Gehen Sie sparsam mit ihnen um.

## Paprika

**Was es ist:** Es ist ein Pulver aus getrockneten und gemahlenen ungarischen roten Paprikas.
**Geschmacksrichtung:** Sehr mild und süß.
**Verwendung:** Verwenden Sie Paprika in traditionellen ungarischen Gerichten wie Gulasch oder in einem Koriander-Paprika-Käseaufstrich. Versuchen Sie Paprika auch in Eiergerichten, Paprikasauce, Reis und anderen Körnerrezepten. Hellere Gerichte können Sie mit Paprika farbiger machen.

### Grünes Tomatenchutney

*1000 g grüne Tomaten*
*500 g Äpfel*
*500 g Zwiebeln*
*500 g Sultaninen*
*1 Teelöffel gemahlener Ingwer*
*1 Teelöffel Piment*
*½ Liter Apfelessig*
*350 g Rohrzucker*

Tomaten, Äpfel und Zwiebeln schälen und kleinschneiden. Zusammen mit den Sultaninen, Gewürzen und etwa ¼ Liter Apfelessig in einen großen Topf geben. Diese Mischung etwa 1 Stunde köcheln lassen; wenn nötig, etwas mehr Apfelessig zufügen. Den Rest des Essigs und den Zucker hineinrühren und so lange kochen, bis der Chutney allmählich geliert und fest wird.

Vorgewärmte Gläser mit Schraubverschluß bis zum Rand mit dem Chutney füllen, mit Papier bedecken und fest verschließen. (Metalldeckel rosten, wenn sie mit Chutney in Berührung kommen.) An einem kühlen, trockenen und dunklen Platz aufbewahren.

## Pfeffer

**Was es ist:** Man verwendet weißen oder schwarzen Pfeffer. Beide Sorten kommen aber von derselben tropischen Frucht: Die schwarzen Beeren werden noch unreif geerntet, die weißen können am Stock reifen und werden dann geschält. Pfeffer soll die Verdauung und den Blutkreislauf anregen.
**Geschmacksrichtung:** Scharf und würzig. Schwarzer Pfeffer ist schärfer als weißer.

**Verwendung:** Mit frisch gemahlenem schwarzem Pfeffer kann man, nach Belieben dosiert, alle Speisen geschmacklich abrunden. Eine ganz ungewöhnliche Süßspeise bekommen Sie, wenn Sie Hüttenkäse mit Honig, Orangeat oder Zitronat, Gewürzen und schwarzem Pfeffer anmachen. „Quiche au poivre" ist ein klassisches Pfeffergericht. In Eingelegtes gibt man ganze Pfefferkörner.

## Piment

**Was es ist:** Pimentkörner sind die getrockneten Beeren eines Baumes, der auf den Westindischen Inseln wächst. Sie sind ganz und gemahlen im Handel.

**Geschmacksrichtung:** Wie eine Mischung aus Zimt, Nelken und Muskat; sehr mild.

**Verwendung:** Versuchen Sie es in Currygerichten. Auch in Kuchen, Kompotten und Obstaufläufen schmeckt es gut. Geben Sie Piment zur Abwechslung einmal in einen Fruchtpunsch.

## Safran

**Was es ist:** Die getrockneten, orangefarbenen Staubgefäße einer Krokusart. Es gibt ihn in Form von Staubfäden oder schon zu Pulver gemahlen. Safran ist sehr teuer.

**Geschmacksrichtung:** Mild, wenn man nur sehr wenig davon nimmt.

**Verwendung:** Safran verwendet man in der Hauptsache dazu, einem Gericht, vorzugsweise Reis, Farbe zu geben.

## Senfkörner

**Was es ist:** Verwendet werden die Samen der gelben Senfpflanze; es gibt sie in verschiedenen Farben und Stärken. Die Körner sind nicht so scharf wie das konzentriertere Pulver. Sie können zwischen beiden auswählen.

**Geschmacksrichtung:** Scharf und etwas beißend.

**Verwendung:** Nehmen Sie Senfkörner, wenn Sie eine besondere Geschmacksnote haben wollen. Senf paßt zu den meisten Zutaten, aber verwenden Sie ihn eher sparsam. Er ist ideal zu Eingelegtem, Krautsalat, Käsegerichten und Soufflés. Etwas Senf rundet den Geschmack von Salatdressings und Mayonnaise ab. Tafelfertiger Senf ist die bei uns gebräuchlichste Handelsform.

# Vanille

**Was es ist:** Die Schoten einer tropischen Kletterorchidee, ursprünglich aus Mittelamerika, die gepflückt werden, bevor sie reif sind. Dann werden sie fermentiert und getrocknet.
**Geschmacksrichtung:** Zart und süß.
**Verwendung:** Es ist besser, Vanilleschoten als Vanillinzucker zu verwenden. Vanillestangen sind zwar recht teuer, aber man kann sie dafür mehrmals verwenden. Geben Sie sie in Reispudding, Vanillesauce und andere süße Gerichte, nehmen Sie sie kurz vor dem Servieren heraus, spülen sie ab und lassen sie wieder trocknen. Sie können eine Vanilleschote auch in einem Glas Zucker aufbewahren und haben so einen ständigen Vorrat an Vanillezucker. Gemahlene Vanillestangen haben einen intensiveren Geschmack. Vanille ist für Süßigkeiten, Eis, Schaumspeisen und feines Gebäck einfach unersetzlich.

# Zimt

**Was es ist:** Die Rindenstückchen eines kleinen, immergrünen Baumes aus der Familie der Lorbeergewächse, dessen Heimat Sri Lanka ist. Zimt enthält ein sehr wirkungsvolles antiseptisches Öl.
**Geschmacksrichtung:** Süß und sehr zart.
**Verwendung:** Gemahlener Zimt paßt zu allen möglichen Obstgerichten – besonders gut schmeckt er in Kirschkompott, Rhabarberkuchen, Ingwergebäck, Milchpudding und Füllungen mit Äpfeln. Zimt eignet sich für alle pikanten Gerichte, in denen man einen intensiven, vollen Geschmack möchte. Er schmeckt auch in Tee oder Kaffee recht gut.

### Honigzimtkuchen

*200 g Vollkornmehl (Vollkornweizen)*
*1 Prise Salz*
*1 bis 2 Teelöffel Gewürzmischung*
*150 g Butter oder Margarine*
*3 bis 4 Eßlöffel Honig*
*80 g Rohrzucker*
*80 g kandierte Früchte*
*2 Eier*
*50 g Mandelsplitter*

Mehl, Salz und Gewürze vermischen. In einem kleinen Topf Honig und Fett erhitzen, dann den Zucker hineinrühren. Vom Herd nehmen und etwas erkalten lassen. Dann die kandierten Früchte und die geschlagenen Eier unterheben. Alle Zutaten mischen. In eine gefettete Kastenform füllen und mit den Mandelsplittern bestreuen. Bei 200 °C (Gas Stufe 6) 15 Minuten backen, dann die Hitze auf 180 °C (Gas Stufe 4) reduzieren und weitere 30 bis 40 Minuten backen. Auf einem Kuchengitter abkühlen lassen.

# Besondere Gewürze

Die nachfolgenden Gewürze haben einen hohen Salzgehalt und sollten deshalb eher sparsam verwendet werden. Die meisten von uns haben im Laufe der Zeit beim Umgang mit Salz und Zucker einen Geschmackssinn entwickelt, dem gerade das Fehlen von Salz als ein Zustand erscheint, dem unbedingt abgeholfen werden muß. Objektiv betrachtet, ist das fast nie der Fall; wir alle bekommen durch unsere Nahrung wirklich mehr als genug Salz. Ganz generell sollten wir es uns zur Regel machen, beim Kochen so wenig wie möglich zu salzen oder die unten beschriebenen Zutaten zu benutzen. Lassen Sie jeden selber nachsalzen.

## Gomasio

**Was es ist:** Gomasio ist ein äußerst nahrhaftes Gewürz, das in Japan verwendet wird. Sie können es selbst herstellen, indem Sie geröstete Sesamkörner zusammen mit etwas Meersalz zu einem feinen Pulver mahlen. Das Verhältnis können Sie beliebig wählen: Gewöhnlich nimmt man auf 8 Teile Sesamkörner 1 Teil Salz. Wenn Sie mögen, können Sie auch das Salz etwas anrösten. Machen Sie immer nur ganz kleine Mengen und bewahren Sie das Gewürz luftdicht verschlossen auf. Gomasio verliert sein Aroma sehr schnell.
**Geschmacksrichtung:** Wie ein Nußsalz.
**Verwendung:** Sie können es über alle möglichen Gerichte streuen, Salate, Gebackenes, Aufläufe, Suppen, Gemüse-, Körner-, Eier- und Käsegerichte. Am besten würzt man erst bei Tisch damit.

## Hefeextrakt

**Was es ist:** Wenn man frische Bierhefe mit Salz mischt, gehen die Salze unter Einwirkung der Hefeenzyme in eine wäßrige Lösung über. Diese wird nach einem um 1900 in Deutschland entwickelten Verfahren unter Hochdruck verdampft. Es gibt eine Reihe verschiedener Hefeextraktarten, die alle Salz enthalten. Einige Hersteller bemühen sich jedoch, allmählich den Salzgehalt zu senken.
**Geschmacksrichtung:** Würzig und salzig.
**Verwendung:** Lösen Sie den Extrakt in Flüssigkeit auf und rühren ihn in Suppen, Eintöpfe und Aufläufe. An kalten Wintertagen ergibt er auch ein gutes Getränk. Streuen Sie ihn auf Toastbrot. Gehen Sie aber eher sparsam damit um.

## Meersalz oder Steinsalz

**Was es ist:** Natürliches Meer- oder Steinsalz enthält eine Menge wichtiger Spurenelemente einschließlich Natriumchlorid (gewöhnliches Kochsalz) und Jod. Obwohl der Salzgehalt in der Ernährung niedrig gehalten werden sollte, brauchen wir doch geringe Mengen Salz, besonders wenn es sehr heiß ist. Allerdings nehmen wir unseren Salzbedarf bereits durch die Nahrung zu uns und brauchen kaum zusätzliches Salz. Anders als industriell hergestelltes Salz enthalten Stein- und Meersalz viele Nährstoffe und keinerlei chemische Zusätze. Außerdem schmecken sie intensiver, und dadurch braucht man letztendlich auch weniger.

**Geschmacksrichtung:** Salzig; voller als gewöhnliches Kochsalz.
**Verwendung:** Wenn Sie glauben, man müsse pikante Gerichte nachsalzen, dann stellen Sie das Salz in einer Salzmühle auf den Tisch und salzen erst beim Essen. Noch besser wäre es allerdings, Sie würden die Salzmühle weglassen!

### Wintereintopf mit Miso

*30 g Miso*
*½ Liter Gemüsebrühe oder Wasser*
*2 Eßlöffel Pflanzenöl*
*3 Karotten*
*1 große Zwiebel*
*1 große Steckrübe*
*100 g Rosenkohl*
*100 g frische oder tiefgekühlte Erbsen*
*Brunnenkresse zum Garnieren*

Miso mit ganz wenig Brühe verrühren und beiseite stellen. Das Öl in einer großen Pfanne erhitzen und die geschälten und kleingeschnittenen Karotten, Zwiebeln und Steckrüben etwa 5 Minuten unter ständigem Rühren darin andünsten. Den geputzten, halbierten Rosenkohl, die Erbsen (wenn Sie frische verwenden) und die Brühe zugeben. Zum Kochen bringen, dann bei reduzierter Hitze mit geschlossenem Deckel etwa 20 Minuten köcheln lassen. (Tiefgekühlte Erbsen jetzt erst zugeben.) Weitere 5 Minuten köcheln lassen und probieren, ob das Gemüse gar ist. Wenn es fertig ist, Miso hineingeben und 1 Minute weiterkochen. Mit Kresse garniert servieren. Dieser Eintopf schmeckt gut mit einer Getreidebeilage wie Reis oder Vollkornweizen.

## Miso

**Was es ist:** Miso ist eine dicke Paste aus fermentierten Sojabohnen. In Japan verwendet man Miso schon seit über 2000 Jahren; dort gibt es auch verschiedene Misoarten: helle und milde, dunklere und konzentriertere. Miso enthält alle Nährstoffe der Sojabohnen und ist ein guter pflanzlicher Lieferant für Vitamin $B_{12}$.
**Geschmacksrichtung:** Voll und salzig.
**Verwendung:** Sie können ein wenig Miso in Wasser auflösen und in Suppen, Saucen, Eintöpfe und Aufläufe rühren. Nehmen Sie nicht zuviel, weil es sehr intensiv schmeckt und leicht die feineren Aromen übertönt. Da es sehr salzig ist, müssen Sie die anderen Gewürze darauf abstimmen. Miso, mit Tahini und etwas Wasser vermischt, gibt einen außergewöhnlichen Brotaufstrich.

## Sojasauce

**Was es ist:** Wie Miso, besteht Sojasauce aus fermentierten Sojabohnen. Dann gibt man Weizen und Salz dazu, und der langwierige Gährungsprozeß kann beginnen – „Tamari-Sojasauce", die von allen am besten schmeckt, braucht wenigstens 18 Monate Zeit, bis sie fertig ist. Die Sauce enthält viel Eiweiß und andere Nährstoffe.
**Geschmacksrichtung:** Würzig und salzig.
**Verwendung:** Geben Sie Sojasauce noch während des Kochens in Gerichte wie Aufläufe, Suppen, Eintöfe und Schmorgemüse. Eine Flasche Sojasauce auf dem Tisch kann das Salzfaß überflüssig machen. Versuchen Sie die Sojasauce auch einmal zu Eierbrötchen, gedünstetem Gemüse und Tofuscheiben.

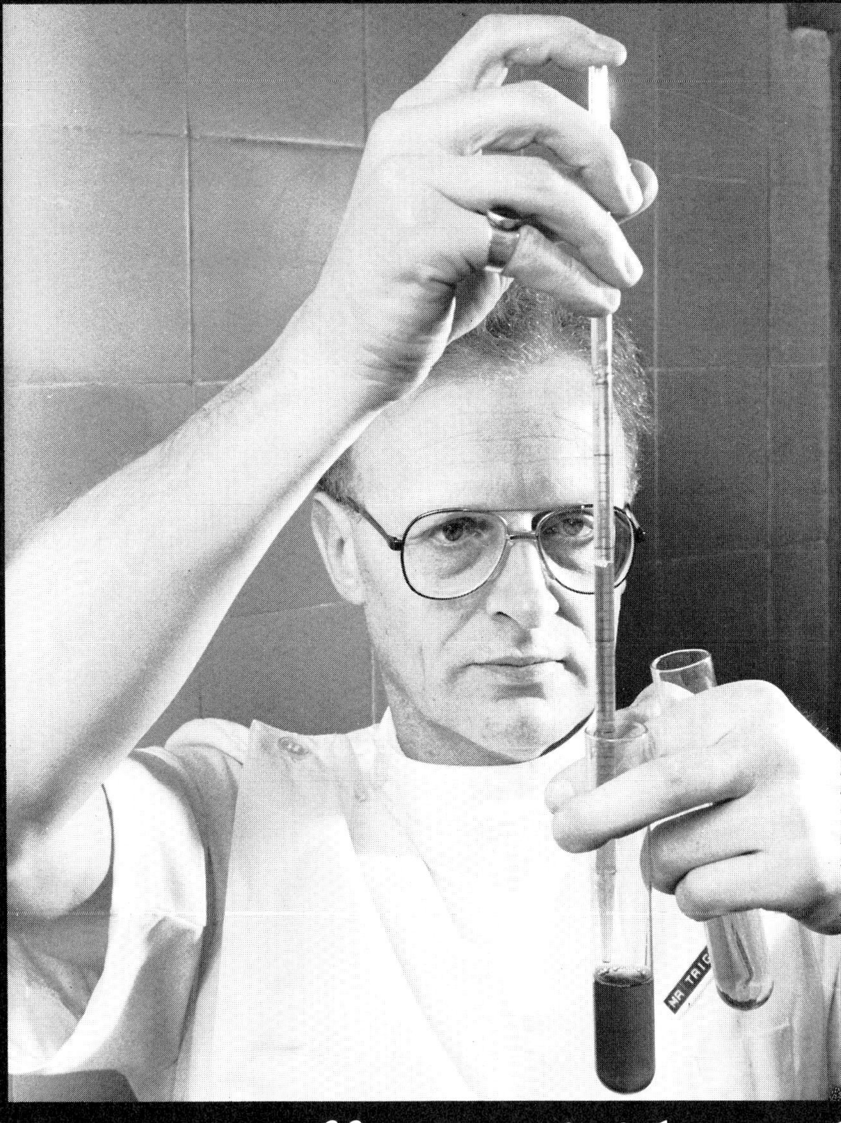

# Zusatzstoffe, Pestizide und andere Beimischungen

*Leichenbestatter haben festgestellt, daß tote Körper heute 3 oder 4 Tage länger erhalten bleiben als vor 50 oder 60 Jahren. Das liegt daran, daß sie vollgepumpt sind mit Konservierungsmitteln, die in nahezu allen haltbargemachten und tiefgefrorenen Produkten enthalten sind.*

Alec Forbes

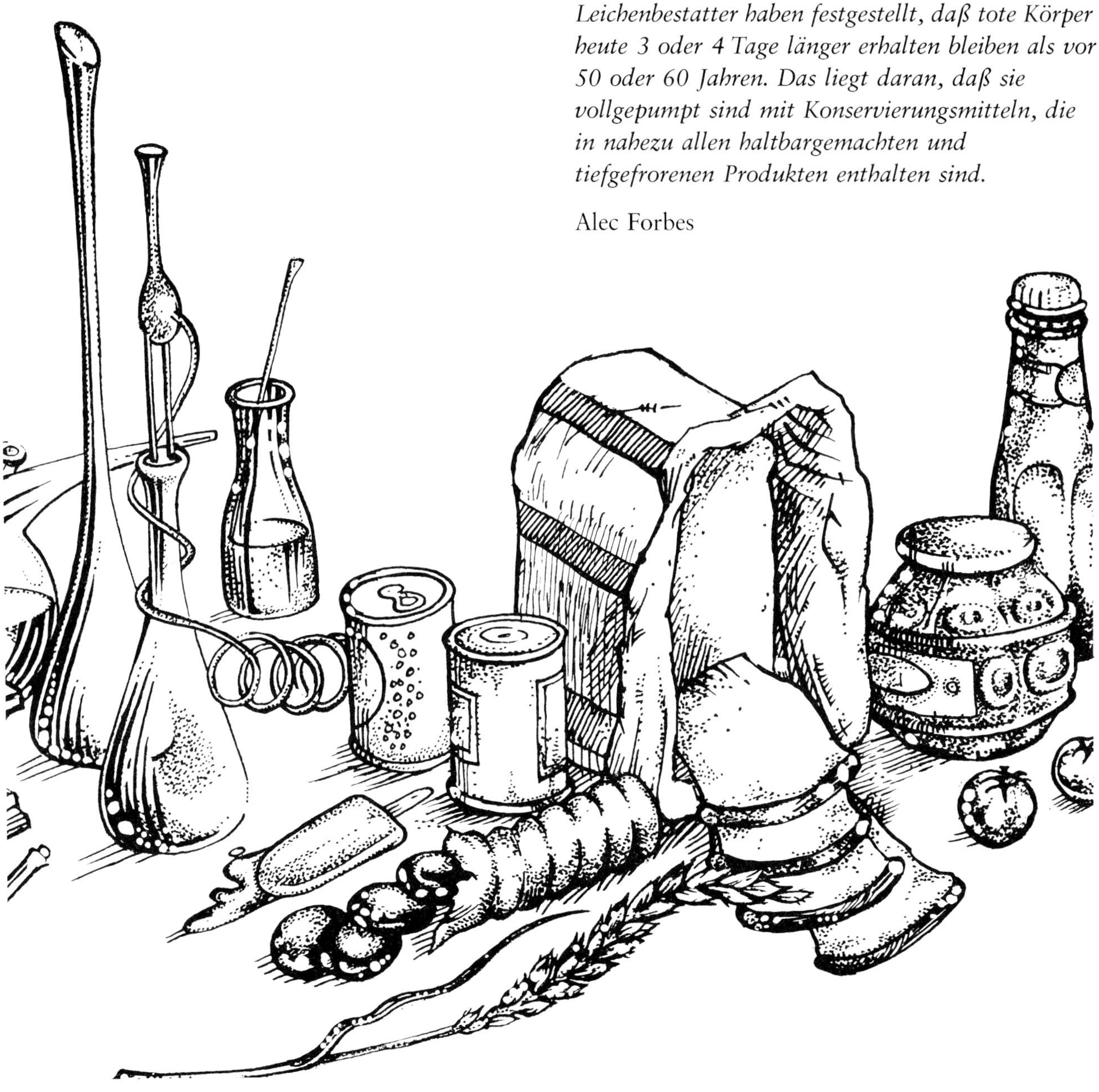

# Zusatzstoffe, Pestizide und andere Beimischungen

Während der industriellen Revolution im 19. Jahrhundert kamen immer mehr Menschen vom Land in die Städte und suchten dort Arbeit. Dieser dramatische Anstieg der Stadtbevölkerung schuf viele neue Probleme, nicht zuletzt auch die Frage, wie man all diese Menschen ernähren könne.

Die meisten Nahrungsmittel wurden auf dem Land produziert. Es war unmöglich, sie schnell in so großen Mengen in die Städte zu schaffen. Ende des 19. Jahrhunderts konzentrierten sich Wissenschaftler und Techniker darauf, dieses Problem zu lösen. Sie suchten nach Wegen, die Lebensmittel so zu behandeln, daß sie länger frisch blieben, gut schmeckten und viele Nährwerte besaßen. Ihnen gelang es, diese Probleme zu lösen.

Ungefähr zur selben Zeit begann man, in Dosen konservierte Lebensmittel und etwas später auch gefrorene Ware aus Amerika und Australien einzuführen. Fisch und Fleisch wurden gefroren transportiert und tauchten nun auch regelmäßiger auf dem Speiseplan der arbeitenden Schichten auf. Die Weichen für eine der größten Veränderungen der Ernährungsgewohnheiten waren gestellt.

So weit, so gut. Doch schon bald tauchten kosmetische Aspekte in der Nahrungsmittelproduktion auf. Die Hersteller wetteiferten mit neuen Ideen, schufen neue Geschmacksrichtungen und fügten Farbstoffe bei, um den Verkauf von Grundnahrungsmitteln zu erhöhen. Dieser Wettbewerb hat sich bis heute ungehindert fortgesetzt.

Und in der Tat ist die überzüchtete Wissenschaft der Nahrungsmittelherstellung heute zum großen Geschäft geworden. Die Menge der erlaubten Lebensmittelzusätze hat sich in den letzten 10 Jahren verdoppelt. Nicht nur Nahrungsmittel, denen wir ansehen, daß sie verarbeitet sind, enthalten Zusatzstoffe. Gemüse wie Kartoffeln, Zwiebeln und Karotten werden eingesprüht, damit sie nicht keimen oder weiterwachsen. Zitronen und Orangen können gefärbt sein und sind meist gewachst. Eidotter werden über das Hühnerfutter gefärbt.

Die Nahrungsmittelindustrie beharrt darauf, daß solche Zusatzstoffe ungefährlich sind, wenigstens in den verwendeten Mengen. Durch Kontrollen der Gesundheitsbehörden soll sichergestellt werden, daß jede verdächtige Substanz aus dem Verkehr gezogen oder wenigstens streng überwacht wird. Neue Zusatzstoffe werden an Tieren getestet, bevor sie als sicher für den Menschen eingestuft werden.

Doch die Besorgnis wächst, daß diese Kontrollen nicht ausreichen und daß Tierversuche nichts Endgültiges darüber aussagen, wie diese Substanzen auf den menschlichen Organismus wirken, vor allem in den durch die Nahrung bedingten unterschiedlichen Kombinationen. Man erkennt auch, daß industriell verarbeitete Lebensmittel zwar billiger, aber auch nährstoffärmer sind als Naturkost. Kritik wird laut, daß die Hersteller durch kosmetische Behandlung minderwertige Produkte verarbeiten können, die sie dann teurer verkaufen, als ihr tatsächlicher Wert ist.

## Unser ungesunder Rekord

Wenn man unsere guten Lebens- und Hygienebedingungen voraussetzt, unsere Sicherheitsbestimmungen und die immensen Summen, die für Krankenhäuser, Forschung und Arzneimittel aufgewendet werden, dann ist die Gesundheit unserer Bevölkerung nicht so gut, wie man es eigentlich erwarten könnte. Die Zahl der Herzerkrankungen ist stark gestiegen. Die Ärzte sind sich darin einig, daß Herzkrankheiten zumindest zum Teil mit der Ernährung zusammenhängen; man schätzt, daß ungefähr 35% der Krebserkrankungen in direktem Zusammenhang mit der Ernährung stehen. Weniger verheerend, aber schlimm für die Betroffenen sind Fettsucht, Hypoglykämie und Diabetes, die alle mit der Ernährung in Verbindung stehen.

Die Hyperaktivität bei Kindern erweckt die wachsende Besorgnis bei Eltern und Ärzten. Diese Kinder schlafen wenig, sind ständig aktiv, können nicht stillsitzen und sich konzentrieren. Wenn sie älter werden, haben sie oft Probleme mit dem Sprechen und dem Gleichgewichtsgefühl und ihre Lernfähigkeit kann beträchtlich leiden. Dieser Zustand hängt höchstwahrscheinlich mit der Ernährungsweise zusammen, die auf zu vielen industriell verarbeiteten Nahrungsmitteln basiert. Die britische Hyperactive Children's Support Group hat nachgewiesen, daß der Zustand dieser Kinder besser wurde, sobald die Aufnahme von synthetischen Farbstoffen, Aromastoffen und verschiedenen Konservierungsmitteln abgesetzt wurde. In Virginia (USA) verbesserte sich das Verhalten von Kindern, die eine Diät aus Naturkost ohne verarbeitete Nahrungsmittel (einschließlich Weißmehl und Weißzucker) bekamen.

Doch gerade weil Kinder von Leckereien, die möglichst bunt, süß und weich sind, angezogen werden, enthalten Produkte, die speziell für Kinder hergestellt werden, mehr Zusatzstoffe als die meisten anderen Nahrungsmittel. Cremespeise, Fruchtjoghurt, Kuchen und Getränke sind oft voller Zusatzstoffe. Hinzu kommt, daß die Wirkungen der Zusätze bei Kindern aufgrund ihres geringeren Körpergewichts stärker sind als bei Erwachsenen.

Ein weiteres, immer größer werdendes Gesundheitsproblem bei Menschen aller Altersstufen und verschiedenster Lebensweisen sind Allergien. Bei den meisten, wenn auch nicht bei allen Allergien kann man einen Zusammenhang herstellen mit den chemischen Stoffen in Nahrungsmitteln, in der Luft und im Wasser. Das erste Problem dabei ist, Allergien überhaupt zu erkennen. Symptome werden oft falsch diagnostiziert. Bronchitis, Hautprobleme, Verdauungsstörungen, Mundgeschwüre, Verstopfung, Durchfall, Cholitis, unregelmäßiger Puls, Bluthochdruck, Ohnmachtsanfälle, Bindegewebsentzündung, einige Formen der Arthritis, Kopfschmerzen und Migräne, Krämpfe, Schwindel, Impotenz, Frigidität, Verhaltensprobleme wie Angst, Panik und Wahnvorstellungen – diese und viele andere Symptome können Ausdruck einer allergischen Reaktion sein.

Allergien können durch viele Substanzen ausgelöst werden, einschließlich einiger Grundnahrungsmittel wie Weizen und Weizenprodukte, Milch, Käse, Kaffee und Eier.

Um eine Vorstellung davon zu bekommen, welche Zusatzstoffe unsere Nahrungsmittel enthalten können, schauen Sie sich die folgende Übersicht an. Sie enthält eine kurze Erklärung, warum die betreffende Substanz verwendet wird, und fügt einige Beispiele an, wo sie verwendet wird. Die Liste wurde ganz bewußt einfach gehalten.

## Konservierungsstoffe

**Zweck:** Sie verhindern das Wachstum von Kleinorganismen, die den Geschmack des Lebensmittels beeinträchtigen und zu einer Lebensmittelvergiftung führen könnten.

**Natürliche Konservierungsstoffe:** Es gibt viele Methoden, die seit längerer Zeit verwendet werden und derer sich die Industrie zum Teil heute noch bedient. „Natürlich" ist ein relativer Begriff, da die Stoffe, die als Konservierungsmittel verwendet werden (z. B. Zucker), oft raffinierte Produkte sind. Auch wenn viele Techniken jahrhundertelang angewendet worden sind, so können sie gleichwohl gesundheitliche Risiken bergen – Pökeln und Räuchern werden z. B. mit Magenkrebs in Verbindung gebracht.

Zu den natürlichen Konservierungsmitteln gehören:

*Säuren (Zitronen- und Milchsäure usw.)*
*Salz* (Fleisch wird seit Jahrhunderten eingesalzen)
*Alkohol*
*Rauch*
*Essig (Essigsäure)*

**Andere Konservierungsstoffe:**

*Schwefeldioxid*
*Benzoesäure* (ein Derivat des Schwefeldioxids)

Diese beiden Konservierungsstoffe werden in einer Vielzahl von Produkten verwendet, einschließlich Wein, Wurst, Fruchtsäften, sauer eingelegten Gemüsen, Marmeladen, Konfitüren, Zitronat, Sultaninen, Getränken, Saucen und Kuchenmehl.

*Natriumnitrat und Nitrite*
werden in gepökelten Fleischprodukten wie Schinken, Speck, Zunge und Corned beef sowie in einigen Käsesorten verwendet.

**Anmerkungen:** Schwefeldioxid und Benzoesäure zerstören das Vitamin $B_1$ und lösen bei manchen Menschen allergische Reaktionen aus. Schwefeldioxid soll auch Genmutationen auslösen können. Der Körper kann zwar mit gewissen Mengen Schwefeldioxid fertig werden, doch es wird inzwischen in so vielen Nahrungsmitteln verwendet, daß dies durchaus zuviel sein kann. Wer also vorwiegend Fertigprodukte mit dem Konservierungsstoff Benzoesäure, einer Verbindung aus Schwefeldioxid, ißt, nimmt sehr große Mengen zu sich. Besonders problematisch kann es werden, wenn man gern Rotwein trinkt und dazu Kartoffelchips ißt.

Nitrate können Krebs, vor allem Leber- und Magenkrebs verursachen. Das meiste Nitrat nehmen wir über unser Trinkwasser auf – die hohen Mengen von Nitrat in Düngemitteln haben zur Folge, daß sie sich in Trinkwasserreservoiren konzentrieren. Dieses angereicherte Wasser erhalten wir sowohl über industriell verarbeitete Lebensmittel wie auch aus unseren Wasserhähnen. Vom Natriumnitrat weiß man, daß es mit Eiweißen reagiert und im Magen Nitrosamine bildet. Diese lösen bei Tieren Krebs aus, auch wenn man nicht sicher ist, daß dies auch beim Menschen der Fall ist. Auf jeden Fall sollte man die Aufnahme von Natriumnitrat nach Möglichkeit vermeiden.

## Antioxidantien

**Zweck:** Sie verhindern einen Qualitätsverlust durch das Ranzigwerden bei Sauerstoffzufuhr. Sie werden in Ölen und Fetten verwendet und für Nahrungsmittel, die diese Fette enthalten, wie Chips, Eiscremes, Kuchen und Kekse. Ungesättigte Öle enthalten bereits von Natur aus Antioxidantien in Form von Vitamin E.

**Beispiel für die Zutaten einer Cervelatwurst:**

*Zutaten:* Schweinefleisch und Rindfleisch, Speck, Nitritpökelsalz, Zuckerstoffe, Gewürzmischung, Natriumascorbat, Rauch

## Emulgatoren und Stabilisatoren

**Zweck:** Sie verhindern die Trennung von Öl und Wasser in Flüssigkeiten. Es gibt eine große Auswahl unterschiedlicher Verbindungen. Emulgatoren und Stabilisatoren werden in Salatsaucen, Mayonnaise, Margarine und fettarmen Brotaufstrichen verwendet.

## Aromastoffe

**Zweck:** Sie ersetzen den Geschmack, der durch die Verarbeitung verlorenging oder zerstört worden ist, oder verstärken den natürlichen Geschmack.

**Natürliche Aromastoffe:**

*Kräuter*
*Gewürze*
*Natürliche Säuren wie Zitronensaft, Essig usw.*
*Ätherische Öle aus Früchten, Beeren, Samen usw.*

**Synthetische Aromastoffe:**

*Säuren*
*Ester*
*Ketone*

**Anmerkungen:** Aromastoffe machen den größten Teil der Zusatzstoffe aus. Viele von ihnen werden schon jahrelang verwendet, und man hält sie für ungefährlich; da jedoch natürliche und künstliche Geschmacksstoffe immer mehr kombiniert werden, wird es schwieriger, mögliche Wirkungen abzuschätzen.

## Geschmacksverstärker

**Zweck:** Sie sollen den natürlichen oder reduzierten Geschmack eines Nahrungsmittels verstärken. Monosodiumglutamat wird am häufigsten verwendet. Achten Sie darauf bei Dosensuppen und anderen schmackhaften Produkten aus Dosen.

**Anmerkungen:** Monosodiumglutamat wird in der chinesischen Küche traditionell als Geschmacksverstärker verwendet. Neuere Untersuchungen haben gezeigt, daß es bei manchen Menschen Kopfschmerzen, Schwindel und Übelkeit verursachen kann.

## Farbstoffe

**Zweck:** Sie sollen unscheinbar aussehende Nahrungsmittel appetitlich machen, vor allem wenn diese durch die Verarbeitung gebleicht wurden oder ihre natürliche Farbe verloren haben.

| **Natürliche Farbstoffe:** | **Andere Farbstoffe:** |
|---|---|
| *Safran* | *Anilinfarben* |
| *Paprika* | |
| *Rote-Bete-Saft* | |
| *Karotin* | |
| *Koschenille* | |

**Anmerkungen:** Viele Menschen meinen, daß die Verwendung von Farbstoffen in Lebensmitteln am wenigsten zu rechtfertigen sei. Farbstoffe bieten nicht nur die Möglichkeit, teure Zutaten zu sparen oder minderwertige Zutaten zu verstecken, sie sind auch die gefährlichsten aller Zusätze. Anilinfarben, die seit mehr als 100 Jahren verwendet werden, sind in großen Mengen erwiesenermaßen toxisch und krebserregend. Die Liste der erlaubten Farbstoffe wird immer kürzer, je mehr Farbstoffe als riskant erachtet werden. Allerdings sind die Be-

**Beispiel für Zutaten eines abgepackten Weißkrautsalats:**

*Zutaten:* Weißkraut, pflanzliches Öl, Ananas, Sahne, Wasser, Rosinen, Branntweinessig mit künstlichem Süßstoff Saccharin, Eigelb, Stärke, Milcheiweiß, Salz, Konservierungsstoffe Sorbinsäure und Benzoesäure, Säureregulator, Stabilisator, Gewürze

**Beispiel für Zusatzstoffe in Gummibärchen:**

*Zutaten:* Glukosesirup, Zucker, Gelatine, Traubenzucker, Säuerungsmittel, Zitronensäure, Stärke, natürliche und naturidentische Aromastoffe: E 102, E 110, E 131, pflanzliches Fett, Trennmittel: Bienenwachs

stimmungen nicht in allen Ländern gleich. Deshalb versucht die EG sich auf bestimmte Farbstoffe zu einigen und diese durch „E-Nummern" zu kennzeichnen, so daß es wenigstens einfacher wird, die schädlichen zu vermeiden, wie z. B. E 102.

## Verbesserungsmittel

**Zweck:** Zur Beschleunigung der natürlichen Vorgänge beim Altern des Mehls. Dazu wird vor allem Ascorbinsäure verwendet (Vitamin C).
**Anmerkungen:** Als Zusatzstoff ist Ascorbinsäure nicht schädlich, aber es zeigt, wie wenig nahrhaft unser Brot ist.

## Künstliche Süßstoffe

**Zweck:** Sie werden für Diät-Nahrungsmittel (bei Diabetes oder für Schlankheitskuren) verwendet, aber auch in vielen anderen Nahrungsmitteln, die so unserem süßen Geschmack angepaßt werden, ohne noch weitere Kalorien zu enthalten. Zu den gebräuchlichsten Süßstoffen gehören:
*Sorbit* (hauptsächlich für Schonkost verwendet)
*Aspatame*
*Saccharin*
*Acesulphame*
*Thaumatin*
*Cyclamat*
**Anmerkungen:** Natürliche Nahrungsmittel haben ihre eigene Süße; der übermäßige Zusatz von Süßmitteln bei Industrieprodukten führt nur dazu, daß wir die Fähigkeit verlieren, natürliche Aromen zu schmecken und zu genießen.

## Vitamin-Anreicherungen

**Zweck:** Sie dienen der Erhöhung des Nährstoffgehalts mancher Lebensmittel, vor allem, wenn sie durch die Verarbeitung verlorengingen. So werden die Vitamine A und D der Margarine zugesetzt, Vitamine des B-Komplexes den Frühstücksflocken, Vitamin C Zitronen- und Johannisbeerkonzentraten, Vitamin D der Säuglingsmilch.
**Anmerkungen:** Diese Zusätze sind zwar nur selten schädlich, aber jeder, der sich ausgewogen ernährt, braucht keine angereicherten Nahrungsmittel.

## Weitere Zusatzstoffe

Es gibt noch viele andere natürliche und synthetische Zusätze, die verschiedene Wirkungen haben:
**Antiklumpmittel:** Durch sie bleiben körnige Lebensmittel flockig und verklumpen nicht (z. B. Magnesiumcarbonat, das dem Salz beigegeben wird).
**Antischaummittel:** Sie verhindern, daß Flüssigkeiten schäumen.
**Glanzmittel:** Sie verleihen den Produkten den gewünschten Glanz.

**Beispiel für die Zutaten einer Kiwi-Stachelbeeren-Diät-Konfitüre:**

*Zutaten:* Kiwi, Wasser, Zuckeraustauschstoff Fructose, Stachelbeeren, Geliermittel, Säureregulator, Verdickungsmittel, künstliche Süßstoffe Cyclamat und Saccharin, Antioxidationsmittel Ascorbinsäure, Konservierungsstoff Sorbinsäure, Schaumverhüter

**Huminmittel:** Sie binden Feuchtigkeit (z.B. in Kuchen).

**Geliermittel:** Sie erhalten die Konsistenz (Säure bei Konfitüren/Marmeladen, „Sahnesteif" usw.).

## Unbewußte Zusätze

Alle bisher genannten Zusätze werden von den Herstellern bewußt mit der Absicht zugesetzt, daß die Käufer die Ware dadurch besser annehmen und das betreffende Produkt um so lieber kaufen werden. Dies ist natürlich keine komplette Liste der Zusatzstoffe. Viele Zusätze gelangen völlig unbewußt in unsere Nahrungsmittel.

**Zufällige Verunreinigungen:** Hierzu zählt, was alles einfach vorkommen kann, von Fingernägeln über Fliegen bis zum Heftpflaster. Zwar ist dies heutzutage seltener geworden, kommt aber leider noch immer viel zu häufig vor. Beliebte Vollwertnahrungsmittel wie Hülsenfrüchte und Körner müssen leider stets auf kleine Steinchen und Insektenbefall untersucht werden.

**Chemische Substanzen von der Verpackung:** Dazu gehören Weichmacher, Farbe, Stabilisatoren, Harz und Antistatien. Man ist zwar darum bemüht, diese „Zusätze" in Grenzen zu halten, aber es ist schwierig, dieses Problem zufriedenstellend zu lösen.

## Verunreinigung aus der Umwelt

**Industrielle Verschmutzung:** Pflanzen und Tiere, die in der Nähe von Fabriken, Verhüttungswerken oder an Hauptstraßen leben, können Schwermetalle wie Blei oder Quecksilber enthalten. Fische aus Gewässern, in die Industrieabwässer geleitet werden, können verseucht sein. Hochgradig besorgniserregend ist die Auswirkung von radioaktiven Strahlungen auf die Umwelt.

**Pestizide und Unkrautvernichtungsmittel:** Dieses relativ junge Problem droht eines der ernstesten zu werden, was die Verunreinigung der Nahrungsmittel anbelangt. Im Jahre 1984 wurde ein Bericht der „Freunde der Erde" zu diesem Problem veröffentlicht. Es hieß dort u.a.: „Pestizide sind dazu bestimmt, zu töten. Sie werden dazu verwendet, Insekten, Unkräuter, Pflanzenkrankheiten und andere Plagen unter Kontrolle zu bringen. Es sind chemische Giftstoffe, und daher sollten sie so sparsam, so sicher und so wirkungsvoll wie möglich verwendet werden. Unsere Untersuchung zeigt, daß das Gegenteil der Fall ist. Statt, wie die Industrie behauptet, ein Segen für die Menschheit zu sein, werden die Pestizide zur Bedrohung."

Der Bericht führt weiter aus, daß der übermäßige Gebrauch von Pestiziden zu Resistenz dagegen, zu Ernteschäden und zu Schädigungen des Wildbestandes führt. Schädlinge passen sich an, um zu überleben. 1973 waren weltweit nur 25 Insekten bekannt, die gegen Pestizide resistent waren. In jüngsten Berichten ist bereits von 432 Insektenarten die Rede. Als Reaktion darauf werden die Ernten immer häufiger gespritzt, manchmal einfach routinemäßig, auch wenn der Insektenbefall gar nicht bedrohlich ist. Die meisten Pestizide töten unterschiedslos alles, auch die nützlichen Insekten. In den Körpern der Tiere, die frei weiden können und später geschlachtet werden, reichern sich oft Herbizide und Insektizide an. Diese Chemikalien sind auch verantwortlich für den Tod von Fischen, Raubvögeln, Schmetterlingen, Gänsen, Schwänen und Bienen. Auch Wildpflanzen leiden darunter. Viele Arten sind schon beinahe ausgestorben. Es gibt zwar Vorschriften für den Gebrauch von Pestiziden. Die EG, die Weltgesundheitsorganisation und die Ernährungs- und Landwirtschaftsorganisation der Vereinten Nationen geben auch Richtlinien, aber die Überwachung und Durchsetzung sind unbefriedigend. Produkte, die man für gefährlich hält, können zwar vom Markt zurückgezogen werden, aber dies bedeutet nicht unbedingt, daß sie nicht verwendet werden und die Verwendung bestraft wird.

Ein weiteres Problem ist das Spritzen. Wo gar aus der Luft gespritzt wird, stehen die Auswirkungen in keinem Verhältnis zum Nutzen. Die Giftwolke kann für Menschen, Tiere und Pflanzen gefährlich werden. Die Wirkungen können Tage andauern; wenn man in direkten Kontakt mit dem Gift kommt, wird das Problem außerdem dadurch erschwert, daß man die Substanz kaum identifizieren kann und damit keinerlei gezielte Gegenmaßnahmen durchführen kann. Auch das Wasser kann verschmutzt werden; dies hat dann Folgen sowohl für die Fische als auch für das Trinkwasser.

Wir hatten schon einige Beispiele dafür, welche Auswirkungen Pestizide auf Menschen haben können, viele davon in der Dritten Welt. Eines der schlimmsten Unglücke dieser Art ereignete sich im Dezember 1984 in Bhopal in Indien, als giftiges Gas aus einem Tank der „Union Carbite“-Fabrik auswich. Dieses giftige Gas tötete über 2500 Menschen und verletzte etwa 50 000.

Doch Katastrophen mit dieser Art Chemikalien ereignen sich in der Dritten Welt häufig. Nach Angaben von OXFAM sterben in den Entwicklungsländern jährlich etwa 22 500 Menschen an den Folgen von Pestiziden, die in der westlichen Welt nicht mehr verwendet werden. Verglichen mit diesen Zahlen, scheint die Gefahr durch Pestizide in unseren Breiten nicht besorgniserregend zu sein; aber Pestizide sind dazu bestimmt, zu töten, gleichgültig wie sorgfältig sie eingesetzt werden.

Der Bericht der „Freunde der Erde“ plädiert für sofortige Veränderungen in der Industrie. Er fordert, daß es eine obligatorische Kontrolle für den Einsatz von Pestiziden geben sollte, eine Reduktion der übermäßigen Verwendung, eine systematische Überprüfung der Auswirkungen von Pestiziden auf die Gesundheit sowie mehr Aufklärung hinsichtlich der vielen Risiken.

Am wichtigsten ist vielleicht die Forderung, verstärkt nach natürlichen Systemen der Schädlingsbekämpfung zu suchen. Man könnte z. B. die in der Natur vorkommenden natürlichen Feinde und Parasiten einsetzen, verbunden mit der sorgfältigen Bestimmung der Pflanzzeit, wechselnder Anbau und gegen Schädlinge resistente Pflanzenarten.

Unterdessen genügt es nicht, auf Ernten zu verzichten, die mit Hilfe der Chemie gezogen werden. Inzwischen wird der Gebrauch von Pestiziden, die man für gefährlich hält, stärker überwacht. Doch die Firmen, die sie produzieren, verkaufen sie dann häufig aus Angst vor Verlusten in die Dritte Welt, wo die Bestimmungen weniger streng sind. Die Länder der Dritten Welt verkaufen dann ihre Produkte wieder an uns, wo in den importierten Lebensmitteln dann oft die Spuren dieser bei uns verbotenen Chemikalien gefunden werden.

## Medikamente in Tierfleisch

Auch die Viehwirtschaft ist inzwischen fest mit der chemischen Technologie verbunden. Die Tiere bekommen Medikamente, damit sie schneller Fleisch ansetzen, damit ihr Fleisch oder die Eier die richtige Farbe gekommen, wie sie vom Verbraucher verlangt werden, um Krankheiten vorzubeugen, die bei Tieren, die unter unnatürlichen Bedingungen gehalten werden, schnell ausbrechen können. Die Tiere selber stellen gewissermaßen einen Filter dar, aber zweifellos gelangen einige der Antibiotika, Hormone und Wachstumsbeschleuniger in den Menschen, der dieses Fleisch oder diese Eier ißt.

Auch hier erheben die Regierungen wieder den Anspruch, die Situation zu überwachen. Es gibt Bestimmungen, daß gewisse Medikamente nur jungen Tieren gegeben werden dürfen oder daß sie eine bestimmte Zeit vor dem Schlachten abgesetzt werden müssen, damit etwaige Rückstände noch ausgeschieden werden können.

Es wurde nachgewiesen, daß Steroidhormone, die beim Vieh wachstumsfördernd wirken, unter Umständen krebsbildend sein können. Man hat festgestellt, daß sich Hormone bei Kindern anreichern und so bei fünfjährigen Mädchen die Menstruation einsetzen kann und Jungen und Männer Brüste entwickeln.

Bei der Tierhaltung werden viele verschiedene Medikamente verwendet. Die folgende Aufstellung gibt einen Einblick in ihre Anwendungsgebiete:

**Wachstumsförderer:** Außer Hormonen und ähnlichen Wirkstoffen werden auch viele Antibiotika-, Kupfer- und Arsenpräparate verwendet.

**Antibiotika:** Gegen die bei der modernen Viehhaltung sich stark verbreitenden Krankheiten werden im Übermaß Antibiotika eingesetzt. Dies führt aber zu Resistenz und zur Ausbreitung der Krankheiten beim Menschen. Dadurch werden die medizinischen Wirkstoffe gegen Infektionskrankheiten weitgehend wirkungslos.

**Mittel gegen Drüsenentzündungen:** Die häufig auftretende Mastitis ist eine Euterentzündung mit einem Ausfluß, der in die Milch übergeht. Die befallenen Tiere erhalten Spritzen mit Antibiotika und Steroiden, wobei mehr als 50 Präparate zur Auswahl stehen.

**Hormone und ähnliche Wirkstoffe:** Diese erhöhen die Fruchtbarkeit.

**Insektizide und Parasitizide:** Hierzu gehören Phosphorpräparate und Levamisole, Medikamente, die das Immunsystem stark beeinflussen können und von den Ärzten nur vorsichtig verschrieben werden. Diese Präparate werden häufig gegen Wurmbefall bei Zuchttieren angewendet. Insektizide werden auch dem Futter beigegeben, um den Fliegenbefall des Kots von Geflügel zu verhindern.

**Tenderizer (Zartmacher):** Häufig werden den Tieren kurz vor dem Schlachten Enzyme injiziert. Hierdurch wird das Fleisch zarter. Allerdings werden Organe wie die Leber dadurch ernsthaft geschädigt. Außerdem ist diese Praxis grausam.

**Beruhigungsmittel:** Auf dem Weg zu den Schlachthäusern sind die verängstigten Schweine kaum ruhig zu halten. Deshalb werden ihnen oft Beruhigungsmittel vor dem Schlachten gegeben.

## Das Testen von Zusätzen in Tierversuchen

Die Hersteller von Zusätzen und Konservierungsmitteln dürfen diese Substanzen unseren Nahrungsmitteln nur beigeben, wenn diese vorher getestet wurden. Sicher sind solche Tests sehr streng. Tausende von Tieren werden einer Reihe von Tests unterzogen; bei einem der schlimmsten Versuche bekommen die Tiere verschiedene Mengen der Testsubstanz, bis die Menge erreicht ist, bei der die Hälfte von ihnen stirbt.

Im Jahr 1983 wurden z.B. in England folgende Tierversuche durchgeführt:

| | |
|---|---|
| Mäuse | 6 241 |
| Ratten | 6 372 |
| Meerschweinchen | 454 |
| Kaninchen | 9 |
| Hunde | 60 |
| Vögel | 952 |
| Fische | 38 |
| *Insgesamt* | *14 126* |

| | |
|---|---|
| Kurzzeittests mit Giftstoffen (bis zu 2 Wochen) | 4 867 |
| Langzeittests mit Giftstoffen (über Wochen oder Jahre mit wiederholten Dosen) | 3 606 |
| Teratologische Tests (trächtige Tiere bekommen eine Dosis bestimmter Mittel, um Auswirkungen auf den Fötus zu erkennen) | 196 |
| Versuche zur Verteilung, zum Stoffwechsel und zur Ausscheidung von Zusatzstoffen | 775 |
| Mehr als einer der oben genannten Versuche | 256 |
| Andere Versuche | 4 426 |
| *Insgesamt* | *14 126* |

Hier verbringt also eine große Zahl von Wissenschaftlern viel Zeit damit, eine Menge leidender Tiere zu beobachten, und doch sagen die betreffenden Ergebnisse sehr wenig über eine eventuelle menschliche Reaktion aus.

Es gibt natürlich auch noch die klassischen Beispiele von Tierversuchen, bei denen die Gefährlichkeit der Testsubstanz für den Menschen entweder nicht entdeckt wurde oder umgekehrt eine ungefährliche Substanz als giftig erklärt wurde. Penizillin wurde zuerst am Menschen getestet und danach erst am Meerschweinchen. Wenn es nun zuerst am Meerschweinchen versucht worden wäre, hätten wir seinen Wert vielleicht nie erkannt.

Tierische Verhaltensweisen können den unseren ähneln, aber sie sind nie dieselben. Eines der wichtigsten Argumente für die Sinnlosigkeit der Tierversuche ist vielleicht, daß die Substanzen bei Tieren einzeln getestet werden. Doch die Menschen nehmen diese Substanzen in zahllosen Verbindungen auf, und dies über einen längeren Zeitraum. Daher können die Auswirkungen davon völlig anders sein.

## Wie man Zusätze vermeiden kann

In der heutigen profitorientierten industrialisierten Welt ist es unmöglich, alle Zusätze zu vermeiden. Doch Sie können die Aufnahme dieser Zusätze beträchtlich einschränken, indem Sie nährstoffreichere Nahrungsmittel essen, so daß Ihr Körper besser mit den chemischen Stoffen, die wir zu uns nehmen, fertig wird.

Als erstes muß man den Verbrauch verarbeiteter Nahrungsmittel einschränken. Konserven und Tiefgefrorenes enthalten Zusatzstoffe. Wenn Sie gelegentlich behandelte Nahrungsmittel kaufen, lernen Sie, die Aufschriften zu lesen. Da inzwischen die Zutaten aufgeführt werden müssen, können Sie zumindest wählen; z.B. tiefgefrorene Erbsen, die keinen Zucker enthalten. Besorgen Sie sich eine Tabelle mit den E-Zusatzstoffen und markieren Sie sich diejenigen, die möglicherweise schädlich sind – denken Sie aber daran, daß manche E-Zusatzstoffe Naturprodukte sind (z.B. Lezithin), die sogar gesund sind. Seien Sie besonders bei Kindernahrung vorsichtig und verzichten Sie auf Chemikalien. Achten Sie darauf, welche chemischen Stoffe die Nahrung enthält und wie diese möglicherweise der Entwicklung des Kindes schaden könnten. Genießen Sie mit Ihren Kindern Naturkost und geben Sie ihnen damit einen guten Start ins Leben.

Unbeabsichtigte Verunreinigungen kann man noch schwerer vermeiden. Verunreinigungen bei Fleisch, Geflügel und Fisch umgeht man am besten, indem man Vegetarier wird. Wenn Sie unbedingt Fleisch brauchen, versuchen Sie es von einem Bauern zu bekommen, der seine Kleintiere noch unter natürlichen Bedingungen hält.

Auch Pestiziden und Unkrautvernichtungsmitteln kann man nicht vollständig entgehen. Viele von ihnen werden von der Pflanze aufgenommen. Gemüse kann z.B. Nitrat enthalten, das über das Grundwasser aufgenommen wird. Andere Zusätze sammeln sich auf der Schale; diese können wenigstens zum Teil abgewaschen werden (weichen Sie Ihr Gemüse aber nie lange in Wasser ein, da so viele Nährstoffe verlorengehen). Behandeln Sie Früchte ebenso. Kaufen Sie kein Obst und Gemüse, das zu makellos aussieht; es enthält Chemikalien und schmeckt meist wie Plastik – so wie es ja auch aussieht.

Zur Vermeidung von Zusatzstoffen sollte man sich an drei grobe Richtlinien halten:
**Kaufen Sie, wenn möglich, biologisch angebaute Nahrungsmittel:** Da sich immer größere Bevölkerungsgruppen der Gefährdung durch unsere Nahrungsmittel bewußt werden, steigt die Nachfrage nach biologisch angebauten Produkten. Unterstützen Sie die Erzeuger dieser Produkte dadurch, daß Sie ihre Produkte kaufen, auch wenn sie etwas teurer sind. Sie sind es wert, da sie mehr Nährwerte und weniger Chemikalien enthalten und besser schmecken. Fragen Sie Ihren Gemüsehändler nach biologisch angebauten Produkten. In den Naturkostläden bekommen Sie auf alle Fälle Ihr Bio-Gemüse.
**Essen Sie abwechslungsreich:** Heutzutage ist immer eine große Auswahl verschiedener Nahrungsmittel erhältlich. Kombinieren Sie immer wieder Verschiedenes, so vermeiden Sie nicht nur, daß sich eine bestimmte Chemikalie in Ihrem Körper anreichert, sondern Sie nehmen auch viele Nährstoffe, Mineralstoffe und Spurenelemente zu sich und bleiben so gesünder und widerstandsfähiger. Kochen Sie nicht immer dasselbe; versuchen Sie neue Zutaten, neue Kochtechniken, neue Kombinationen.
**Lesen Sie die Aufdrucke:** Wahrscheinlich werden Sie immer wieder einmal in einem Supermarkt einkaufen müssen, aber dies muß nicht unbedingt schlimm sein. Lesen Sie die Aufdrucke auf den Verpackungen und Sie wissen genauer, was ein Produkt enthält. Wenn manche Auflistungen erschreckend wirken, so können Sie doch bei anderen angenehm überrascht sein. In vielen Supermärkten erhält man auch schon Naturkostwaren. Die Besorgnis über Nahrungsmittelzusätze hat die Industrie teilweise bereits zum Umdenken gezwungen, und so manche Aufschrift verkündet schon: „frei von Konservierungsmitteln und Farbstoffen“, „fettarm“ u.ä. Auch hier wird die Nachfrage ein steigendes Angebot nach sich ziehen. Sicher können auch hier die Preise etwas höher liegen, weil die Zutaten besser sind, aber ist Ihnen das Ihre Gesundheit nicht wert?

# Körper und Nahrung

*Der moderne, selbstgefällige Mensch trennt das Sein völlig von den Nahrungsmitteln, die er zu sich nimmt. Doch die Ernährungswissenschaftler beweisen immer klarer, daß im ursprünglichen Sinne eigentlich nur sehr wenig Unterschied zwischen uns und unserer Nahrung besteht.*

Miriam Arlin

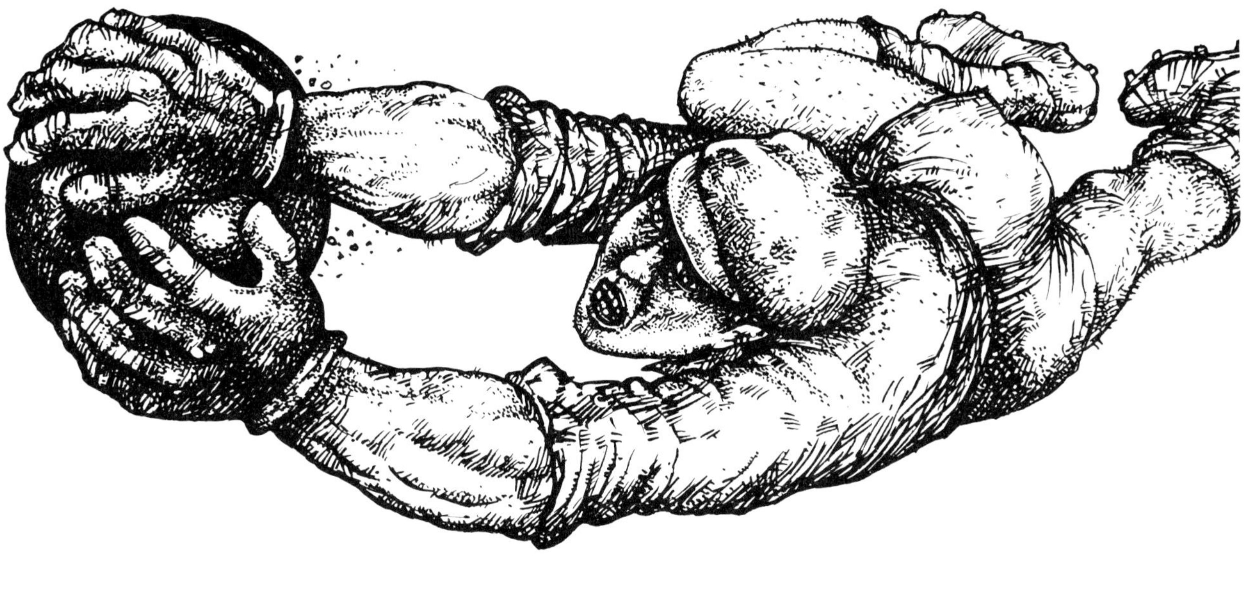

# Körper und Nahrung

Von den Nahrungsmitteln, die wir zu uns nehmen, werden etwa 90 bis 95% verdaut und vom Körper aufgenommen, vorausgesetzt, daß wir nicht an einer Krankheit leiden. Dies dauert jeweils unterschiedlich lange, Aufregung beschleunigt die Verdauung, Angst kann sie lähmen. Nahrungsmittel können bis zu 8 Stunden oder sogar noch länger im Magen bleiben. Ein Teil wird zum Aufbau der Zellen, für die Gehirntätigkeit oder das Nervensystem verbraucht. Der andere Teil liefert Energie, wärmt den Körper und schützt ihn vor Infektionen.

Die Nahrungsmittel, die Sie zu sich nehmen, haben nicht nur Einfluß auf Ihren Lebensstil, sondern auch auf Ihr Sein. Ein Grund dafür besteht darin, daß das Eiweiß, das in unterschiedlich großen Mengen in den meisten Nahrungsmitteln enthalten ist, aus denselben Aminosäuren besteht wie das Körpereiweiß. Die meisten Pflanzen und Tiere bestehen aus denselben Elementen, die sich zu folgenden Stoffen zusammensetzen: Fette, Kohlenhydrate und Eiweiße. Wir haben viele biologische Eigenschaften mit den Tieren und Pflanzen gemeinsam, wie z.B. die Zellen als genetische Erbträger oder die Fähigkeit, Energie durch die Oxidation von einfachen Nährstoffen freizusetzen. Die Enzyme, die den Stoffwechsel der Zellen von Pflanzen und Tieren bestimmen, funktionieren zum großen Teil auf dieselbe Art, und oft sind es sogar dieselben Enzyme.

Wir sind alle Teile eines Ganzen und teilen mehr als nur den Platz auf dieser Erde. Ökologisch gesehen, profitieren wir voneinander. Erst wenn wir uns von den natürlichen Nahrungsmitteln abwenden und unseren Körper überladen mit Chemikalien, zu schweren und zu süßen Nahrungsmitteln, macht unser Körper nicht mehr mit und wird krank. Die meisten von uns haben die Möglichkeit, gesund zu leben. Wir haben das Privileg, eine gesunde Lebensweise zu wählen, was viele unterernährte Menschen nicht können. Und doch wählen heute immer noch sehr viele Menschen ein ungesundes Leben – es wird Zeit, daß sich dies ändert.

## Ein wandelndes Wunder

Es ist hilfreich, einige grundlegende Kenntnisse der menschlichen Anatomie zu haben, um zu verstehen, in welcher Weise der Körper von den Nahrungsmitteln beeinflußt wird. Mit diesem Wissen können Sie Ihren eigenen Körper kennenlernen, der, so sehr er jedem anderen auch ähneln mag, doch seine eigenen Strukturen und Funktionsweisen hat. Nehmen Sie den Sport als Beispiel. Jeder weiß, daß Sport gut ist. Doch nicht jeder Sport ist für jeden gut. Der eine entwickelt durch Yoga sein Körperbewußtsein, der andere joggt oder klettert oder macht Gymnastik. Es ist nicht immer einfach, die richtige Sportart für seinen Körper und für seine Persönlichkeit zu finden, aber es lohnt sich, es zu versuchen. Ebenso kann man sich ganz anders fühlen, wenn man die für sich richtigen Nahrungsmittel und Eßgewohnheiten findet. Am besten fängt man an, indem man auf seinen Körper hört und sich dadurch selber kennenlernt. Der Körper wird Ihnen sagen, was er braucht.

## Sie sind ein Ökosystem

Zellen und Gewebe bilden die Basis der Körpersysteme, die wiederum aus verschiedenen Strukturen oder Organen bestehen, die die lebenswichtigen Funktionen ausführen und voneinander abhängig sind. Knochen, Gelenke, Bänder und Muskeln tragen z.B. alle zur Bewegung bei, die wiederum durch das Nervensystem kontrolliert wird, das vom Blutkreislauf und von der Sauerstoffversorgung abhängig ist, wobei der Sauerstoff durch das Atemsystem in das Blut gelangt. Sie können sich den Körper fast als eigenes Ökosystem in einer Hülle aus Haut vorstellen.

Alle Körpersysteme sind sehr komplex und haben mehrere Funktionen. Im folgenden werden einige der wichtigsten Körperabläufe auf eine einfache Art beschrieben:

**Die Haut** ist mehr als ein Schutzschild. Sie enthält die Nervenenden, die auf Berührung, Hitze und Kälte reagieren. Durch das Schwitzen werden Abfallstoffe des Körpers ausgeschieden; die Haut trägt auch wesentlich zur Regulierung der Körpertemperatur bei.

**Das Skelett** trägt und hält den Körper zusammen, gibt ihm seine Form und schützt die lebenswichtigen inneren Organe wie Gehirn, Rückenmark, Herz und Lungen, das Verdauungs- und das Fortpflanzungssystem. Das Skelett besteht aus 212 Knochen, ist kräftig und verhältnismäßig unbiegsam.

**Die Gelenke** ermöglichen die Bewegung. Sie verbinden die Knochen, verlagern das Gewicht, verbinden die einzelnen Körperteile miteinander. Sie sind elastisch und geschützt, damit sie nicht leicht brechen und anderweitig verletzt werden. Verschiedene Größen und Formen ermöglichen viele verschiedene Bewegungen. Das größte Gelenk ist das Kniegelenk, das eine wichtige Rolle bei der Aufrechthaltung des Körpers spielt. Die Wirbel des Rückgrats sind ebenfalls wichtig; zwar bewegt sich jeder einzelne Wirbel nur wenig, aber sie wirken so zusammen, daß sich die gesamte Wirbelsäule in alle Richtungen beugen läßt. Eine Entzündung der Gelenke nennt man Arthritis.

**Die Muskeln** sind der Schlüssel zur Bewegung – ohne sie können weder das Skelett noch die Gelenke arbeiten. Sie funktionieren größtenteils paarweise – der eine zieht sich aktiv zusammen, der andere dehnt sich. Diese Bewegung kann willentlich geschehen, wie z.B. beim Gehen, oder unwillentlich. Auch das Herz ist ein Muskel. Die Muskeln sind ein wichtiges Ausdrucksmittel, um sich seiner Umwelt mitzuteilen: Die Gesichtsmuskeln können z.B. Unbehagen, Angst oder Freude ausdrücken. Und um grimmig dreinzublicken, braucht man mehr Muskeln als zum Lächeln!

**Das Blutgefäßsystem** versorgt das Gewebe und die Organe mit Nahrung. Das Blut transportiert den Sauerstoff; täglich pumpt das Herz 14400 Liter durch die Adern. Ein Drittel der roten Blutkörperchen besteht aus Hämoglobin, einer Eiweiß-Eisen-Verbindung, die sich mit Sauerstoff verbinden kann und so das perfekte Transportmittel ist. Der Blutstrom wird durch das Pumpen des Herzens bewegt: Je kräftiger und regelmäßiger Sie atmen, desto besser fließt es.

**Das Lymphsystem** ist das zweite Gefäßsystem, eine Art Unterstützung des Blutgefäßsystems, das die Gewebeflüssigkeit aufnimmt. Die Lymphe ähnelt dem Blut, enthält aber keine roten Blutkörperchen. Das Lymphsystem bildet eine Art Verbindung zwischen dem Blut und den Kapillaren; doch im Gegensatz zum Blut wird es nicht durch eine zentrale

Pumpe bewegt, sondern durch das Zusammenziehen der Lymphgefäße durch die Muskeln und durch die Saugwirkung, die durch das Atmen entsteht. Das Lymphgewebe ist ein wichtiger Teil des körpereigenen Abwehrsystems gegen Bakterien, Viren und Gifte. Es bringt diese Stoffe zu den Drüsen, die als Filter wirken, und sie regen gleichzeitig den Körper zur Bildung von Antikörpern an. Dadurch gelangen diese Stoffe normalerweise erst gar nicht in das eigentliche Körpersystem, sondern werden schon vorher zerstört.

**Das Atmungssystem** besteht aus den Lungen und der Luftröhre. Beim Atmen tritt Sauerstoff aus der Umgebung in den Körper ein, und Kohlendioxid wird ausgeschieden. Erwachsene atmen ca. 14- bis 18mal in der Minute; dies geschieht unbewußt, bestimmt durch Impulse wie dem Aufbau des Kohlendioxids im Blut. Sprechen, Singen, Lachen, Weinen, Konzentration, Angst oder Aufregung, körperliche Anstrengung – all dies wirkt sich nicht nur auf den Atemrhythmus, sondern auf den gesamten Körper aus, indem der Sauerstoffbedarf der jeweiligen Situation angepaßt wird. Wenn Sie durch den Mund atmen, kommt die Luft schneller zu den Lungen und ist deshalb kälter; Luft, die den längeren Weg durch die Nase gemacht hat, ist wärmer und angefeuchtet und daher für die Lungen angenehmer.

**Das Nervensystem** ist das am höchsten entwickelte Körpersystem. Es koordiniert die Tätigkeit aller anderen Körpersysteme. Das Gehirn ist das Zentrum, es erhält und speichert die Impulse, die die Grundlage des Gedächtnisses bilden, und überträgt über die Nerven auch Impulse in andere Körperteile. Nur während des Schlafs ist die Blutversorgung des Gehirns verringert, dann sind aber auch Stoffwechsel und Wärmeproduktion verlangsamt. Das Herz schlägt langsamer, der Blutdruck fällt und die Muskeln sind entspannt. Es gibt keine befriedigende Erklärung über die Funktion des Schlafs, man ist sich eigentlich nur darüber einig, daß längerer Schlafentzug äußerst gefährlich ist. Zusammen mit dem Rückenmark bildet das Gehirn das sogenannte zentrale Nervensystem, das über die Nerven mit den vielen Organen und Muskeln des Körpers verbunden ist. Ein anderes System von Nervenzellen und -fasern arbeitet relativ unabhängig; es kontrolliert die unwillkürlichen Muskeln des Körpers wie z. B. diejenigen in den Adern und Drüsen wie die Schweißdrüsen und Speicheldrüsen.

**Das Verdauungssystem** verarbeitet die Nahrungsmittel so, daß sie vom Körper aufgenommen und verwertet werden können. Die Verdauung beginnt im Mund, wo die Nahrung gekaut und eingespeichelt wird. Es dauert drei Sekunden, bis die Nahrung durch die Speiseröhre in den Magen gelangt ist, wo sie von Verdauungssäften weiter aufgespalten wird; gleichzeitig werden Bakterien zerstört. Vom Magen gelangt die Nahrung in den Dünndarm, der mit ca. sieben Meter Länge bedeutend länger als der Dickdarm ist. Die Absorption der Nährstoffe erfolgt fast ausschließlich über die Darmwände. Alle Stoffe, die nicht verdaut worden sind – vor allem die Ballaststoffe –, kommen in den Dickdarm und werden von dort ausgeschieden. Der ganze Verdauungsprozeß kann Tage dauern; wenn wenig Ballaststoffe aufgenommen werden, sogar eine Woche.

## Nahrungsmittel und Energie

Aus all dem vorher Gesagten wird klar, daß der Körper Elemente der Außenwelt aufnehmen muß, nicht nur um wirkungsvoll arbeiten zu können, sondern um überhaupt zu überleben. Ohne Luft und Wasser können wir nur kurze Zeit überleben. Wenn wir einigermaßen gesund sind und gewisse Reserven haben, können wir ohne Nahrungsmittel viel länger auskommen – und manche Leute glauben sogar, daß Fasten eine hervorragende Methode sei, dem Körper eine Ruhepause zu verschaffen und das Verdauungssystem vollständig zu reinigen, so daß es besser arbeitet, wenn wieder Nahrungsmittel aufgenommen werden. Aber trotzdem: Nahrungsmittel sind unerläßlich zum Leben. Sie liefern uns die Energie, die der Körper zur Aufrechterhaltung des Lebens braucht: Energie zum Atmen, für die Herzfunktion, für die Gehirntätigkeit, für die Bewegung. Nahrungsmittel sind Leben.

Der Energiegehalt der Nahrungsmittel wird in Wärmeeinheiten berechnet, in Kalorien. (Die amtliche Bezeichnung „Joule“ will sich im allgemeinen Sprachgebrauch noch nicht durchsetzen.) Der Energiegehalt, der bei den Nahrungsmitteln angegeben wird, ist in Wirklichkeit die Einheit Kilokalorie. Sie entspricht 1000 Kalorien. (Eine Kilokalorie ≈ 4,2 Kilojoule und wird „kcal“ abgekürzt.) Unser Kalorienbedarf hängt von unserem Gewicht und unserer Tätigkeit ab. Die meisten Blitzdiäten empfehlen z.B. die tägliche Kalorienzufuhr auf 800 oder weniger Kalorien zu beschränken; doch dies ist für jemanden, der ein normales Leben führt, nicht genug und sollte nur kurze Zeit durchgeführt werden. Den höchsten Kalorienbedarf haben Rikschafahrer in Kalkutta mit 4880 Kalorien täglich. Je schwerer Sie sind, desto größer ist Ihr Kalorienbedarf. Manche Menschen brauchen viel mehr als andere, einfach aufgrund eines anderen Stoffwechsels. Kalorientabellen, die angeben, wieviel Sie täglich essen sollten, können nur eine grobe Richtlinie sein – besser ist es, die Nahrungsmittel herauszufinden, bei denen man sich am wohlsten fühlt und die man essen kann, so daß man fit und gesund bleibt, ohne zu dick oder zu dünn zu werden.

Doch wir bekommen nicht nur Energie aus unseren Nahrungsmitteln, sondern auch die lebenswichtigen Aminosäuren, Vitamine, Mineralstoffe und Spurenelemente.

## Eiweiße (Proteine)

Der Körper besteht, neben Wasser, zum größten Teil aus Eiweißen. Ungefähr 17% des Körpers besteht aus Eiweiß, einschließlich der Haare, Nägel, Haut und dem Muskelgewebe. Auch das Hämoglobin, das rote Blutpigment, ist größtenteils Eiweiß. Eiweiß wird vor allem für das Wachstum benötigt, aber auch für die Aufrechterhaltung der Körperfunktionen und für die Erneuerung von Zellen. Wird zuviel Eiweiß aufgenommen, kann es als Energie verwendet werden. Das ist jedoch eine teure und verschwenderische Art, Energie zu liefern – es belastet den Körper, denn Eiweiß ist schwierig zu verwerten und steigert den Stoffwechsel. Eiweiß besteht aus 22 Aminosäuren. Acht davon (die „essentiellen“ Aminosäuren) sind nur in den Nahrungsmitteln vorhanden, die anderen kann der Körper selbst bilden.

**Lebenswichtige Aminosäuren:**

*Leucin*
*Isoleucin*
*Lysin*
*Methionin*
*Phenylalanin*
*Threonin*
*Tryptophan*
*Valin*

**Aminosäuren, die der Körper selbst bilden kann:**
*Alanin*
*Glycin*
*Serin*
*Prolin*
*Hydroxyprolin*
*Cystin*
*Tyrosin*
*Glutaminsäure*
*Asparaginsäure*
*Cystein*

**Weitere, für Kinder wichtige Aminosäuren:**
*Arginin*
*Histidin*

Nahrungsmittel, die vollständiges Eiweiß enthalten, liefern die acht lebenswichtigen Aminosäuren, die der Körper nicht selber bilden kann, in der richtigen Zusammensetzung. Durch die Kombination verschiedener sogenannter „unvollständiger" Eiweißarten kann man den Eiweißwert der einzelnen Art mehr als verdoppeln. Dieses „vollständige" Eiweiß ist praktisch billiger, ein leicht herzustellendes Nahrungsmittel, das gleichzeitig Ihren Bedarf an Kalorien und Fetten stark herabsetzt.
**Eiweißlieferanten:** Vollständiges Eiweiß ist in Fleisch, Geflügel, Meerestieren, Milch, Kase, Sojabohnen, Hefe und Eiern enthalten. Andere eiweißhaltige Nahrungsmittel sind Nüsse, Hülsenfrüchte, Milchprodukte wie Joghurt und Getreideprodukte. Keimlinge aus Körnern, Bohnen und Samen sind ebenfalls eiweißreich.
**Anmerkungen:** Nach heutiger Erkenntnis ist die Kombination „unvollständiger" Eiweißarten sehr wertvoll. Außerdem weiß man inzwischen, daß wir sehr viel weniger Eiweiß benötigen, als bisher angenommen wurde, und daß pflanzliches Eiweiß besser ist als tierisches. Manche Ernährungswissenschaftler empfehlen, daß 10% der täglichen Kalorienmenge von Eiweiß stammen sollte, andere halten dies jedoch für zuviel. Eiweißmangel ist in der westlichen Welt beinahe unbekannt. Mögliche Symptome wären Anämie, Müdigkeit, Muskelschwund und Anfälligkeit gegen Krankheiten.

## Fette

Fette sind notwendig für die Aufnahme fettlöslicher Vitamine wie Vitamin A und D (hauptsächlich tierischen Ursprungs) und E und K (aus pflanzlichen Quellen). Fette verändern auch die Beschaffenheit von Nahrungsmitteln und machen sie schmackhafter. Das Körperfett unter der Haut schützt den Körper vor Verletzungen, das innere Fett schützt die Organe. Fette sind kalorienreich und daher konzentrierte Energielieferanten. In den letzten Jahrzehnten hat der Fettanteil in unserer Nahrung ständig weiter zugenommen. In den USA z.B. bestehen 40 bis 45% des gesamten Kalorienverbrauchs aus Fett; inzwischen hat aber auch hier ein Umdenkprozeß eingesetzt. Im Gegensatz dazu beträgt der Fettanteil der Nahrung in der Dritten Welt zum Teil nicht einmal 10%.

Es gibt drei verschiedene Fettarten:
**Gesättigte Fette:** Diese sind bei Zimmertemperatur normalerweise fest; sie stammen hauptsächlich aus tierischen Nahrungsmitteln und Milchprodukten, aber auch von Pflanzen wie der Kokosnuß. Diese Fettart wird am meisten verwendet und ist am schädlichsten. Gesättigte Fette sind am Aufbau von Cholesterin in den Arterien beteiligt; dies kann zu Arterienverkalkung und Herzinfarkt führen. Man nimmt an, daß der hohe Verzehr von gesättigten Fetten auch zur Entwicklung von Krebs beiträgt,

vor allem von Darmkrebs, der in der westlichen Welt, wo immer mehr Fett konsumiert wird, stark zugenommen hat. In der Dritten Welt ist er dagegen weitgehend unbekannt.

**Ungesättigte Fette:** Sie sind in vielen Nahrungsmitteln enthalten und verstopfen im Gegensatz zu den gesättigten Fetten nicht die Arterien, aber sie reinigen sie auch nicht. Olivenöl z.B. ist ein ungesättigtes Fett.

**Mehrfach ungesättigte Fette:** Dies sind Öle, die auch bei Raumtemperatur flüssig sind, aufgrund ihres hohen Anteils an ungesättigten Fettsäuren. Sie können auch zur Herstellung von Margarine verwendet werden; doch nicht jede Margarine enthält ungesättigte Fettsäuren– lesen Sie daher den Aufdruck. Linolsäure, die der Körper selber nicht bilden kann, ist nur in pflanzlichen Ölen enthalten. Man nimmt an, daß Linolsäure die von gesättigten Fetten verstopften Arterien reinigen kann.

Die meisten Nahrungsmittel enthalten alle drei Fettarten, doch in höchst unterschiedlichen Anteilen. Auch wenn man von der ursprünglichen Erscheinungsform eines Fettes auf seine Zusammensetzung schließen kann, so kann dies doch recht verwirrend sein. Ungesättigte Fette sind normalerweise flüssig, doch wenn sie zur Herstellung von Margarine gehärtet werden, können sie sich zu gesättigten Fetten wandeln!

Cholesterin wird mit dem Entstehen einer Reihe von Krankheiten in Verbindung gebracht, und da gesättigte Fette dazu beitragen, daß sich Cholesterin in den Arterien ansammelt, sollte ihr Verbrauch soweit wie möglich eingeschränkt werden. Doch es gibt verschiedene Arten von Cholesterin, von denen wir für unsere Körperfunktionen eine gewisse Menge brauchen. Cholesterin unterstützt den Stoffwechsel der Kohlenhydrate, es liefert einige wichtige Hormone, wie auch die Sexualhormone. Das Cholesterin in der Haut wird durch die Einwirkung von Sonne in Vitamin D umgewandelt. Wichtig zu wissen ist, daß der Körper Cholesterin selber bilden kann; zu zwei Drittel in der Leber und in den Därmen.

**Quellen:** Die Fettzufuhr sollte soweit wie möglich beschränkt werden, da Fette höchst konzentriert und kalorienreich sind. Der Körper benötigt eine gewisse Menge Fett, und diese sollte man nach Möglichkeit aus Ölen mit viel ungesättigten Fetten beziehen, wie Mais-, Soja-, Sonnenblumen- oder Distelöl zum Kochen. Den Verzehr von gesättigten Fetten (Schweinefleisch, Rindfleisch, Butter, Speck, Margarine, Milch, Käse sowie Fertigprodukte, die billige Fette enthalten wie Kuchen, Kekse, Eiscreme) sollte man einschränken. Eine gute Quelle ungesättigter Fette sind die meisten Nüsse.

**Anmerkungen:** Gesättigte Fette sind versteckte Fette und werden daher leicht in zu großen Mengen verzehrt. Es ist einfach, fettes Fleisch und sehr fetten Käse zu meiden, aber schwieriger ist es bei Fetten, die man nicht sieht, wie z.B. in Eiscreme, Kuchen, Schokolade, Erdnüssen und Chips.

## Kohlenhydrate

Kohlenhydrate werden vom Körper als Energielieferanten verwendet. Sie bestehen zum großen Teil aus Zucker oder Stärke, die bei der Verdauung zu Glukose abgebaut werden. Sie liefern die Energie für das Gehirn und das Nervensystem; dadurch werden keine Eiweiße für diese Aufgabe benötigt – sie stehen ganz für die Zellenerneuerung zur Verfügung. In der ganzen Welt bilden Zucker und vor allem stärkehaltige Nahrungsmittel eine wichtige Energiequelle. Stärkehaltige Nahrungsmittel liefern gleichzeitig Vitamine, Mineralstoffe und etwas Eiweiß, daneben auch wertvolle Ballaststoffe, so daß man kaum zuviel von diesen Nahrungsmitteln essen kann. Stärke hat ungefähr den gleichen Kaloriengehalt wie Eiweiß.

Die Meinung, daß Kohlenhydrate Dickmacher seien, trifft nur auf raffinierte Produkte zu, von denen man große Mengen essen kann, die wenig Nährstoffe enthalten, aber wie im Falle des raffinierten weißen Zuckers abhängig machen können. Natürliche Kohlenhydrate sind vollwertige, nährstoffreiche Nahrungsmittel, und ihr hoher Ballaststoffgehalt sorgt für eine gute Verdauung.

Vor etwa hundert Jahren wurde der Kohlenhydratbedarf weitgehend durch Kartoffeln und Getreideprodukte gedeckt, nur zum kleinen Teil durch Zucker. Heute wird ein Drittel der Kohlenhydrate aus Zucker gedeckt, der von Natur aus in Zuckerrohr und Zuckerrüben und auch in Früchten und manchen Wurzelgemüsen vorkommt. Der in großen Mengen konsumierte raffinierte Zucker enthält zwei Zuckerarten: Fructose und Glukose. Er wird nicht nur Getränken, Backwaren und Süßigkeiten zugesetzt, sondern auch Fertiggerichten wie Gemüsesuppen, Erdnußbutter, Bohnen mit Tomatensauce, Ketchup usw. Man weiß, daß der auf diese Art konsumierte Zucker Zahnverfall, Fettsucht und Stimmungsschwankungen verursacht und auch für viele andere Gesundheitsprobleme verantwortlich ist. Fructose kommt natürlich in manchen Früchten und Gemüsen vor; Honig enthält einen relativ großen Anteil an Fructose. Lactose ist eine Zuckerart, die nur in der Milch vorkommt. Maltose entsteht bei der Spaltung von Stärke bei der Verdauung; sie entsteht auch beim Gärungsprozeß von Getreiden bei der Bierherstellung.

**Quellen:** Pellkartoffeln, Vollkornprodukte, Gemüse, Früchte, getrocknete Früchte, Hülsenfrüchte, Melasse.

## Vitamine

Der Körper benötigt eine große Anzahl verschiedener Vitamine, wenn auch zum Teil nur in sehr kleinen Mengen.

Im folgenden werden nur die für eine gute Gesundheit wichtigsten Vitamine angeführt:

### Vitamin A

Dieses Vitamin wurde als eines der ersten entdeckt. Es ist fettlöslich und kann vom Körper gespeichert werden. Es schützt viele Organe, stärkt die Widerstandsfähigkeit gegen Infektionen und hält Haut, Nägel und Haare gesund. Besonderen Einfluß hat es auf die Sehkraft, bei einem Mangel kommt es zur Nachtblindheit. In der Dritten Welt kommt es aufgrund des Mangels an Vitamin A zu zahlreichen Fällen von Erblindung. Untersuchungen weisen darauf hin, daß es auch die Widerstandsfähigkeit gegen Krebs erhöht.

**Quellen:** Karotten, Petersilie, Spinat, Brunnenkresse, dunkles Blattgemüse, Aprikosen, Milch, Eier, Käse, Lebertran, Herz, Nieren, gelbe Früchte. Vitamin A wird auch der Margarine zugesetzt.

**Anmerkungen:** Es besteht ein entscheidender Unterschied zwischen dem Vitamin A in Tieren (dem Retinol) und den vielen Arten in Pflanzen, von denen Betacarotin die bekannteste ist. Retinol ist in großen Mengen schädlich, und Präparate, die diese Art Vitamin A enthalten, können gefährlich sein. Auch der übermäßige Verzehr von Betacarotin kann gefährlich sein, doch gibt es hier ein Warnsignal: nämlich eine Orangefärbung der Haut! Wenn dies eintritt, z. B. wenn viel Karottensaft getrunken oder viel dunkles Blattgemüse gegessen wurde, sollte man diese Nahrungsmittel meiden, bis sich die Farbe wieder normalisiert hat.

**Vitamin-B-Komplex**
Diese Vitamine sind wasserlöslich, das bedeutet, daß sie wieder ausgeschieden werden und somit täglich neu aufgenommen werden müssen. Vitamine des B-Komplexes sind unerläßlich für die Verwertung der Kohlenhydrate. Sie halten auch Nerven, Augen und Haare gesund und erhöhen die Widerstandskraft. Besonders wichtig sind Vitamin-B-haltige Nahrungsmittel für Raucher, bei Alkoholgenuß, bei großem Verzehr von zuckerhaltigen oder raffinierten Nahrungsmitteln, in der Schwangerschaft und Stillzeit, für Frauen, die die Pille nehmen, oder wenn man unter Streß steht.
**Quellen:** Hefe, Hefeextrakt, Vollkornprodukte, Weizenkeime, Joghurt, Sojabohnen, Erdnüsse, Fisch, Nieren und Leber.
**Anmerkungen:** Vegetarier müssen besonders auf eine ausreichende Versorgung mit Vitamin $B_{12}$ achten, da dieses Vitamin hauptsächlich in tierischen Nahrungsmitteln vorkommt und ein Mangel zu Anämie führen kann. Hefeextrakt ist manchmal mit diesem Vitamin angereichert. Vitamin $B_6$ wird bei Frauen zu bestimmten Zeiten des Menstruationszyklus nicht aufgenommen, besonders bei Frauen, die die Pille nehmen. Vitamin-$B_6$-Präparate lindern einige Symptome des prämenstruellen Syndroms.

**Vitamin C**
Die meisten Tiere können dieses Vitamin selbst bilden. Nur Meerschweinchen, Singdrosseln, Affen und Menschen müssen es über die Nahrung aufnehmen. Es ist ein wasserlösliches Vitamin und muß daher täglich aufgenommen werden. Vitamin C hat viele Funktionen. Es erhält die Spannkraft der Blutgefäße, unterstützt die Eisenaufnahme und erhält das Zahnfleisch gesund. Am bekanntesten ist es wegen seiner Erhöhung der Widerstandskräfte gegen Infektionen. Es unterstützt auch die Wundheilung. Der Nobelpreisträger Dr. Linus Pauling glaubt, daß es Infektionen um 25% senken könnte und auch Krebs bekämpfen helfe, wenn es in sehr großen Dosen genommen werde (täglich 1000 bis 10 000 mg). Andere Wissenschaftler stellen die Einnahme solch großer Mengen in Frage, da dies das Immunsystem des Körpers unterdrücken könne. Vitamin C kann auch die Wirkung von Allergien schwächen. Da Kohlenmonoxid Vitamin C zerstört, müssen Städter mehr davon zu sich nehmen und ebenso Frauen, die die Pille nehmen, sowie Kinder und ältere Leute. Auch Raucher brauchen zusätzliches Vitamin C – man schätzt, daß eine Zigarette bis zu 30 mg Vitamin C zerstören kann. Als Tablette genommen, kann Vitamin C jedoch im Magen große Säuremengen bilden und sollte daher nur nach dem Essen genommen werden. Aus diesem Grund empfiehlt es sich, besser Vitamin-C-reichere Nahrungsmittel zu essen, als es in Tablettenform aufzunehmen.
**Quellen:** Hagebutten, Rosenkohl, Kohl, Zitrusfrüchte, schwarze Johannisbeeren, Salate, grüne Gemüse, Erdbeeren, Körner und Bohnensprossen, Paprika, Kartoffeln.
**Anmerkungen:** Die meisten Menschen glauben, daß Zitrusfrüchte den größten Vitamin-C-Gehalt haben. Das stimmt nicht: In Paprika ist mehr davon enthalten!

**Vitamin D**
Dieses fettlösliche Vitamin kann vom Körper gespeichert werden und wird nur in kleinen Mengen benötigt. Es reguliert die Kalzium- und Phosphorversorgung der Knochen und Zähne. Es kommt zwar in sehr wenigen Nahrungsmitteln vor, dafür aber kann der Körper es durch Sonneneinfluß auf der Haut bilden. Die ultravioletten Strahlen regen die Haut zur Bildung des Vitamins an, das dann vom Körper aufgenommen wird.
**Quellen:** Eier, Butter, angereicherte Margarine, Milch, Sahne, Lebertran.
**Anmerkungen:** Wenn man von den oben angeführten Lebensmitteln ißt und regelmäßig in der Sonne ist, wird man kaum einen Mangel an diesem Vitamin haben. Bei einem Mangel kommt es zu Rachitis; Babynahrung ist oft mit Vitamin D angereichert, um einem Mangel vorzubeugen. Eine zu große Aufnahme von Vitamin D führt dazu, daß mehr Kalzium vom Körper aufgenommen wird, als verarbeitet werden könnte; das überflüssige Kalzium wird dann in den Nieren angesammelt, wo es ernsthafte Schäden verursachen kann.

**Vitamin E**
Man weiß noch nicht alles über dieses Vitamin, nur, daß es in vielfacher Hinsicht wichtig für den Körper ist. Es ist fettlöslich und kann gespeichert werden. Es spielt wahrscheinlich eine Rolle im Fettstoffwechsel (was möglicherweise wiederum bei Arterienproblemen hilft, da es Blutgerinnsel verhindert) und es unterstützt ganz allgemein Heilungsprozesse.
**Quellen:** Weizenkeime, Gemüse- und Nußöle, Vollkornprodukte, Eier, Sojabohnen und verschiedene grüne Gemüse. Die meisten Nahrungsmittel enthalten etwas Vitamin E.
**Anmerkungen:** Die wichtigste Funktion von Vitamin E ist es, zu verhindern, daß Fette ranzig werden (sowohl in Nahrungsmitteln als auch im Körper). Wenn diese Fette schlecht werden, setzen sie Substanzen frei, die höchst gefährlich sind und Krebs erzeugen können. Vor solchen Schädigungen schützt Vitamin E, das in ungesättigten Ölen und Margarine vorkommt. Wenn jedoch Öl mehrfach verwendet wird, wird das Vitamin E zerstört und die schädlichen Substanzen werden freigesetzt. Dies ist ein wichtiger Grund dafür, daß Öl nicht zu heiß und mehrfach verwendet werden sollte.

**Vitamin K**
Dieses Vitamin ist nicht sehr bekannt, auch wenn es in letzter Zeit näher untersucht wurde. Es scheint, daß es wichtig ist für die Blutgerinnung und daß es bei übermäßigen Menstruationsblutungen, inneren Blutungen und Blutsturz helfen kann. Es ist fettlöslich, und da man es nur in sehr kleinen Mengen braucht, ist ein Mangel unwahrscheinlich. Vitamin K kann auch von den Darmbakterien gebildet werden.
**Quellen:** Joghurt, Alfalfa, grünes Gemüse wie Spinat, Eigelb, Distel-(Saflor-) und Sojaöl, Getreideprodukte.

## Mineralstoffe

Ebenso wie Vitamine benötigt der Körper auch kleine Mengen einer Vielzahl von Mineralstoffen. Im folgenden werden nur die wichtigsten behandelt.

**Kalzium**
Der Körper enthält von allen Mineralstoffen am meisten Kalzium (1 bis 1,5 kg), hauptsächlich in

den Zähnen und in den Knochen. Kalzium benötigen wir zum Aufbau und zur Erhaltung von Zähnen und Knochen, zur Verbesserung der Blutgerinnung und zum Funktionieren von Nerven und Muskeln. Nur 20 bis 30% des über die Nahrung aufgenommenen Kalziums wird tatsächlich verwertet, und für eine ausreichende Aufnahme ist Vitamin D nötig. Vor allem Kinder, ältere Leute und schwangere Frauen brauchen viel von diesem Mineralstoff.

**Quellen:** Milch und Käse sind die besten Kalziumlieferanten. Vegetarier können genug Kalzium aus Sojabohnen, grünem Gemüse wie Spinat, Erdnüssen, Walnüssen und Sonnenblumenkernen bekommen.

**Phosphor**

Phosphor bildet zusammen mit Kalzium starke Knochen und Zähne. Es kommt in allen Körperzellen vor und spielt eine wichtige Rolle bei der Fortpflanzung und der Weitergabe erblicher Charakteristika. Es ist wichtig für die Herz- und Nierenfunktion, und man nimmt an, daß es auch arthritische Schmerzen lindert.

**Quellen:** Vollkorn, Eier, Samen, Milch, Käse, grünes Gemüse, Orangen und getrocknete Aprikosen. Die meisten natürlichen Nahrungsmittel enthalten etwas Phosphor, so daß nur bei Menschen, die sich hauptsächlich von industriellen Fertigprodukten ernähren, ein Mangel auftreten kann – auch wenn vielen Produkten inzwischen Phosphate zugesetzt werden.

**Anmerkungen:** Ein Mangel kann auftreten, wenn über längere Zeit Tabletten gegen Magensäure eingenommen werden.

**Magnesium**

Magnesium ist als Anti-Streß-Mineralstoff bekannt. Es ist wichtig für die Nerven, für die Bildung von Knochen und Zähnen sowie für die Funktion der Drüsen und für den Stoffwechsel.

Man nimmt an, daß es auch vorbeugend gegen Herzinfarkt wirkt. Alkoholiker haben einen erhöhten Bedarf, ebenso Frauen, die die Pille nehmen. Es hat auch eine abführende Wirkung.

**Quellen:** Nüsse, Erbsen, Bohnen, Äpfel, Samen, Feigen. Magnesium ist ein Bestandteil des Chlorophylls, des grünen Farbstoffs der Pflanzen – so ist grünes Blattgemüse ebenfalls ein guter Magnesiumlieferant.

**Natrium**

Sämtliche Körperflüssigkeiten enthalten Natrium, das zusammen mit Kalium die Salzkonzentration des Blutes aufrechterhält. Wir brauchen nur ca. 1 g Natrium pro Tag, obwohl wir durchschnittlich 12 g zu uns nehmen. Das Problem besteht daher in einem zu hohen Natriumkonsum, der zu Bluthochdruck und zu einem niedrigen Kaliumspiegel führen kann.

**Quellen:** Alle Nahrungsmittel enthalten etwas Natrium, wie Getreidespeisen, Butter, Eier, Milch und Käse. Der Natriumgehalt dieser Nahrungsmittel sollte ausreichend sein, so daß nicht noch zusätzlich gesalzen (Natriumchlorid) werden sollte.

**Anmerkungen:** Babys können zusätzliches Salz nicht verdauen, obwohl es manchmal der Babynahrung beigegeben wird, vor allem deswegen, damit sie den Erwachsenen, die sie kosten, besser schmeckt. Vermeiden Sie solche Nahrungsmittel und salzen Sie niemals Speisen, die für Babys oder Kleinkinder bestimmt sind.

**Kalium**
Kalium ist wichtig für die Muskel- und Nervenfunktion und für den Kohlenhydrat- und Eiweißstoffwechsel. Zusammen mit Natrium reguliert es den Wasserhaushalt. Auch wenn ein Mangel selten ist, können doch bestimmte Faktoren den Kaliumgehalt des Körpers verringern – körperlicher und geistiger Streß, Unterzucker, zuviel Kaffee, Alkohol und Zucker sowie harntreibende Mittel.
**Quellen:** Fast alle Nahrungsmittel enthalten etwas Kalium. Am meisten grünes Gemüse, Bananen, Zitrusfrüchte, Sonnenblumenkerne und Kartoffeln.
**Anmerkungen:** Kaliumpräparate sollten nur auf ärztlichen Rat hin genommen werden.

**Eisen**
Eisen ist am Aufbau der Blutzellen beteiligt. Jede Zelle lebt ungefähr 120 Tage und wird dann ersetzt, so daß der Körper ständig Eisen benötigt, damit das Blut diese Funktion erfüllen kann. Auch wenn wir viele eisenhaltige Nahrungsmittel zu uns nehmen, kann es zu einem Mangel kommen, wenn das Eisen nicht in der richtigen Form aufgenommen wird; dies kann bei einem Mangel an Vitamin C der Fall sein. Vor allem Frauen können an Eisenmangel leiden, weil sie bei jeder Menstruationsblutung Eisen verlieren. Auch durch große Mengen Kaffee oder Tee wird die Eisenaufnahme beeinträchtigt. Bei Eisenmangel kann es zu Anämie kommen.
**Quellen:** Leber und Nieren gelten als die besten Eisenlieferanten. Vegetarier bekommen es durch grünes Gemüse, Melasse, getrocknete Früchte wie Aprikosen und Feigen, Vollkorn, Hülsenfrüchte und Sesamkörner.
**Anmerkungen:** Wenn ein Glas Orangensaft zu einer Mahlzeit mit einem pflanzlichen Eiweißlieferanten getrunken wird, wird das Eisen besser vom Körper aufgenommen, da das Vitamin C das Eisen des Gemüses in eine vom Körper verwertbare Form umwandelt.

## Spurenelemente

**Kobalt**
Kobalt kommt vor allem in Vitamin $B_{12}$ vor, und zwar vorwiegend in tierischen Nahrungsmitteln. Ein Mangel ist sehr selten, kann allerdings bei Vegetariern manchmal vorkommen. Kobalt ist wichtig für gesunde rote Blutkörperchen.
**Quellen:** Buchweizen, Feigen, viele grüne Gemüsesorten, Milch, Fleisch, Schellfisch.

**Chrom**
Man weiß noch nicht, wie Chrom vom Körper verwendet wird; neuere Untersuchungen weisen darauf hin, daß es zusammen mit Insulin für den Zuckerstoffwechsel gebraucht wird und ein Mangel daher zu einem diabetesähnlichen Zustand führen kann.
**Quellen:** Eigelb, Hefe, Vollkornprodukte, Rohrzukker, Melasse, Fruchtsäfte und Maisöl.

**Kupfer**
Kupfer wird zur Umwandlung des Eisens in Hämoglobin benötigt und sorgt für die Funktion des Nervensystems. Allerdings kann zuviel Kupfer schädlich sein.
**Quellen:** Schellfisch, Nüsse, Vollkorn, grünes Blattgemüse, getrocknete Erbsen und Bohnen. Kupfer kommt auch im Tabak, in Antibabypillen, Abgasen und Kupferröhren vor; wenn Kleinkinder heißes Wasser aus diesen Röhren trinken, kann es zu Vergiftungen kommen.

**Fluor**
Fluor kommt in den Knochen und im Gewebe vor. Es ist aber besonders dadurch bekannt, daß es den Zahnschmelz stärken kann. Es wird deshalb Zahnpasten und Mundpflegemitteln sowie zum Teil auch dem Wasser zugesetzt. Die Vorteile des Fluors und die Gefahr einer Vergiftung liegen sehr nahe beieinander. Viele Leute sehen bereits einen Zusammenhang mit Krebs. In der Tat kann es auch nicht aus schlechten Zähnen gute machen, es hat lediglich im Wachstum Einfluß auf die Zähne. Zuviel Fluor verursacht Flecken auf den Zähnen.
**Quellen:** Natürlich vorkommendes Fluor im Trinkwasser. Tee und Fische – vorausgesetzt, Sie essen die Gräten mit!

**Jod**
Jod wird im Körper gespeichert und infolgedessen braucht man nur sehr wenig davon. Dafür ist es aber um so wichtiger für die Funktion der Schilddrüse, die das Wachstum, die geistige und körperliche Gesundheit bestimmt. Zwei Drittel des im Körper vorkommenden Jods befinden sich in den Schilddrüsen am Hals. Wenn der Körper zuwenig Jod hat, bildet sich am Hals ein Kropf.
**Quellen:** Gemüse, das in jodhaltigem Boden wächst, Seetang, Algen, Meerestiere, Fleisch. Manchmal wird dem Kochsalz Jod zugesetzt.

**Mangan**
Mangan beeinflußt die Funktionsweise verschiedener Enzyme. Es wird für die Bildung von Thyroxin, des Hormons der Schilddrüse, benötigt.
**Quellen:** Getreideflocken, Nüsse, grünes Gemüse, Gewürze, Eigelb, Tee.

**Molybdän**
Molybdän ist am Kohlenhydrat- und Fettstoffwechsel beteiligt und ist ein Bestandteil des Enzyms, das die Aufnahme des Eisens bewirkt. Es verhindert also Anämie. Die Aufnahme von Molybdän richtet sich danach, wieviel im Boden, in dem das Gemüse wächst, vorhanden ist.
**Quellen:** Vollkorn, dunkles Blattgemüse.

**Selen**
Die Wirkung von Selen wurde erst vor nicht allzu langer Zeit entdeckt, und man weiß noch nicht alles über seine Bedeutung. Wahrscheinlich besteht ein Zusammenhang mit Vitamin C. Möglicherweise verlangsamt es die Verhärtung des Gewebes und bietet vielleicht auch Schutz vor manchen Krebsarten.
**Quellen:** Nahrung aus dem Meer, Fleisch, Weizenkeime, Kleie, Brokkoli, Tomaten, Zwiebeln.

**Schwefel**
Schwefel ist notwendig für Haare, Haut und Nägel. Er hat auch Einfluß auf die Gehirntätigkeit, indem er den Sauerstoffhaushalt reguliert. Er hilft auch, giftige Substanzen, einschließlich Medikamente, auszuscheiden.
**Quellen:** Fleisch, Eier, Kohl, Bohnen und Fisch.

**Zink**
Zink wird nur in kleinen Mengen benötigt, ist aber an vielen Funktionen beteiligt, z.B. an der Aufrechterhaltung der Funktionsweise der Enzyme und Zellen, die ihrerseits die Gehirntätigkeit, das Fortpflanzungssystem, die Haut, das Wachstum und die Wundheilung beeinflussen. Zink trägt wahrscheinlich auch zur Entgiftung der Leber von Alkohol bei. In Versuchen wird Zink gegen Schi-

zophrenie eingesetzt. Industriell bearbeitete Lebensmittel enthalten wenig Zink.

**Quellen:** Weizenkeime, Vollkornflocken, Senf, Nüsse, Kleie, Seetang (Algen), Bierhefe, Kürbiskerne, Erbsen, Bohnen, Linsen, Milch, Schellfisch und Fleisch.

## Einige Ernährungsstatistiken

Folgende Tabellen machen deutlich, woher das Fett in unserer Ernährung kommt, welchen Kaloriengehalt einige gebräuchliche Nahrungsmittel haben und welche Nährstoffe in diesen Nahrungsmitteln enthalten sind.

Die erste Tabelle zeigt, daß die Hälfte unseres Fettverbrauchs gesättigte Fette tierischen Ursprungs sind. Diese Statistik wurde 1985 vom britischen Ministerium für Landwirtschaft, Fischerei und Ernährung veröffentlicht.

Die beiden anderen Tabellen stammen aus Publikationen der Vegetarischen Gesellschaft Englands.

**Woher kommt das Fett in unserer Ernährung?**

| | |
|---|---|
| Butter, Margarine und andere Fette | 37% |
| Fleisch | 27% |
| Milch und Sahne | 14% |
| Käse | 5% |
| Kekse | 4% |
| Andere Nahrungsmittel | 1% |

**Kaloriengehalt einiger gebräuchlicher Nahrungsmittel**

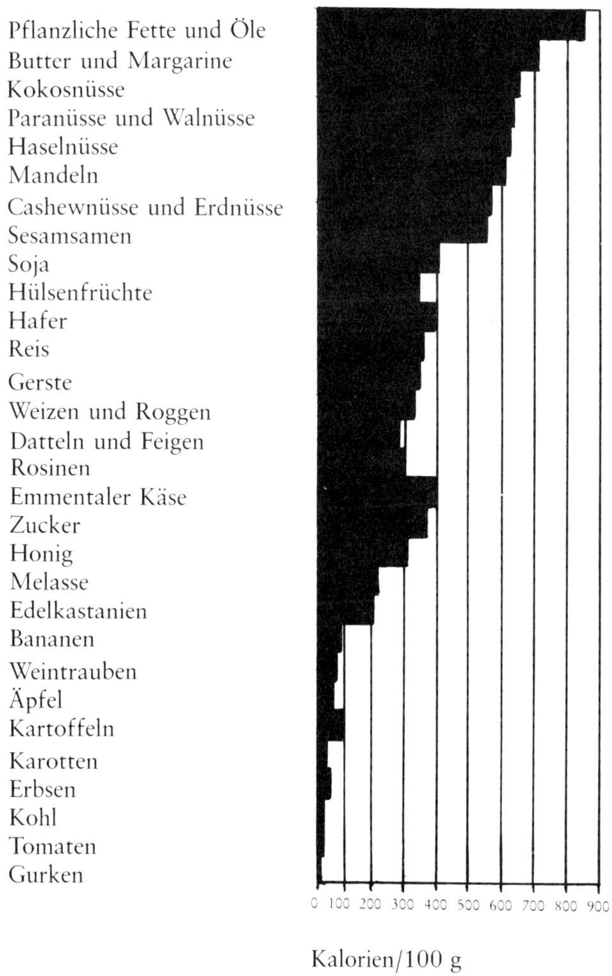

Die wichtigsten Nährstoffe in einigen Nahrungsmitteln

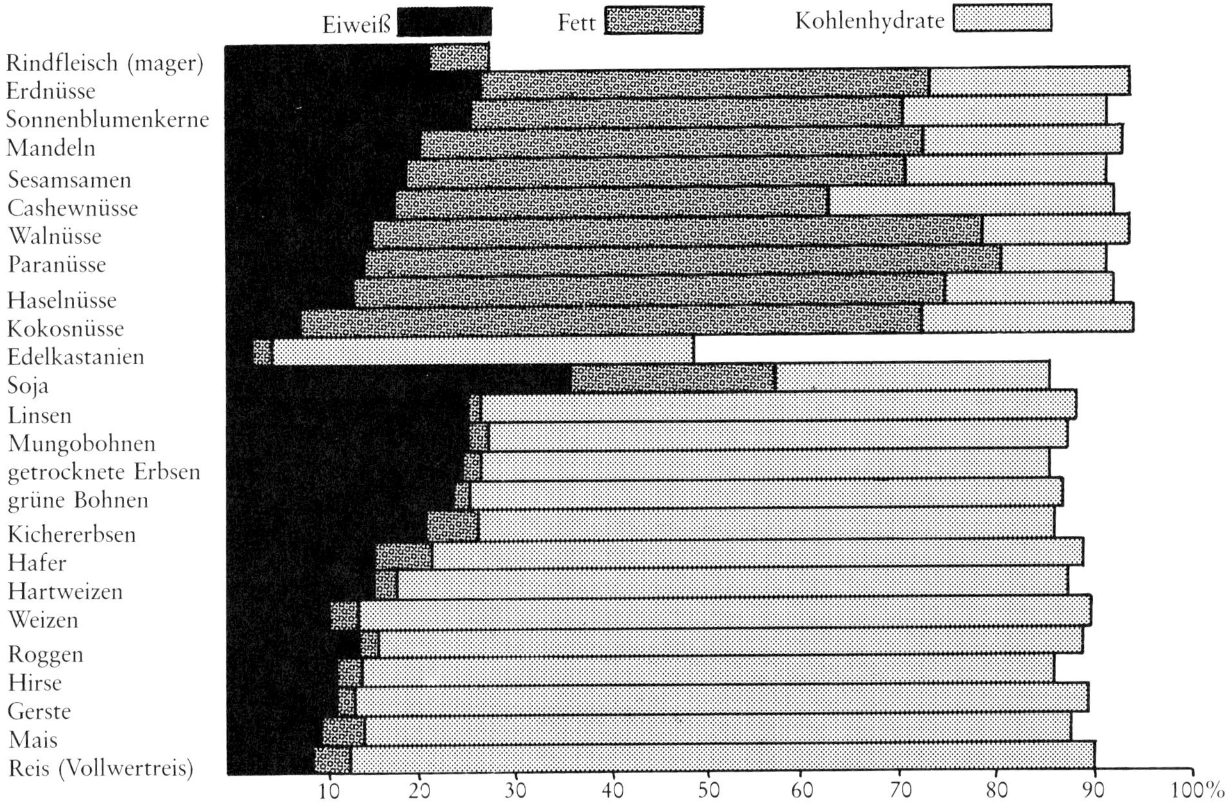

# Der ganzheitliche Koch

# Der ganzheitliche Koch

Welcher Menschentyp ist nun der ganzheitliche Koch? Der ganzheitliche Koch versteht, daß man nicht nur ißt, um am Leben zu bleiben oder um Genuß zu haben. Er weiß, daß wir essen, um gesund und fit zu sein, und er ist auch bereit, seinen Anteil zum Leben beizutragen, um davon das meiste wiederzubekommen. Mit dieser Einstellung versucht der ganzheitliche Koch, zumindest Grundkenntnisse über Nahrungsmittel und Ernährung zu erwerben, zu wissen, woher die Nahrungsmittel kommen, wie sie produziert werden und welchen Einfluß sie auf den Körper haben.

Der ganzheitliche Koch weiß, daß Ausgewogenheit das Schlüsselwort ist und daß Vielfältigkeit der Zutaten, Gerichte und Zubereitungsarten wichtig sind. Der erfahrene Koch hat ein Gefühl für diese Ausgewogenheit, er braucht sich nicht mehr streng an Pläne zu halten und er weiß, daß eine gelegentliche „Sünde" einem Körper, der durch eine vollwertige Ernährung in bester Verfassung ist, nicht schaden wird.

Der ganzheitliche Koch ist überaus glücklich, wenn er die Küche – und die Arbeit – mit jemandem teilen kann. Die Küche wird als ein Ort betrachtet, an dem Gemeinsamkeit gepflegt wird, an dem Männer und Frauen zusammenarbeiten – der ganzheitliche Koch hat schon lange die Vorstellung aufgegeben, daß die Küche der Platz ist, an dem überarbeitete Frauen sich abplagen, während sich die Männer ausruhen.

Der ganzheitliche Koch weiß, daß die Küche das Herz des Hauses ist, und er freut sich, wenn er sie mit jemandem teilen kann – je mehr Köche, desto besser; gemeinsam kann man besser arbeiten; geteilte Freude ist doppelte Freude – alles dies drückt dasselbe aus.

Das Bemühen des ganzheitlichen Kochs reicht weit über die Küche hinaus. Er benutzt einfach Zutaten, die so produziert werden, daß sie keinem anderen Leben geschadet haben, daß kein Land ausgebeutet und die Umwelt nicht geschädigt wurde. Vieles ist selbstgemacht oder selbstgezogen. Was gekauft werden mußte, wurde mit Bedacht und Verständnis ausgewählt, nicht nur hinsichtlich der Nährstoffe, sondern auch unter Berücksichtigung der Produktionsmethode, des Herstellungsorts und des Produzenten; auch auf den Wert und den Preis wird geachtet.

Der ganzheitliche Koch vermeidet Nahrungsmittel, die in Kartons, Dosen oder Plastikfolie eingepackt sind, weil die Nahrungsmittel dadurch qualitativ nicht mehr gut sind, aber auch, weil solche Verpackungsmethoden Rohstoffe verbrauchen. Und, wenn sie nach dem Gebrauch weggeworfen werden, tragen sie auch zur Erhöhung der Müll- und Abfallmengen bei.

Der ganzheitliche Koch ist um die gesamte Menschheit besorgt, nicht nur um seine Familie, seine Freunde und Bekannten. Ihm geht es um die Bedürfnisse, nicht um Gier; er nimmt nur, was er braucht, weil er weiß, daß es dann für jeden Menschen auf unserer Erde genügend Nahrungsmittel geben würde. Er hofft, daß das, was er übrigläßt, vielleicht denen zugute kommt, die hungern.

Der ganzheitliche Koch ist unberührt von der von den Medien unterstützten Besessenheit des Schlankseins, vom Diäthalten und vom Kalorienzählen. Er erkennt, daß jeder verschieden ist, und nimmt dies an, ohne den Wunsch zu haben, unerreichbaren Ideen nachzujagen. Er weiß, daß man am besten beurteilen kann, ob der eigene Körper in Ordnung ist, wenn man darauf achtet, wie man sich fühlt, wieviel Energie man hat, wie gut man schläft und wie oft man lacht.

Der ganzheitliche Koch leidet selten an den typischen lästigen Zivilisationsbeschwerden – Verstopfung, Kopfschmerzen, Migräne, Magenverstimmung usw., die zum großen Teil mit schlechten Eßgewohnheiten zusammenhängen.

Der ganzheitliche Koch predigt nicht, wie man richtig ißt, sondern er trägt durch sein gutes Beispiel dazu bei, daß andere Menschen von dem Sinn des ganzheitlichen Essens überzeugt werden.

Vor allem anderen betrachtet der ganzheitliche Koch die Zubereitung des Essens als eine Art, Liebe auszudrücken, körperliche und geistige Nahrung zu geben, jeden Tag etwas dazu beizutragen, daß die Erde ein besserer Ort wird. Für den ganzheitlichen Koch bedeuten Nahrungsmittel mehr als nur Essen: Sie sind die Grundlage des Lebensflusses. Sie können genutzt oder mißbraucht werden, sie können nähren oder zerstören. Sie sind der Treibstoff für Revolutionen. In diesem Bewußtsein ißt der ganzheitliche Koch mit Sorgfalt und Liebe und immer mit Dankbarkeit.

# Adressen

Allergiker- und Asthmatikerbund e. V.
Hindenburgstraße 110
4050 Mönchengladbach

Bundesanstalt für Milchforschung
Hermann-Weigmann-Straße 1–27
2300 Kiel

Bundesforschungsanstalt für Ernährung
Engesserstraße 20
7500 Karlsruhe

Bundesministerium für Ernährung,
Landwirtschaft und Forsten
Rochusstraße 1
5300 Bonn 1

Bund für Umwelt und Naturschutz
Deutschland e. V. (BUND)
Bundesgeschäftsstelle
In der Raste 2
5300 Bonn 1

Deutscher Verbraucherschutzverband
Leberbergweg
6200 Wiesbaden

Freunde der Erde
Witzlebenstraße 32
1000 Berlin 19

Greenpeace Deutschland
Hohe Brücke 1
2000 Hamburg 11

Stiftung Warentest
Lützowplatz 11–13
1000 Berlin 30

Weltbund zum Schutz des Lebens
Bretthorststraße 221
4973 Vlotho